映画の中の奇妙なニッポン

FOOL JAPAN
in The Foreign Films

Text by Tare Sarai

皿井 垂 著

彩図社

はじめに

「マンガ・アニメにカワイイ・ファッション、そして日本食が海外で大人気！」

「日本の最新技術ときめ細やかなサービスを外国人が絶賛！」

……テレビをつけると、最近はそんな〝クール・ジャパン〟推進番組ばかり。素直な人は日本人として生まれたことをあらためて誇りに思うだろうし、ひねくれ者は政府の洗脳か大手広告代理店の陰謀だと考えることだろう。

〝クール・ジャパン〟と銘打って、Ｊカルチャーを世界に発信していくキャンペーン自体は素晴らしいことだし、外国人が日本文化に興味を持ってくれるのもうれしいことだ。しかし実際のところ、外国人が抱いている日本のイメージは、一昔前のサムライ・ゲイシャ・ハラキリの頃と比べ、どれぐらい変わっているのだろうか？

幸か不幸か、私は１９９６年末に日本を出てタイに移住、その後バンコクを拠点にずるずる海外放浪を続けている身だ。バンコクのメイド喫茶でオムレツにケチャップで名前を書いてもらったり、リスボンの寿司バーに並ぶカラフルな原色の軍艦巻きにのけぞったり、香港のオタクビルで現地のジャパニーズＡＶマニアに質問攻めされたり、アムステルダムの書店に突如出現した巨大なハルキ・ムラカミコーナーにびびったり……異国でしょっちゅうビミョーな〝ニッポン〟を体験している。

そんなとき、どうしても考えてしまうのである。ガイジンさんの中にある日本のイメージって、やっぱりちょっとズレてるんじゃないのかと。

〝クール・ジャパン〟の現実。外国から見た日本のイメージは本当はどうなのか？　それはどう移り変わってきたのか、あるいは変わっていないのか？

この疑問を解く「手がかり」は、海外で制作された映画作品にある。映画は、作り手である外国人が日本に対して持っているイメージが、そのまま映像として表現されるからだ。

勝手にそう決めつけた私は、なんだかよくわからない情熱を傾け、日本に関する描写を含んだ（もしくは日本になんらかの関係がある）映画を、片っ端から見てみることにした。本書はそうした数百本の「ジャパンがらみ映画」をチェックした成果をまとめたものである。

作業を始めて茫然としたのは、対象となる外国映画の数が、当初の予想よりはるかに多かったことだ。ほとんどキリがないと言ってもいい。映画の世界では日本の影響力や存在感がそれだけ大きいということなのだが、ページ数にも限りがあるため、採りあげる作品は自分の好みを優先して取捨選択、ネタの切り口により10章ほどに分類し、できるだけ多くの作品を詰めこむようにした。

紹介した映画の中には、作り手の日本に対する深い理解と愛情が感じられる力作もあるが、めちゃくちゃアタマ悪そうな誤解だらけのゴミ映画もある。外国人の描くこうした「奇妙なニッポン」の姿には、〝クール・ジャパン〟じゃなくて、〝フール・ジャパン〟とでも呼びたくなるような香ばしい魅力があり、マニアにはたまらなかったりするのである。

２０１３年には日本を訪れる外国人観光客が１０００万人を突破、２０２０年には東京オリンピックも開かれる。〝クール・ジャパン〟を合言葉に日本文化を海外へ発信する動きがひときわ盛り上がっているこのタイミングで、10年以上海外をさまよっている私が、トンチンカンな日本のイメージをまき散らす業の深い〝フール・ジャパン・ムービー〟を振り返るのも、一興ではないかと思っている。映画ファンはもちろん、世界とニッポンの関わりに興味がある方に読んでもらえたら、うれしい限りだ。

皿井垂（さらい・たれ）

映画の中の奇妙なニッポン ―目次―

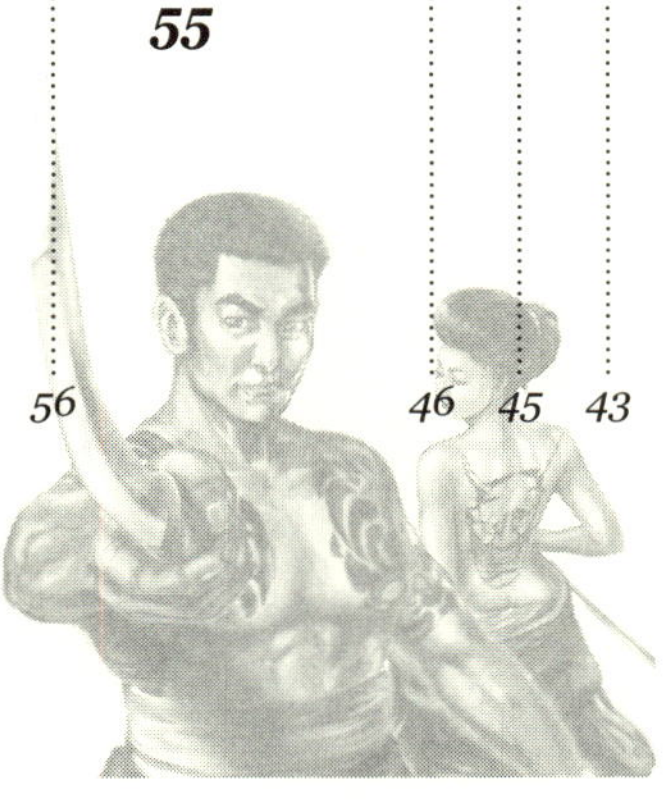

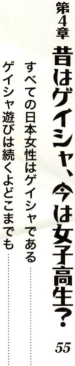

第7章 キャラ立ちしているニッポン人 117

第8章　ニンジャとサムライは永遠に不滅です　153

第9章　大日本帝国、バンザイ!　175

【第一章】

古き良き メガネ出っ歯の世界

おい、ミスター・モト！

ジョニー・デップがFBI捜査官の身分を隠してマフィアの組織に潜りこむ『フェイク』※（1997）に、ギャングたちが食事をしようと日本食レストランを訪れる場面がある。

顔面白塗りの着物ウェイトレスに日本語で「いらっしゃいませ～」と迎えられた一行は、蝶ネクタイをした小男の日本人マネージャーに「さあ靴を脱いで座敷へどうぞ」と案内されるのだが、実はデップはこの時、靴に盗聴器を仕込んでいた。もし靴を脱げば、それが仲間に見つかってしまい、自分が潜入捜査官であることがばれてしまう。

真面目そうな日本人マネージャーにあわてて難クセをつけ、ごまかそうとするデップ。「靴を脱げだと？　ジャップの言うことなんか聞けるか！　俺の身内は沖縄で殺されたんだ、ジャップとの戦争は終わってねぇ！」とどなりつけ、必死でごねる。

しかし、いかにも職務に忠実といった感じのマネージャーも「お脱ぎください、日本の伝統なんです」と引かないため、レストランの入口でこぜりあいが始まる。業を煮やした兄貴分のマイケル・マドセンが、「おい、ミスター・モト、こいつが靴を脱がないと言ってるのが聞こえねぇのか！　テーブルを用意しろ！」と凄み、あくまで店の方針を貫こうとしたマネージャーは、結局ゴロツキどもにトイレに連れ込まれてボコられる。気の毒と

※『フェイク』（1997年・アメリカ）【監督】マイク・ニューウェル【出演】アル・パチーノ、ジョニー・デップ、マイケル・マドセン他

いうかなんというか、ほとんど労災だ。

さて、ここで取り上げたいのは、働く日本人の頑ななまでの真面目さではなく、マドセンの口から出た「ミスター・モト」という言葉である。

これはアメリカ人が日本人をからかう時によく使う表現で、**『ベスト・キッド』**※**（1984）**の空手マスター・ミヤギ老人も、海辺でチンピラ2人に「ミスター・モト！」とからまれる。まあ、ミヤギの場合、ビール瓶4本を一瞬のうちに手刀でぶった切るというスゴ技を見せつけ、チンピラを黙らせるんだけど……。

ミスター・モトというのは、1930年代に作られた映画「モト・シリーズ」の主人公モト・ケンタロウに由来する。彼は丸眼鏡をかけた日本人探偵で、ジュージュツ（柔術）の達人だ。ホームズにせよコロンボにせよ、難事件を解決する名探偵はキャラが濃いのがお約束。モトは礼儀正しく知的な男だが、得体の知れない雰囲気があり、しょっちゅう「ソー、ソーリー」と口にする日本人という設定だ。演じているのはピーター・ローレというユダヤ系の役者で、日本人風の英語を（ごくまれに、たどたどしい日本語も）話すが、全然東洋人には見えない。しかし、背の低さはなかなかのもので、ぺったんこになでつけた髪型にすきっ歯、落ち着いた物腰が昔のタモリみたいだ。

『Think Fast, Mr. Moto』※**（1937）**に始まり、1939年までに作られたローレ主演のモトシリーズは全部で8本。犯人を捕まえるミステリー仕立てのものもあれば、アジ

※『ベスト・キッド』144ページ参照。

※『Think Fast, Mr.Moto』（1937年・アメリカ）【監督】ノーマン・フォスター【出演】ピーター・ローレ、ヴァージニア・フィールド、トーマス・ベック他

アや中南米を舞台にした冒険談もある。いずれにせよ、自分より大きな男をモトが投げ飛ばすアクションシーンが毎回のように出てくる。『※**Mr. Moto in Danger Island**』（**１９３９**）には、紋付のような奇妙な和装で証拠の泥を調べる場面もあるが、基本的にモトはいつもきちんとしたスーツ姿だ。『※**Mr. Moto's Last Warning**』（**１９３９**）に出てくる彼の日本語メモには、「明日會ふノーベルに監視をつづけよ　元」とあったから、モトは元という名字らしい。

それにしても、いくら人気があったとはいえ、戦前の映画に出てくるいたって地味なこの探偵が、アメリカ人に最もよく知られた日本人だというのは不思議なことである。昔は日本や日本人についての情報がそれだけ少なかったってことだろうね。

トレンチコートのボギー、東京をゆく

昔、赤坂見附に「東京Ｊｏｅ's」というマイアミに本店のあるストーンクラブの店があり、会社勤めをしていたバブルの頃いろんな意味でお世話になったものだが、ハンフリー・ボガート主演の『※**東京ジョー**』（**１９４９**）のタイトルも、主人公ジョーがかつて経営していた銀座のレストランの名前からきている。

物語は、米軍占領下の東京を舞台にした一種のハードボイルド。ジョーは元妻が戦争中

※『Mr.Moto in Danger Island』
（１９３９年・アメリカ）
【監督】ハーバート・リード
【出演】ピーター・ローレ、ジーン・ハーショルト、アマンダ・ダフ他

※『Mr. Moto's Last Warning』
（１９３９年・アメリカ）
【監督】ノーマン・フォスター
【出演】ピーター・ローレ、リカルド・コルテス、ジョン・キャラダイン他

にラジオの反米プロパガンダ放送に携わっていたいわゆる〝東京ローズ〟だったことで脅され、日本人戦犯が韓国から脱出する裏仕事の手伝いをやらされる。

合成とはいえ、『カサブランカ』（1942）のようなトレンチコート姿のボギーが終戦直後の東京を歩く姿はなかなかレアだ。ボンネットバス、路面電車、道玄坂百貨街の看板、着物の女性が蓄音機を売っている枡田楽器店という名の露店……。三輪タクシーを呼びとめたボギーが吸っていた煙草を路上に捨てると、シケモク目当ての連中がわっと群がって争奪戦を始めるシーンもあった。アメリカ人が見た貧しかった頃の日本の姿だ。

この映画で、戦犯やヤクザとつながっている悪役を演じていたのが早川雪洲である。ボギーの強い希望があり、わざわざヨーロッパにいた雪洲をハリウッドに招き、彼の相手役を演じさせたと言われている。

千葉県出身の雪洲は1907年、21歳の時に渡米、1915年に公開されたセシル・B・デミル監督の**『チート』**※に出演し、アメリカでは大スターとなった。雪洲が演じたのはあこぎな日本人美術商だが、私が見たバージョンでは（今から100年も前の無声映画が簡単に見られるなんて、便利な世の中になったものだ）、当時の国際情勢に配慮してか、登場人物を紹介する映画冒頭の字幕が「ハカ・アラカウ、ビルマの象牙王」になっていた。

アラカウは金持ちで、所有する美術品には焼きゴテで刻印をつけている。ある時、株式ブローカーの夫を持つ人妻に請われ、アラカウは彼女の肉体をカタに、金を貸す契約を交

※『東京ジョー』
（1949年・アメリカ）
【監督】スチュアート・ヘイスラー【出演】ハンフリー・ボガート、早川雪洲他

※『チート』
（1915年・アメリカ）
【監督】セシル・B・デミル
【出演】早川雪洲、ファニー・ウォード他

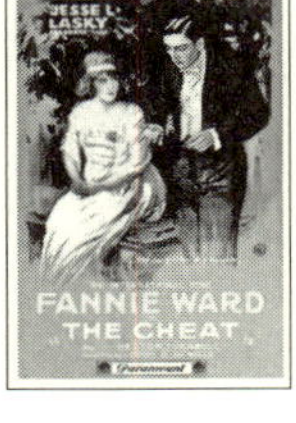

わす。その後、偶然大金を手に入れた人妻は、金を返して契約をチャラにしようとするが、ヤル気満々で前をふくらませていたアラカウは激怒。「お前は俺の所有物だ」とばかりに、彼女を力ずくでねじ伏せ、肩に焼き印を押す。煙が立ち上り、肌を焼くジュウという音まで聞こえそうな残酷シーン……。

目元にくまどりのような化粧をした雪洲が、女の髪をひっつかみ、カッと目を見開いて睨みつける芝居は、ほとんど歌舞伎スタイルでキョーレツだ。こんな悪漢役でハリウッドの人気者になったなんて不思議で仕方ない。東洋の神秘とでも呼べそうな浮世離れしたニヒルな美貌が、当時の欧米人にアピールしたのだろうか。

『チート』の悪役で日本の人々や在米邦人に国辱俳優と非難された雪洲だったが、ハリウッドではイタリア出身のルドルフ・ヴァレンティノと並ぶ人気者となり、ヨーロッパにも進出して数多くの映画に出演。戦後はボギーとも共演し、デヴィッド・リーン監督の**『戦場にかける橋』**※**（1957）**でアカデミー賞助演男優賞にノミネートされる。半世紀以上世界で活躍し続けた大スター雪洲が、外国人の抱く日本人のイメージに与えた影響は大きい。

ゴッドファーザーの黒歴史

※『戦場にかける橋』176ページ参照。

圧倒的な存在感とカリスマ性で「20世紀最高の俳優」と讃えられ、ポール・ニューマン、ジェームズ・ディーン、アル・パチーノなど多くの役者に影響を与えたと言われている名優マーロン・ブランド。そんな彼には、清水アキラの顔面セロテープ芸のような技を使って日本人に化けていたという恥ずかしい過去がある。

アメリカ映画**『八月十五夜の茶屋』**※**（1956）**は、終戦直後の沖縄を舞台にしたコメディだ。アメリカ占領軍の大尉（グレン・フォード）が民主主義の普及のため、沖縄の小さな村にやってくる。彼は茶屋の建設を進めたり、芸者（京マチ子）に追いかけ回されたり、泡盛にはまったりしながら村になじんでいくのだが、なんとマーロン・ブランドはこの大尉が雇う日本人通訳サキニの役をやっているのだ。テープで目を細くし、中途半端な微笑みを浮かべながら卑屈にぺこぺこするブランドは、ずたぼろの作務衣のような服を着てがっつり訛った英語を操り、日本人になりきっている。ドン・コルレオーネの貫禄もカーツ大佐の苦悩も微塵も感じられない、陽気で間抜けなキャラクターだ。

この時期のブランドは相当日本に関心があったらしく、翌年には**『サヨナラ』**※**（1957）**という作品に出演している。舞台は朝鮮戦争の頃の日本で、米兵と日本女性というカップルが2組登場するラブストーリーである。サヨナラという言葉はアメリカ人に最も知られた日本語のひとつだが、この映画がかなり貢献しているはずだ。

印象的だったのは、ブランドが、日本女性と同居している元部下の家（日本家屋）を訪

※『八月十五夜の茶屋』（1956年・アメリカ）【監督】ダニエル・マン【出演】マーロン・ブランド、グレン・フォード、京マチ子他

※『サヨナラ』（1957年・アメリカ）【監督】ジョシュア・ローガン【出演】マーロン・ブランド、ナンシー・梅木他

ねるシーン。この映画で東洋人初のアカデミー賞（助演女優賞）を受賞したナンシー・梅木が元部下の奥さん役を演じている。

ブランドは靴を脱がずに玄関から上がり、低い鴨居《かもい》に何度も頭をぶつけるなど、オーソドックスな〝ガイジンあるある〟を連発してくれる。そして、出されたおしぼりに戸惑いながら耳をほじほじし、ライスワイン（サキ＝酒）の温かさをいぶかるものの、部下の日本人妻のお・も・て・な・しに触れ、日本女性を見る目も変わっていく。少し前まで「吊り目のチビ」呼ばわりしていたのに。

部下は「俺は世界で一番幸せな男だ」とのろけるが、「世界で最も幸福なのは、アメリカ人の給料をもらい、イギリスの邸に住み、中国料理を食べ、日本人を妻にする男であり、世界で最も不幸なのは、中国人の給料をもらい、日本の住宅に住み、イギリスの料理を食べ、アメリカ人を妻にする男だ」という古典ジョークは、いつ頃できたのだろうか……。

「当初の脚本は、国際的ロマンスが同族結婚を強いる日米両国の文化にはばまれ、悲恋に終わるものだったので気に入らなかった。この役を引き受ければ、間接的に人種差別を支持することになってしまうと思い、監督に結末を変更させ、私が脚本を書きなおし、アドリブをふんだんに取り入れた」

マーロン・ブランドは自伝の中で『サヨナラ』についてこう述べている。

過剰な自意識を持て余し精神科に通っていたハリウッドスターの自伝がどこまで正確に

事実を記録しているかはわからないが、彼が若い頃から人種差別やエスニック・マイノリティの問題に関心があったのは間違いない。インド系やメキシコ系、タヒチ人などと結婚離婚を繰り返し、英語も満足に話せない日本女性と交際していたブランドは、公民権運動にも積極的に参加。アメリカ先住民に対するハリウッドの差別に抗議し、『ゴッドファーザー』（1972）で受賞したオスカーを拒否した過去もある。

マーロン・ブランドというと、『スーパーマン』（1978）でギネス級の法外なギャラをせしめた守銭奴とか、『ラストタンゴ・イン・パリ』（1972）でバターを塗ってアナルファックしたエロおやじといったイメージがあるが、その経歴や日本とのからみっぷりなど、一筋縄ではいかない映画人なのだ。

なりきりニッポン人に苦笑い

欧米人の役者が日本人役を演じるのは、マーロン・ブランドに限らない。**『戦場にかける橋』**※**（1957）**でオスカーを獲得したイギリスの名優アレック・ギネスは、その4年後**『A Majority of One』**※**（1961）**という映画でKoichi Asanoという金持ち日本人の役を演じている。こちらはブランドの演じたヘラヘラした日本人と異なり、背筋をぴんと伸ばし和装もさまになっている堂々とした日本人紳士だが、本当に見え

※『戦場にかける橋』176ページ参照。

※『A Majority of One』（1961年・アメリカ）【監督】マーヴィン・ルロイ【出演】ロザリンド・ラッセル、アレック・ギネス他

ているのかと心配になるぐらい、目が細い。そういえばギネスは『アラビアのロレンス』（1962）でファイサル王子、『ローマ帝国の滅亡』（1964）で古代ローマの皇帝、『ドクトル・ジバゴ』（1965）でロシア革命軍のリーダーなど、いろんな国の人間を演じている。最近の役者は太ったり痩せたりして演技派であることをアピールするが、昔は異民族・異人種になりきるのが演技力を示す近道だったのだろうか。

19世紀のアメリカでは、焦がしたコルクで顔を黒く塗った白人が、黒人になりきって歌ったり踊ったりする「ミンストレル・ショー」が人気だったというが（80年代には日本でも顔を黒塗りしたドゥーワップ・グループ、シャネルズが人気だったっけ）、白人が変てこメイクで日本人になりすますのも似たようなものだ。

人種差別だなんだとすぐに問題になる昨今、このてのエンタメはアメリカでも日本でも消えてしまった。白い肌に生まれついた黒人大学教授をアンソニー・ホプキンスが演じた『白いカラス』（2003）のようなシリアスな作品はあるが、ギャハハと笑えるような異人種なりきり映画は近年とんとお目にかかっていない。

というわけで、もっとも有名かつえげつないなりきり日本人は、今から50年以上前にヒットしたクラシック**『ティファニーで朝食を』**[※]**（1961）**に登場する。身長160センチのミッキー・ルーニー演じる伝説の国辱キャラ、日本人カメラマン・ユニオシである。ヒロインのホリー（オードリー・ヘプバーン）が暮らすアパートの上の階に住むユニオ

※『ティファニーで朝食を』（1961年・アメリカ）【監督】ブレイク・エドワーズ【出演】オードリー・ヘプバーン、ジョージ・ペパード、パトリシア・ニール他

シは、ありえないほどの出っ歯で眼鏡をかけ、いつもイライラしている血圧の高そうな日本人。部屋には珍妙な日本趣味があふれており、布団まがいの寝具で眠っているが、なぜかその頭上にはでかいチョウチンがぶら下がっていたりする。

彼は普段、ハチマキ姿で熱湯風呂につかったり、一人でお茶をたてたりしているが、階下のホリーがしょっちゅう深夜に帰宅したりパーティーを開いたりして騒音を出すため、「うるさい」と怒りまくり、すぐに警察を呼ぼうとする。英語の発音はもちろん、ミスター・モト以来のジャパニーズ・イングリッシュの伝統である「L」と「R」を混同したものだ。

トルーマン・カポーティの原作小説では、ユニオシに特別な日本人的キャラ設定はない。アパート入口の鍵をなくしたホリーに、深夜呼び鈴を鳴らされて怒るだけだ。

斑点のある禿げ頭に出目、耳毛・鼻毛ふさふさのバーマン（ホリーのハリウッドのエージェント）や、生まれ落ちたかたちのまま、ぱんぱんに膨張したような風体のラスティ（ホリーの恋人）など、いじりやすい強烈なルックスの脇役が他にいるにもかかわらず、映画ではあえて、お笑い要員としてユニオシを全面的にフィーチャー、悪意に満ちた醜悪な日本人像を物語のアクセントにしている。映画にも原作小説にも、ホリーの本質を突く「あの子は本物のまがいものだ」というセリフが出てくるが、ミッキー・ルーニー演じるユニオシさんこそ、ハリウッド映画史に残る「本物のまがいものニッポン人」かもしれない。

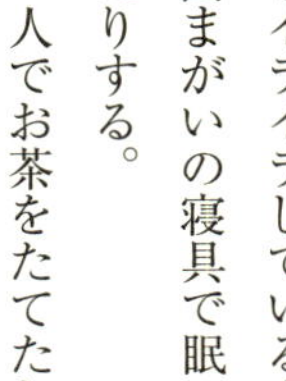

『ティファニーで朝食を』が作られた頃から50年以上が経ち、経済大国となった日本の存在感・国際的地位は格段に高まった。キャロライン・ケネディ駐日大使のスピーチ風にいえば、いまや日本は「米国の最も重要な同盟国であり最も緊密な友好国のひとつ」なのだ。

ハリウッド映画にも、さすがに最近はもうユニオシみたいなヤツは登場しないだろう……と油断していたら、**『ムービー43』**※**（2013）**という映画にバリバリのブサイク出っ歯が出ていてのけぞってしまった。

「豪華オールスターを無駄遣い！　下品で下劣で下衆のエクストリーム3G映画！」というふれこみの『ムービー43』は、シモネタ一直線の素晴らしくしょーもないオムニバスコメディだ。その中に、スティーヴン・マーチャントが整形手術をしてアジア人になってしまう「フィーリング・カップル／下衆でドン！」というエピソードがある。

ぺったりなでつけた黒髪と黒縁メガネ、頬にはチンコの刺青を入れ、ズラリと並んでせり出した前歯のせいで常に笑っているように見える偽アジア人。ちょっと明石家さんまに似ていたし、あれってやっぱり日本人……？

昔ながらのメガネ出っ歯から、サムライ&ニンジャ、企業戦士、ヤクザ、観光客、芸者、女子高生まで、スクリーンに登場する日本人の姿や日本のイメージは、どう移り変わってきたのか？　さあ、のんびり寄り道しながら順に見ていこう。

※『ムービー43』（2013年・アメリカ）【監督】エリザベス・バンクス他【出演】ヒュー・ジャックマン、ケイト・ウィンスレット他

【第一章】日本人ツーリストの掟

ひっぱりだこの日本人観光客

　首からカメラをぶらさげ、整然とした団体行動で観光地を巡る日本人ツーリスト。その圧倒的な無個性さと、ひたすらガイドに従う従順さは世界中で大人気、映画の中でもひっぱりだこだ。全員もれなく〝Hollywood〟と書かれたキャップをかぶり、2階建て観光バスでチャイニーズ・シアターあたりを巡る**『ラッシュアワー』**※**（1998）**の東洋人集団は、その典型的なイメージだろう。クリス・タッカー扮する刑事がバスに銃を持って乗りこんでくると、彼らは一斉にカメラを向けて記念撮影するのだ。

『クロコダイル・ダンディー2』※**（1988）**では、日本人観光客はもっとパワフルになる。地下鉄駅構内で銃を持った悪党と睨み合うダンディーの前に、ガイドに引率された日本人老夫婦がもっさり現れる。緊迫した状況にも気づかず「写真撮ってください」と日本語でせがむ老夫婦のカメラを拝借したダンディーは、そのストロボをたいて悪党に目つぶし攻撃。ツアーグループにいた背広の日本人も悪党に飛び蹴りをかまして加勢し、ダンディーのことを「クリント・イーストウッドだ！」と勘違いして喜ぶ。

『スパニッシュ・プリズナー』※**（1997）**は日本人観光客が物語に変なからみ方をするサスペンスだ。タイトルは、自称スペインの亡命貴族が「国に財産と妹を置いてきた。救

※『ラッシュアワー』（1998年・アメリカ）【監督】ブレット・ラトナー【出演】ジャッキー・チェン、クリス・タッカー、トム・ウィルキンソン他

※『クロコダイル・ダンディー2』（1988年・オーストラリア）【監督】ジョン・コーネル【出演】ポール・ホーガン、リンダ・コズラウスキー他

出資金を提供してくれれば、財産も妹も君にやる」と、独身の小金持ちをだます詐欺の手口のこと。この映画には、物語全体を通して、会話や画面の端々にニッポンが登場する。

冒頭、大儲け確実の発明をした主人公らは、商談の席で「データとフォーミュラがなければ、日本人でもだれでも利益を得られない」と説明、日本企業が競争相手であることが示唆される。商談はカリブのリゾートで行われるが、「カリブ海は日本人の新婚に大人気、ロマンチックだから」と秘書の女性は発言。

舞台がニューヨークに移ると、路駐した車の前で日本人の男3人連れが「じゃあ、写真撮ろうか」などと言いつつ記念撮影をしている。その様子を見て、富豪を装った詐欺師役のスティーヴ・マーティンは「世界中の記念物の前には必ず日本人がいてお互いに写真を撮っている。暇な連中だ」とつぶやく。

映画のクライマックス、詐欺師たちの逮捕劇はボストンが舞台となるが、ここでも肝心の場面で日本人観光客が押し寄せる。彼らは大きな高層ビルの置物でも買ったらしく、全員が細長い筒状のお土産を抱きかかえ、空港シャトルバスからボートへぞろぞろ移動する。船内ではいよいよ主人公と詐欺師の対決となるが、周りは日本人観光客だらけなのだ。

実はツーリストの中の2人、首からカメラをさげた眼鏡のおじさんと年齢不詳の三つ編みおねえさんは、ただの通りすがりの観光客ではなかった。彼らは日系人のUSマーシャル（連邦保安官）であり、詐欺師を逮捕するため主人公をマークしていたのだ。お土産に

※『スパニッシュ・プリズナー』
（1997年・アメリカ）

【監督】デヴィッド・マメット【出演】キャンベル・スコット、スティーヴ・マーティン、ベン・ギャザラ他

見えた筒の中に麻酔銃を隠し持ち、警戒していたのである。

詐欺師を仕留めた日系人保安官の「日本人は多いからね。だれも日本人観光客なんて気にしないから、隠れ蓑にはちょうどいい」という意味のセリフで映画は終わるが……映画の仕上がり同様、日本人の扱いもいまひとつ、中途半端だ。オチに使うならオチに使う、コケにするならコケにするで、もっとちゃんといじってくれよ！

ジム・ジャームッシュ監督の**『ミステリー・トレイン』※（1989）**では、ちょっと違った日本人旅行者の一面が描かれる。映画は3話からなるオムニバスだが、冒頭の「ファー・フロム・ヨコハマ」というエピソードに出てくる若いカップル（工藤夕貴と永瀬正敏）はエルヴィスの故郷メンフィスにやってくる。

宿泊先のホテルで、工藤はチップ代わりに日本のプラムをベルボーイにあげ、足でライターの火をつけたり、地味なエッチをしたりしつつ、常にテンションの低い永瀬にこんなことを訊く。

「なんであんたいつでもそんなに悲しそうな顔してんの？　そんなに幸せじゃないの？」

永瀬は「俺はいつでもハッピーだよ。だってこれが俺の顔なんだもん」とクールに答えるが、翌日ホテルをチェックアウトする時になると、元気よく備え付けのバスタオルをスーツケースに詰めこんで、かっぱらおうとする。

「アメリカじゃタオルは部屋代にはいってるんだよ、みんな知ってるぜ」

※『ミステリー・トレイン』
（1989年・アメリカ／日本）
【監督】ジム・ジャームッシュ
【出演】永瀬正敏、工藤夕貴、ジョー・ストラマー他

『ラスベガスをぶっつぶせ』（2008）のブラックジャック・チームにいた中国人学生は、ホテルに着くやいなや酒から聖書まで盗りまくっていた。メイドのカートから部屋置き用の安チョコまでちょうだいするので、彼のボス の悪徳教授（ケヴィン・スペイシー）もたしなめる。実際、香港などのホテルに泊まると、火事場泥棒のような勢いであらゆる備品を持ち帰ろうとする中国人宿泊客を牽制してか、備品ひとつひとつの値段がそこらじゅうに貼り紙してあったりするが、日本人にも似たようなイメージがあるのだろうか……。

ホラーからサスペンスまで、ところかまわず登場

映画のワンシーンで刺身のツマ的な役割を果たすせいか、日本人観光客はサスペンスやホラーにもしっかり顔を出す。

『羊たちの沈黙』（1991）に続いてアンソニー・ホプキンスが人食いレクター博士を演じた『**ハンニバル**』※（**2001**）には、フィレンツェのヴェッキオ宮殿でイタリア人捜査官（ジャンカルロ・ジャンニーニ）が殺される場面がある。レクターがナイフで捜査官の腹を裂き、2階の窓から縛り首にして突き落とす残酷なシーンだ。これ以上ないほどシリアスかつショッキングな前半の見せ場だが、ここで宙ぶらりんとなった死体に最初に気

※『ハンニバル』（2001年・アメリカ／イギリス）
【監督】リドリー・スコット
【出演】アンソニー・ホプキンス、ジュリアン・ムーア、ゲイリー・オールドマン他

づくのが、宮殿前の広場の階段に整然と座っていた日本人グループツアーの人々だ。「あれ！　あれ見て！」という日本語の叫びには関西のイントネーションも感じられる。

このロケ場所は私も訪れたことがあるが、昼間ならともかく、事件が起こったような夜更けには、こんな日本人の団体さんなんていているはずないのだが……監督のリドリー・スコットは、どうしてもここで日本人観光客の姿を画面にぶっこみたかったのだろうか？

ついでだが、レクター博士のルーツを探る**『ハンニバル・ライジング』**※**（2007）**では、若き日のレクターはレディ・ムラサキなる日本女性のもとに身を寄せる。生け花、甲冑、日本刀、剣道……この猟奇殺人者は、日本人に保護され、日本的な文物に囲まれて思春期を過ごしていたのである。

変態ホラーの金字塔**『ムカデ人間』**※**（2009）**は、人間の口と肛門を繋げて人間ムカデを創造することに異常な情熱を傾けるドイツ人医師が主人公。その実験材料としてヨーロッパを旅行中の2人のアメリカ人女性と1人の日本人青年が医師に監禁される。

北村昭博演じる日本人青年は、狂った医師に拘束され終始囚われの身だが、関西弁で威勢よく抵抗する姿が新鮮だ。

「なんや、これ？　誰や、おまえ？　ほんまにしばくぞ！　なにしてんねんゴルァ！」

彼は接合手術でアメリカ人女性の口に自分の肛門をつながれ四つんばいでしか動けなくなってからも、「俺は犬じゃない！」と医師の脚に噛みつき、「このカミカゼ糞穴野郎！」

※『ハンニバル・ライジング』（2007年・アメリカ／イギリス／フランス）【監督】ピーター・ウェーバー【出演】ギャスパー・ウリエル、コン・リー他

※『ムカデ人間』（2009年・オランダ／イギリス）【監督】トム・シックス【出演】ディーター・ラーザー、アシュリー・C・ウィリアムズ、北村昭博他

と罵倒される。挙句の果てに「あ、うんこ、うんこ。ごめん、ごめんよ〜」と合掌して謝りながら女性の口に脱糞するシーンもあり、行きずりの日本人拉致被害者というには、あまりに強烈なキャラだった。

海外での日本人の受難ということなら、イギリス映画**『フィルス』**※**（2013）**は、物語の発端となるのが日本人留学生殺人事件だ。チンピラにからまれた留学生は「トラブル探してないから」と奇妙な日本語で応じ、空手っぽい仕種で威嚇するが、鼻で笑われ、あっさり蹴り殺される。捜査の担当となったアル中の変態刑事（ジェームズ・マカヴォイ）は、「ジャップカミカゼスシカラオケ野郎のために、誰が休暇を返上するか！」と毒づく。

イーライ・ロス監督の**『ホステル』**※**（2005）**は、旅行でヨーロッパを巡っていたアメリカ人大学生たちが拷問殺人の生贄となるスプラッター・ホラー。ホステルに泊まった旅行者を拉致し、拷問好きの顧客に売り飛ばす闇組織の話である。

犠牲となる旅行者の中には、日本人女性バックパッカー・カナもいる。彼女を買った変態男の「特別な獲物を買った。1週間も待ち、5万払って買った女だ」というセリフから、人種によって値段が違い、日本人はそれなりに高額商品だということがうかがえる。

カナはえぐられた目ん玉をぶらぶらさせながら、主人公と一緒に拷問場を逃げだすが、「やめてください、きゃー、待ってください、ぎゃー、いたーい」といったセリフに違和感がある。中国系や韓国系の役者が日本人の役をやり、いざ日本語のセリフをしゃべると

※『フィルス』
（2013年・イギリス）
【監督】ジョン・S・ベアード【出演】ジェームズ・マカヴォイ、ジェイミー・ベル、エディ・マーサン他

※『ホステル』
（2005年・アメリカ）
【監督】イーライ・ロス【出演】ジェイ・ヘルナンデス、デレク・リチャードソン、ヤン・ヴラサーク他

ヘンテコになってしまうというのは、ハリウッド映画では普通によくあること。本物の日本人である三池崇史監督が特別出演しているのに、結構重要なカナの役を演じているのは、なぜか中国系の女優さんなのだ。

　これは日本のインド料理屋で、実際に厨房にいるのはネパール人だったりするようなものだろうか。私のタイ人の知り合いも、日本人になりすましてロンドンの和食屋で出稼ぎコックをしていたし、そもそもそこらの欧米人には日中韓の区別なんかつかないという話もある。中欧や東欧の田舎に行くと、日本は中国の一部だと思っているような人がいまだにごろごろいるわけで……。

　マイケル・ダグラスがキレまくるおやじを演じた**『フォーリング・ダウン』**※**（1993）**には、こんな印象的なシーンがあった。

　ダグラスに雑貨店をぶち壊された店主が警察で事情聴取される。彼は明らかに韓国人移民で、英語がいまひとつ。要領を得ないため、ロバート・デュヴァル扮する初老の刑事は、部下の日系人刑事に通訳させようとする。若い日系人刑事は店主の顔と自分の顔を交互に指さしながら「この人は韓国人、僕は日系。彼の韓国語は僕には理解できません」とデュヴァルに説明する。

　舞台となっているロサンゼルスでは映画公開直前の1992年に、ロドニー・キング事件をきっかけとした大きな暴動があった。当時急増していた韓国人移民の商店が襲われ、

※『フォーリング・ダウン』（1993年・アメリカ）【監督】ジョエル・シュマッカー【出演】マイケル・ダグラス、ロバート・デュヴァル、バーバラ・ハーシー他

店主らが銃を水平発射して応戦している映像が連日のようにニュースで流れたものだ。

ジェームズ・エルロイのオリジナル脚本による**『フェイク シティ　ある男のルール』**※**（2008）**もロス警察の腐敗ぶりを描いているが、冒頭、一匹狼の刑事キアヌ・リーブスが韓国人ギャングたちを挑発するシーンがある。

彼はまず「コンニチハ」とわざわざ日本語の挨拶をかまし、〝zipperhead〟だの〝dink〟だの差別語を並べて「犬をむしゃむしゃ食うアジア野郎」と、こわもてコリアンたちにからむ（日本語字幕は「犬」ではなく「キムチ」になっていたが）。カッとなった韓国人ギャングたちは、「なにがコンニチハだ！」と、日本人扱いされ侮辱されたことに激怒し、キアヌ・リーブスをボコボコに……。

昔のアメリカ映画では、東洋人なんて一山百円みたいに描かれることが多かったが、最近はなかなかビミョーなところを突いてくる作品もあるようだ。

ディズニーよ、お前もか！

星に願いをかける時、人に差別はありません……などと歌ってるわりには、ディズニー映画にもステレオタイプな日本人旅行者はしっかり登場する。

たとえば、『ミクロキッズ』（1989）の第2弾**『ジャイアント・ベビー』**※**（1992）**

※『フェイク シティ　ある男のルール』
（2008年・アメリカ）
【監督】デヴィッド・エアー
【出演】キアヌ・リーブズ、フォレスト・ウィテカー、ヒュー・ローリー他

※『ジャイアント・ベビー』
（1992年・アメリカ）
【監督】ランダル・クレイザー
【出演】リック・モラニス、マーシャ・ストラスマン他

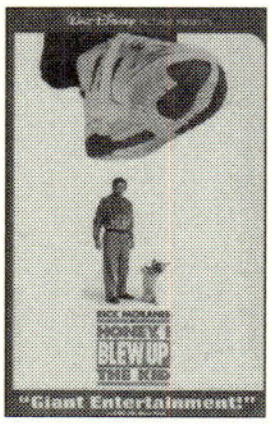

は、「おちゃめな巨人がラスベガスをヨチヨチのし歩く」という宣伝文句そのままに、2歳児が30メートルに巨大化する話だが、怪獣のような乳幼児の出現にパニックとなった街の人々が逃げ惑うシーンがある。

ちょうどホースシュー・カジノの前あたりに数人の若い日本人男女がいて、「あ、ゴジラだ！」と女の子が指さし、連れの男が「違うよ！　ビッグ赤ちゃんだよ！」と日本語で叫ぶ。こうしたやりとりの間にも、彼らはパシャパシャと記念写真を撮り続けるのだ。

SFファンタジー**『ナビゲイター』**※**（1986）**には、少年がUFOでマイアミから東京にひとっ飛びする場面がある。「さくらフィルム」や「生ビール」といったネオン看板がせわしなく輝くこの東京のシーンでは、通りすがりの日本人老若男女が横一列に並び、少年の乗ったUFOをカメラで撮影しまくる。

携帯もスマホもない時代だから、地味なスーツの老紳士もイケイケ風なおねえさんも、全員がいわゆるちゃんとしたカメラで撮っているわけで、有無を言わせぬ強引な演出である。日本人は、通勤通学の時も夜遊びの時も、年齢・性別に関わらず、常にカメラを持ち歩いているのだ。

見学するは我にあり

※『ナビゲイター』（1986年・アメリカ）
【監督】ランダル・クレイザー
【出演】ジョーイ・クレイマー、ヴェロニカ・カートライト他

おのぼりさんツーリストとは別に、なにかの施設を視察したり見学したりする日本人キャラも映画には頻繁に登場する。勉強熱心で吸収力抜群、多い日も安心といった日本人のイメージのせいだろうか。

映画製作に携わるハリウッド族を描いたブラック・コメディ**『ザ・プレイヤー』**※**（1992）**は、冒頭に気合の入った長回しシーンがある。映画の撮影所内をカメラがスルスルと移動撮影していくと、そこにゾロゾロと見学する日本人御一行様の姿が映る。案内係が「ソニー製品を使ってます。ドーモアリガト、ソニープロダクト」などと片言の日本語でお愛想を言うから、この人たちはSONYの社員か関係者なのだろう。

地下鉄ハイジャック犯と当局のかけひきがスリリングな**『サブウェイ・パニック』**※**（1974）**では、NY地下鉄を視察するため、東京メトロから4人の日本人がやって来る。

彼らの案内をさせられるのが交通局警察本部長役のウォルター・マッソー。日本人スーツ軍団はヤシムラ、マツモトなど一人一人紹介されるが、みな控えめで何を考えているのかわからない感じ。首にはしっかりカメラをぶらさげ、サヨナラという日本語を聞くと反応してうれしそうに笑うが、マッソーの「フォローミー、プリーズ」という英語は理解できず、ずんずん先に歩いていくマッソーに置いてきぼりにされてしまう。

コミュニケーション不能でお手上げ状態のマッソーは、やけくそで泥棒や変態だらけのブロンクスの地下鉄犯罪事情を説明してみるが、英語がわからないため無反応な4人は、

※『ザ・プレイヤー』（1992年・アメリカ）【監督】ロバート・アルトマン【出演】ティム・ロビンス、グレタ・スカッキ他

※『サブウェイ・パニック』（1974年・アメリカ）【監督】ジョセフ・サージェント【出演】ウォルター・マッソー、ロバート・ショウ他

呆けた顔でそこらにあるものを写真に撮るばかり……。

ジョー・ダンテ監督の※『**グレムリン2　新・種・誕・生**』（**1990**）は、マンハッタンのハイテクビルでグレムリンが大暴れする。ビルにはケーブルテレビCCNのスタジオがあり、ヒロイン（フィービー・ケイツ）はそのスタジオ見学ツアーのガイド嬢だ。彼女が案内する見学グループの中に、カツジさんというメガネの日本人青年がいる。

彼はあからさまなカメラマニアで、一眼レフやポラロイドやビデオカメラなど何台も首からぶらさげ、目をらんらんと輝かせてガイド嬢のスナップを撮りまくる。そんなカメラ小僧カツジさんは、グレムリンが暴れてビルを占拠すると、CCNのスタッフに臨時カメラマンに任命され、混乱したビル内の様子を独占実況生中継して大活躍してしまう。「アイアムカメラ！」というよくわからない雄叫びも頼もしい限りだ。

ジョー・ダンテの実質的な監督デビュー作は低予算動物パニック映画『ピラニア』（1978）。その時ダンテを抜擢したのは、チャコ・ヴァン・リューウェンこと日本人の筑波久子だった。日活の肉体派女優だった筑波は20代でアメリカに移住してロジャー・コーマンと仕事をしており、ジェームズ・キャメロンの初監督作品となった※『**殺人魚フライングキラー**』（**1981**）のプロデュースにも名を連ねている。映画の中でカツジさんが優遇されているのは、ダンテにそんな日本人との関わりがあったからだろうか。

※『グレムリン2　新・種・誕・生』
（1990年・アメリカ）
【監督】ジョー・ダンテ【出演】ザック・ギャリガン、フィービー・ケイツ他

※『殺人魚フライングキラー』
（1981年・アメリカ／イタリア／オランダ）
【監督】ジェームズ・キャメロン【出演】トリシア・オニール、ランス・ヘンリクセン他

【第二章】世界一有名な職業……ヤクザ

小指を残して帰国するミッチャム

『ザ・ヤクザ』※（1974）はハリウッド・ヤクザ映画のクラシックであり入門編だ。エグゼクティブ・プロデューサーが東映でやくざものを量産した俊藤浩滋、監督はいたってまっとうな作品づくりをするシドニー・ポラック、原作・脚本は日本文化に詳しいシュレイダー兄弟。そんな顔ぶれが集結しているせいか、のけぞるようなヘンテコ描写はなく、任侠の世界を律儀に描こうとしているのが伝わってくる。

映画は、冒頭の英語字幕でまずヤクザという存在がいかなるものかを説明してくれる。

「ヤクザは八・九・三の数字に由来する。足して20。賭博では負けの数だ。無頼の徒が自らを卑下してこう称した。ヤクザは博徒やテキヤなどの形で350年前から存在した。今日も一部のヤクザには武士道にも似た任侠の道が生きていると言われる……」

はっきり言って、知らなかったことばかり。

倶利迦羅紋紋《くりからもんもん》の男たちの体が浮かび上がるタイトルバックが終わると、いきなり腰をかがめて仁義を切る日本人男性の姿。彼の発する第一声は「おひかえなすって」という日本語で、画面には「Please receive my introduction（私の紹介を受け取ってください）」という英語字幕がつく。

※『ザ・ヤクザ』
（1974年・アメリカ／日本）
【監督】シドニー・ポラック
【出演】ロバート・ミッチャム、高倉健、岸恵子他

物語は、ロバート・ミッチャム演じる日本に駐留経験のある元米兵が、ヤクザ組織に誘拐された旧友の娘を救出するため、お供の青年と一緒に日本を訪れるというもの。ミッチャムは昔の恋人（岸恵子）と再会し、彼女の兄である元極道の田中健（高倉健）の助けを借りることになる。

実はミッチャムと健さんの間には微妙な貸し借りの関係があるのだが、ともかくこの映画の登場人物たちには複雑なしがらみが多い。そのせいか、「借りを返す」とか「義理ができた」といったセリフが会話の中で何度も出てくる。そしてその時に使われる言葉がobligation（義務）という英語なのである。法的な義務、債務といった意味合いのobligationを、義理とか恩義といったニュアンスで使うのってどうなんだろうと思っていると、お供の青年が健さんにこんなことを尋ねる。

「ケンさん、ギリというのは〝obligation〟のことか?」

「〝burden（重荷）〟です。堪えがたいほどの重荷です」

「じゃ放り出せばどうなんだ。なぜ背負う?」

「義理だからです」

まるで禅問答のようだが、このへんの純日本的なヤクザスピリッツを描きたくて、シナリオは複雑な人間関係のしがらみを用意し、あえて何度も〝obligation〟という言葉を使っていたのだろう。

そんな感じで、健さんファンも納得の生真面目な姿勢が感じられる映画ではあるものの、そこはそれ、ノーテンキなハリウッド。ガイジン視点の「?」な描写も随所に顔を出す。

たとえば、夜の新宿場面。デイヴ・グルーシンの音楽をバックに、男の哀愁漂うミッチャムが路地をゆくシーンなど実に渋くてかっこいいのだが、彼のすぐ横では「トップレス嬢すごい！　バッチリ!?　¥400均一」と書かれた電飾看板がギラギラ輝いている。どんなサービスをしてくれるのかわからないが、400円は安すぎる。

ちなみに、歌舞伎町東映も一瞬ちらっと映るが、映画館の前に『仁義なき戦い』の立て看板が出ていてニンマリしてしまう（この映画の撮影には東映が全面協力している）。

ミッチャムはしゃぶしゃぶのもてなしを受けたり、神社の鳥居の前で健さんと立ち話をしたり、パチンコ屋で旧知の老人から情報を入手したりするのだが、彼がお供の青年と行くサウナの大浴場らしき施設も奇妙だ。

床には趣味の悪い真っ赤なタイルが毒々しく敷き詰められていて、なぜか男湯からスリガラス越しに女湯が透けて丸見え。広い湯船の真ん中には鯉が泳ぐ円柱状の水槽があって、二人は仲良く湯につかりながらこんな話をする。

「日本は刀も鋸も引いて切る。アメリカじゃ押して切るのに。アメリカ人は気がふれたら人を撃ちまくるが、日本人はとじこもって自殺する。全てが逆だ」

と、その時、ナイフ片手に湯船をぶくぶく潜水してきた刺客がミッチャムを襲い、『イースタン・プロミス』（2007）ばりの裸の格闘となり……。

映画のラスト、健さんは兄の面前で小指を詰め、約束を守れなかったオトシマエをつけることになり、それを見ていたミッチャムも負けじと小指を切って健さんにプレゼントする。そして肩から青いパンナムバッグをぶら下げて清々しい表情でアメリカに帰る飛行機に乗りこむミッチャムは、タラップ最上段で回れ右し、見送る健さんに深々とおじぎをするのだ。

放送不能……一線を越えたテレビシリーズ

80年代のアメリカでは、FBIやDEA（連邦麻薬取締局）が結構本気で日本のヤクザのアメリカ進出を心配していた。跡目争いのもつれから山口組が2つに分裂し、山一抗争が勃発していた1985年には、DEAがハワイで武器購入を持ちかけるおとり捜査を行い、日本の組幹部を逮捕したりもしている。

80年代に日本でも放送されていた米NBCのテレビドラマ**『特捜刑事マイアミ・バイス』**※には、シーズン4のエピソードで「マイアミ任侠伝 血塗られたライジングサン」というのがある。

※**『特捜刑事マイアミ・バイス』**（1984～1989年・アメリカ、TVシリーズ）**【製作総指揮】**マイケル・マン他**【出演】**ドン・ジョンソン、フィリップ・マイケル・トーマス他

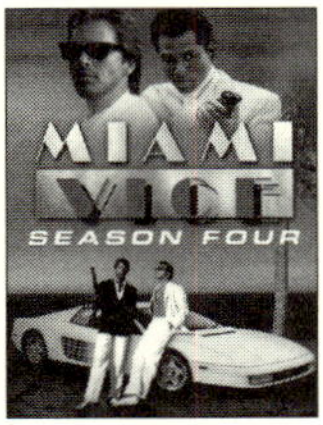

ゲストスターはケイリー＝ヒロユキ・タガワ。アメリカで活躍する日系俳優で、『白日夢』（1981）で愛染恭子と本番しちゃった佐藤慶が野生化したようなその風貌のせいか、東洋人の悪役ばかりやってる人だ。

「マイアミ任侠伝」というだけあって、このエピソードではアメリカに進出しているジャパニーズヤクザをネタにしているが、ゲイシャクラブや指詰めなどのお約束シーンに加え、見てるこちらがビビるような一線を越えてしまった描写が出てくる。セットのいたるところに、実在する日本最大の指定暴力団の名前が「山口組」と漢字3文字で書いてあるのだ。

ドラマは白装束のスキンヘッドが切腹するシーンで終わるが、彼が息絶え突っ伏したテーブルには、真っ赤な日の丸が描かれ、その中央にはやはりでかでかと例の組織名が。「アメリカでは逮捕や裁判をするのだろうが、ヤクザには独自のジャスティスがある」と見届けたタガワがつぶやき、エンドクレジット。クレジットが出ている間、画面にはずっと日の丸上の組織名が大写しに……。このエピソードはもちろん日本では放送されなかった。というか、放送できるわけないだろ！

最近のテレビシリーズでは、2007年から米USAネットワークで放送された**『バーン・ノーティス 元スパイの逆襲』**※にも日本のヤクザが登場する。シーズン5の「ヤクザと血筋（家族の過去）」というエピソードだ。

※**『バーン・ノーティス 元スパイの逆襲』**（2007～2013年・アメリカ、TVシリーズ）【製作】マット・ニックス【出演】ジェフリー・ドノヴァン、ガブリエル・アンウォー他

日本の京都あたりで誘拐した女性を、マイアミに売り飛ばしているヤクザの人身売買組織を追う主人公たち。登場する日本人ヤクザは、光沢のあるスーツを着たエグザイルのパフォーマーみたいな青年で、一昔前のアメリカ映画に出てくる極道とは雰囲気が違う。

彼が登場するシーンには、英語字幕で「TAKEDA YAKUZA GANGSTER」と但し書きが出るが、よく見ると左手の薬指がない。小指はあるのに。

あえて薬指を詰めさせた斬新な演出は、ヤクザのアジトの合言葉が「ニホントー（日本刀）」だったことと合わせ、『バーン・ノーティス』を見ていたアメリカンヤクザ・ファンを大いに喜ばせたのである。

ヤクザ・イン・ニューヨーク

アメリカンなヤクザといえば、そのものズバリなタイトルの**『YA-KU-ZA ヤクザ・イン・ニューヨーク』（2006）**[※]という作品がある。ぶれまくる手持ちカメラ、顔のクローズアップの多用、ぎりぎりまで削った台詞、時系列をいじったシナリオ……映画好きの学生が仲間と一緒に作ったような、良く言えば「新感覚」ヤクザ映画だ。

物語はニューヨークに住む2人の日本人ヤクザの葛藤を軸に進む。片方はひょろっとしたホモで、見た目は町役場の職員のようだが、次々に女を殺す異常者。もう一方は美大を

※『YA-KU-ZA　ヤクザ・イン・ニューヨーク』（2006年・アメリカ）【監督】マーク・フレッシュマン【出演】ヒロ・マスダ、オサム・イノウエ他

卒業しましたみたいな雰囲気の無口なロンゲで、『テルマエ・ロマエ』（2012）の表現を借りれば、典型的な「平たい顔族」。ただし、美大生っぽく見えるだけあって、体中にびっしりとアートを彫りこんでいる。

全然ヤクザっぽくないこの2人の目の前で、ある時、彼らの親分が射殺されてしまう。兄貴分のアキラ（神田瀧夢。アメリカのメジャーネットワークのテレビ番組で初めて司会を務めた日本人と紹介されることが多い）は、2人に不始末の償いをさせようと、割り箸でくじを作って引かせる。当たりが出たらもう1本、じゃなくて、当たった方は腹を切って死んで詫びを入れ、はずれた方は指を詰めたうえ暗殺犯を探しだし殺せというのだ。

ロンゲの方が当たりを引くが、いざ切腹という時になって死にきれず、渡されたドスを振り回し、その場から逃走する。ドラマはこのロンゲがホモの相棒ら組織の人間に追われながら、暗殺犯を見つけて自分なりの落とし前をつけようとする数日間を描く。

とはいえ、その後のロンゲの行動は、日本のヤクザ映画だったらありえないようなものばかりである。美容師の女の子の部屋に転がりこんだり、ニューヨークの裏路地でカンフー対決したり、かっぱらってきた組長の遺灰をがぶがぶ食べたり……。

ついに暗殺犯を追いつめたロンゲは、銃を突きつけ「おまえ、親父の命でいくらもらった?」と尋ねる。暗殺犯も同じ日本人。彼はこんな風に答える。「それを計算するには為替のレート表がいるな。円じゃなくてポンドでの支払いだったからな」。

この映画の原題は〝フーリガン（ごろつき）〟であり、特に日本人ヤクザの生態を描くといった意図はなかったのかもしれない。しかし、異国の街で日本人の若いならず者たちが繰り広げる不可解な暴力沙汰は、奇妙な後味を残すのだった。

馬鹿ほど恐いものはない

ＦＢＩ捜査官と伝説の殺し屋ローグ（ジェット・リー）の死闘を描いたアクション映画※**『ローグ アサシン』（2007）**では、日系ヤクザと中国マフィアの抗争が描かれる。

舞台となるサンフランシスコには有名な日本人街とチャイナタウンが実際にあるが、映画ではヤクザ・ディストリクトと呼ばれる日系マフィアの支配区域があり、そこには「零」というクラブがあって、賭博場や女体盛りやドーベルマンや入れ墨男が勢ぞろいしている（地元刑事によれば「日本のヤクザは殺した数だけ腕に輪を彫る」とか）。

ＦＢＩ役のジェイソン・ステイサムはヤクザ事情に詳しく日本語もできるという設定だが、ただでさえ滑舌が悪いのに、日本語の発音が悲惨でほとんど理解不能。唯一「オイシャサンゴッコダ！」というセリフだけは、はっきり聞き取ることができた。ステイサムの出ているアクション映画を見るとＩＱが5ポイント下がるという言い伝えがあるが、もしかしたら本当なのかもしれない。

※『ローグ アサシン』（2007年・アメリカ）【監督】フィリップ・G・アトウェル【出演】ジェイソン・ステイサム、ジェット・リー、石橋凌他

ヤクザの本拠地「柳川モータース」でジェット・リーが石橋凌やケイン・コスギと戦うシーンも最高だが、なんといってもファンをうならせたのは「白湯茶房」の襲撃場面だ。この店は看板に〝Tea House〟と出ているが、実際には寿司屋と居酒屋が合体したような感じ。その座敷で食事をしていたヤクザたちを中国マフィアが襲うのだが、ともかく店のあちこちが諺だらけで、目が離せない。

まず店舗入口の門柱には「馬鹿ほど恐いものはない」「柳雪折れなし」と大きく日本語で書いてある。店内はというと掛け軸だらけで、「弱肉強食」「疑心暗鬼を生ず」「掃き溜め鶴」「下手の横好き」などの言葉が躍っており、なんだかすごくためになる。この教訓あふれる環境で日中の若い衆が元気よく殺し合うわけだ。

やがて映画はクライマックスに突入、ついに真の悪と真の正義の正体が判明！　という時がやってくるのだが、ドラマの意外なオチよりも、デヴォン・青木の部屋に鎮座する丸々と太ったマヌケな招き猫の方が気になってしまうのだった。

人生いろいろヤクザもいろいろ

マーベル・コミックス由来の**『パニッシャー』**※**（1989）**はマフィアに妻子を殺され、地下に潜って復讐を誓う必殺仕置き人の話だ。

※『パニッシャー』（1989年・オーストラリア／アメリカ）【監督】マーク・ゴールドブラット【出演】ドルフ・ラングレン、ルイス・ゴセット・ジュニア他

この映画に登場する日本のヤクザ組織のヘッドはレディ・タナカ（キム・ミヨリ）という女性である。ハーバード・ビジネススクール出身でアウンサンスーチー似の彼女は、白いスーツに真珠のネックレス姿で地元マフィアの集いに乗りこみ、幹部の腕をへし折って「ウィーアーヤクザ」と宣戦布告する。

彼女のアジトは高層ビルで、エレベータを降りるといきなり立派な剣道場があり、ヤクザのみなさんが訓練に励んでいる。道場には鳥居と雷神像があり、兜や刀も飾ってあるが、その奥の部屋に進むと、吊るされたサンドバッグのそばでレディ・タナカがピアノをひいていたりして、わけがわからない。

おまけに、さらに奥の部屋には檻があって、次々に誘拐してきたマフィアの親分の子供たちを監禁しているのだから、レディ・タナカは仁義も道理もない冷酷な女なのだ。

彼女は、最後の対決シーンでは前後の脈絡なく芸者姿になり、顔をコウメ太夫のように真っ白に塗り固め、なんの罪もない少年を人質にとって首にナイフを突きつけるし、ブラック忍者軍団に捕獲させたパニッシャー（ドルフ・ラングレン）を上半身裸で仰向けに固定し、四肢を引っ張るマシーンで拷問したりもする。

ラングレンは、一見、筋肉バカに見えるが、実はフルブライト奨学金でマサチューセッツ工科大学に進んだ秀才らしい。そんな知性派の彼は、裸で縛られてアジア人に拷問されるのが好きらしく、**『リトルトウキョー殺人課』**※**（１９９１）**でもケイリー＝ヒロユキ・タ

※『リトルトウキョー殺人課』
（１９９１年・アメリカ）
【監督】マーク・L・レスター
【出演】ドルフ・ラングレン、ブランドン・リー、ケイリー＝ヒロユキ・タガワ他

ガワ（42ページ参照）に似たような電気責めを受けている。

『リトルトウキョー殺人課』は〝とんでもニッポン〟好きの間で高い評価を得ている傑作で、半裸女相撲が楽しめる「盆栽クラブ」、歴史ある湯治場のように立派な「暁大衆浴場」、異様としか言いようのないリトル東京のお祭りパレードなど、見どころが目白押し。タガワの子分にはアロハシャツを着てマゲを結った相撲取りがいるし、日本かぶれのラングレンは、朝は背中に旭日旗みたいな絵の描いてある革ジャンを着て「マツノ寿司」で湯呑をすすり、夜は日本人女性（ハワイ出身のティア・カレル）と、自宅の庭に木桶を置いただけの即席露天風呂で戯れる。

『リトルトウキョー殺人課』にも当然のように出てくるが、それにしてもガイジンさんって、女体盛りが大好きだ。ヤクザといえば女体盛り、和食といえば女体盛り、日本といえば女体盛り……ノーパンしゃぶしゃぶやノーハンドレストランのことは知らないのだろうか。

『レザボア・ドッグス』（1992）の劣化版と評される『SUSHI GIRL』※（2012）にいたっては、女体盛りそのものというか、盛られる金髪女が重要な役割を果たす異色の作品だ。仲間の出所祝いに「ヤクザ式ディナー」をと、旭日旗の前で女体盛り寿司パーティーを開くギャングたち。寿司職人役の千葉真一が「忘れるな、お前は器だ」と、全裸で横たわる金髪女に言い聞かせる。

※『SUSHI GIRL』（2012年・アメリカ）【監督】カーン・サクストン【出演】トニー・トッド、ノア・ハザウェイ、マーク・ハミル、マイケル・ビーン、千葉真一他

そんな千葉真一とも親交があるスティーヴン・セガールは、日本と切っても切れないアクションスターだ。東京が舞台となった**『イントゥ・ザ・サン』**※**（2005）**では、セガールは日本在住のCIAエージェント役。都知事を暗殺した新興ヤクザを追い、不思議な日本語をしゃべりまくる。

刀剣を売る店でなじみの店主と「どないしてまんの？　そりゃあんたもう、いそがしくてねー」などと世間話をし、相棒を誘って入った「キッサテン」ではウェイトレスに注文を訊かれ「ちょっと待っててね」と返す。実際に10年以上日本に住んでいただけあって、物腰がもう日本人だ。

セガール日本語の特徴は、標準語と関西弁、ため口と敬語が絶妙なバランスでミックスされていることで、「まあ、死ぬつもりでいけるやつは、それより強いもんないです」「（日本刀をめでながら）これ、人きれますよ、これ。ね、これ、今晩つかいますよ。人きれますよ、ほら」みたいなセリフがたまらない。デブもロンゲも嫌いな私だが、この映画を見て今や本気のセガールファンである。セガールが着物美女と桜の木の下で「ゆびきりげんまん」する不気味なシーンにもメロメロだ。

新宿大ガード、栗山千明、芸者、指詰め、東京タワー、桜、たこ焼き、パチンコ屋、炉端焼き、彫り師、生け簀UFOキャッチャー、盆栽じじい、焼香、襲名式、三本締め……映画に織り込まれる日本的要素にもぬかりなく、さすがセガールと言わざるをえない。

※『イントゥ・ザ・サン』（2005年・アメリカ）【監督】ミンク【出演】スティーヴン・セガール、マシュー・デイビス、大沢たかお、栗山千明他

ヌード女性が巨大水槽で泳いでいるナイトクラブのシーンもあって、ステージでへそだしガールズを紹介している司会者はコロッケだ。彼は五木ひろしと野口五郎のモノマネを力強く披露するが、あの芸がハリウッドのフィルムに記録されたなんて、正直ちょっとうれしい。

ヤクザのボスキャラ、大沢たかおのアジトが築地のフィッシュマーケットの中にある設定もグー。そしてその事務所にあるテレビでは、セガールの娘である藤谷文子が出演したガメラシリーズの映像が流れているオマケ付きだ。

セガール映画よりはるかにしょぼい日本ロケで、妙に生々しいジャパニーズヤクザの人身売買を描いたのが**『大阪殴り込み作戦』**※**（1983）**である。

オープニングに、珈琲サンドイッチ・グレコ、ポリネシアン・パブ、東京初企画のぞき、パブラウンジ・アメリカン等々、古くさいネオン看板が登場し、続いてミラーボールの回る昭和感たっぷりのナイトクラブに場面が変わる。ホステスはガイジンばかりで、「コンバンハウーントアソビシナイ?」と客の日本人に片言でささやくような、要するに裏でヤクザが仕切る金髪女専門の売春施設だ。

ハリウッドでウェイトレスをしながら歌手を夢見ていたキャロル（ジェニファー・ジェイソン・リー）は、新聞の女性シンガー募集の広告に応募し、来日してこの店で働き始める。しかし、歌手として契約を交わしたつもりが、売春を強要され……。

※『大阪殴り込み作戦』（1983年・アメリカ）【監督】ジョナサン・カプラン【出演】ジェニファー・ジェイソン・リー、アン・ジリアン、リチャード・ナリタ、マコ他

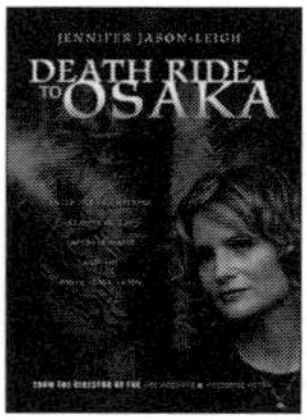

アメリカでキャロルを面接し、日本でもなにかと世話をやくのがヨシダ（リチャード・ナリタ）という男。ひさしのせり出たその髪型は、鶴岡雅義と東京ロマンチカを思い出させるムーディーなものだ。彼は、キャロルが握手のために手を差し出しても軽く会釈するのみ。ゴルゴ13のように握手という習慣がないのかもしれない。

内容のよくわからない日本語の契約書にサインさせられたキャロルは、日本でパスポートも奪われ、金欠で帰国のための航空券も買えない。お店の実態を知り、大使館に駆けこんでも助けてもらえず、警察に訴えると売春婦扱いされ拘束される始末。そもそも、エンターテイナービザも持たずに来日してナイトクラブで歌っていたのだから、キャロル自身、立派な犯罪者なのだ。

TVムービーにしてはずいぶん暗い内容で、BBCの人身売買ドキュメンタリーでも見ているような気分になる。ヒロインがフィリピン人やタイ人だったら、さらに気が滅入ったことだろう。

荒唐無稽なSF映画にもヤクザは登場する。脳に埋めたチップに機密情報を記録して運ぶ「記憶屋ジョニー」をキアヌ・リーブスが演じた『JM』※（1995）では、ビートたけしがヤクザのボス。彼は巨大企業の手先となり、ジョニーが運んでいる情報を狙う。銃を構えたたけしが「ノット イン ザ ヘッド」と言ってニタリと笑う公開当時の予告CMが印象的だった。

※『JM』（1995年・アメリカ）【監督】ロバート・ロンゴ【出演】キアヌ・リーブス、タケシ、アイスT他

人気ＳＦシリーズの3作目**『プレデターズ』**※**（２０１０）**には、ハンゾー（ルイ・オザワ）という日本人ヤクザが登場する。名前のハンゾーは『キル・ビル』（２００３）の千葉真一同様、服部半蔵からだろう（プレデター自体も、日本の『電撃戦隊チェンジマン』の敵の幹部ブーバを基にデザインされているが）。

ハンゾーはジャングルじみた環境でも渋いスーツを着ており、極端に寡黙なサイレント・ウォーリアーだ。日本人マフィアは、戦う時、必ず上半身裸になって入れ墨だらけの肉体を見せるというハリウッドルールに基づき、彼もスーツを脱いでタトゥー姿となり、プレデターと一騎打ちをする。エイリアンすら倒したあの無敵のプレデターに日本刀で「とりゃあああ」と斬りつけ、相打ちにまでもっていくなんて、同じ日本人として誇らしい。痛みに耐えてよく頑張った！　感動した！

日本人といえば、意外な日本人俳優が外国映画でヤクザを演じているというパターンもある。

アンディ・ラウ主演の香港映画**『極道追跡』**※**（１９９１）**では、「不倫は文化だ」の石田純一が、前髪がファサッとしたヤクザを演じている。中国人ホステスの恋人役で、ドスを使った立ち回りシーンなどもあり。

この映画には倉田保昭も出ており、組長役を演じている。出演した香港映画が１００本を超える倉田は、**『ゴッド・ギャンブラー　東京極道賭博』**※**（２０００）**でもヤクザのドン

※『プレデターズ』（2010年・アメリカ）【監督】ニムロッド・アーントル【出演】エイドリアン・ブロディ、ルイ・オザワ他

※『極道追跡』（1991年・香港）【監督】アン・ホイ【出演】アンディ・ラウ、チェリー・チェン、石田純一他

※『ゴッド・ギャンブラー　東京極道賭博』（2000年・香港）【監督】チン・シウトン【出演】ルイス・クー他

役だが、いつもの武道家とちょっと違う口ヒゲを置いたスマートな賭博王を演じている。トランプで最後の大勝負をしている時に撃たれ、死に際に残す言葉が「最後のカードはなんだった?」だ。

倉田は香港映画**『新宿インシデント』**※**(2009)**でも新宿を仕切るヤクザの幹部役だった。そして、加藤雅也の送ったヒットマン(ジャッキー・チェン)に殺されてしまう。

この映画はジャッキーの黒歴史ともいうべき作品で、バイオレンスたっぷりだがカンフーはなし。「サムライ魂で支那の豚どもぶっ殺すんだぁ!」というミもフタもないセリフが飛び交う暗い犯罪ドラマである。

舞台は日本。密入国し仲間とスワロウテイル的な共同生活を送っていたジャッキーが、テレカ偽造、盗品売買、いかさまパチンコなどのしょぼい犯罪を繰り返し、ひょんなことから日本人ヤクザのヒットマンとなって、歌舞伎町の外国人犯罪集団のドンにのし上がってゆく。

タイ映画**『チョコレート・ファイター』**※**(2008)**では、発達障害でありながら天才的な格闘能力を持ったヒロイン(ジージャー・ヤーニン)の父親役を阿部寛がやっている。彼は日本のヤクザ組織の幹部であり、敵対するタイマフィアのボスの女とできてしまう。CGにもワイヤーにも頼らないこの頃のタイのアクション映画は、「1万バーツやるから痛いけどガマンしてくれ」みたいな原始的スタントが魅力で、アベちゃんも血まみれにな

※『新宿インシデント』(2009年・香港/日本)【監督】イー・トンシン【出演】ジャッキー・チェン他

※『チョコレート・ファイター』(2008年・タイ)【監督】プラチャヤー・ピンゲーオ【出演】ジージャー・ヤーニン、阿部寛他

りながら日本刀でばっさばっさと斬りまくっている。

日本が舞台の香港映画**『東京攻略』**※**（2000）**でも、阿部寛は日本最大の組織・神戸組六代目組長役だが、主役のトニー・レオンの話す日本語が妙にかわいくて、そっちばかりが気になった。

たとえば冒頭の新宿の路地での傘を使った格闘シーンでは、「余計なこときくんじゃない。来い！」と脅され、トニーは「やだ！」と答える。まるで子供がだだをこねてる感じだ。成田空港でのラストシーンでは、「いっとくけど、かぁのじょぉにかかわるなぁ」と、思わずヒザの力が抜けるような間延びしたセリフを決めるトニー。中盤にあるエンジン付きスケートボードで都庁前を逃げ回るシーンも含め、なんか子供っぽい可笑しみがある。

この映画、もうひとつ注目してほしいのは、街頭で配っていたポケットティッシュをもらったせいで、主人公たちの居場所がヤクザにばれるというくだりだ。

なんでも、新宿や池袋のティッシュ配りは全部ヤクザが仕切っているため、連絡が入るらしい。事実無根の設定に口あんぐりだが、無料ティッシュの配布自体が外国人にとっては極めて珍しいため、日本ならではの習慣としてシナリオに盛りこみたかったのだろう。映画はガイジンしか着目しないような「意外な視点」の宝庫なのだ。

※『東京攻略』（2000年・香港）【監督】ジングル・マ【出演】トニー・レオン、仲村トオル、阿部寛他

【第四章】

昔はゲイシャ、今は女子高生？

すべての日本女性はゲイシャである

古来よりハリウッドに伝わる日本に関するイロメガネのひとつに、「日本女性＝ゲイシャ」という図式がある。

日本が舞台のコメディー**『青い目の蝶々さん』**※**（1962）**は、原題が『My Geisha』。ヒロインの大女優（シャーリー・マクレーン）がゲイシャに化け、映画監督である夫（イヴ・モンタン）をだます話だ。

モンタンが「唯一知ってる日本語はサヨナラだ」と言うと、アメリカ人の連れに「それは、みんなが知ってる日本語だ」とつっこまれ、「よ、マーロン・ブランド！」と茶化される（19ページ参照）シーンがある。当時の一般的なアメリカ人の日本についての知識はそんなものだったのだろう。

かつて小森和子と親交があり東洋思想にも詳しいシャーリー・マクレーンは精神世界に関する著書も有名で、美輪明宏的なスピリチュアルタレントとしても活躍していた。そんな彼女が顔を真っ白に塗ったくって芸者になりすまし、お座敷で客にお酌しながら「オホホホ、ユーアーソーファニー」などとしなを作るのだから、そこそこ不気味な映画ではある。

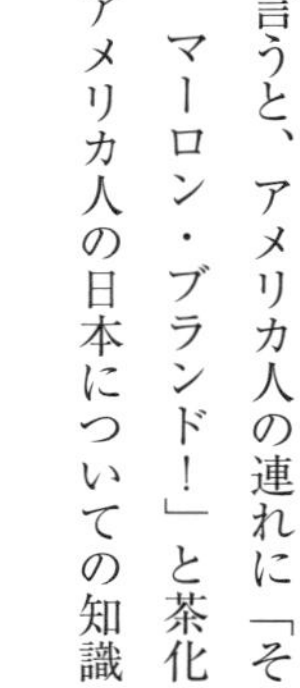

※『青い目の蝶々さん』（1962年・アメリカ）【監督】ジャック・カーディフ【出演】シャーリー・マクレーン、イヴ・モンタン他

シャーリー芸者ら御一行が相撲観戦に行くシーンもあり、エドノヤマという力士に日本語で話しかけられた彼女は、周囲のアメリカ人たちに正体がばれぬよう、あわてて知っている日本語を並べ、力士と会話しているふりをする。「イチニサンシ、ヒダリジンゴロウ、コンバンワ、チョトマッテ、オメデトウゴザイマス……」。

重そうなカツラをかぶり、白塗りして黒いカラコンをつけたシャーリーは、**※『拘束のドローイング9』（2005）**という作品で着物姿を披露しているアイスランドの歌手ビョークにそっくり。しかし、キョトンとした表情のコメディエンヌぶりを見ていると、日本のタレント千秋のようにも見え、俄然親近感がわいてくる。

ジョン・ヒューストン監督の**※『黒船』（1958）**では、もみあげをつけたジョン・ウェインが日米修好通商条約締結にこぎつけたアメリカの外交官ハリスを演じている。

地元奉行の命を受け、1856年に黒船で下田に上陸したハリスの身の回りの世話をしたのが、「唐人お吉」と呼ばれた芸者だった。彼女はハリスの動向を奉行に報告するいわばスパイだったが、ハリスに献身的に尽くし、最後は命を狙われたハリスの布団に潜りこんで身代わりになろうとまでする。

あいもかわらずジョン・ウェインが拳でサムライをぶんなぐるようなシーンもあるが、ゲイシャハウス、ショーグンズパレス、ボンオドリなど、太秦撮影所を中心とした日本ロケでエキゾチックジャパンを描こうという意欲が感じられる作品だ。

※『拘束のドローイング9』
（2005年・アメリカ）
【監督】マシュー・バーニー
【出演】マシュー・バーニー、ビョーク他

※『黒船』
（1958年・アメリカ）
【監督】ジョン・ヒューストン
【出演】ジョン・ウェイン、安藤永子、山村聡他

『**ブラインド・デート**』[※]（**1987**）というコメディには、主人公のビジネスマン（ブルース・ウィリス）が日本人実業家ヤカモト夫妻と会食するシーンがあるが、日本人夫妻の描き方が悪意に満ちていて、不快な気分を存分に味わうことができる。

ヤカモトの奥さんは、なんと、日本エレキテル連合みたいな顔面真っ白けの状態で上品な西洋風レストランに現れるのだ。その着物姿はゲイシャガールそのもの。彼女は夫が座る時には椅子を引いてやり、夫に煙草を差し出して火をつけてやる。しかめっつらの夫のほうは封建的な雰囲気を漂わせており、アゴでいいように奥さんを使っている感じだ。

昔の海外旅行ガイドブックにはよく「外国では女性が男性にお酒を注ぐと商売女だと思われます」みたいなことが書いてあったものだが、まさにそういう世界。奥さんは英語でなにか話しかけられてもうつむいたままで、ひたすら「アイドントスピークイングリッシュ」と繰り返すばかりだ。

監督のブレイク・エドワーズは、ピンクパンサーシリーズなど他の作品でもよく日本人をいじっており、特に彼の『ティファニーで朝食を』に登場するユニオシ（22ページ参照）は悪名高い。しかし、欧米人の偏見にあえてのっかったようなヤカモト夫妻の描き方も見ていて気分の悪くなる代物で、自分としてはユニオシ以上に問題あり・要再検査だと思っている。

アカデミー賞の撮影賞や美術賞を獲得した『**SAYURI**』[※]（**2005**）は、一人の日

※『ブラインド・デート』（1987年・アメリカ）【監督】ブレイク・エドワーズ【出演】ブルース・ウィリス、キム・ベイシンガー他

※『SAYURI』（2005年・アメリカ）【監督】ロブ・マーシャル【出演】チャン・ツィイー、渡辺謙、コン・リー他

本の芸者の人生を描いたアメリカ映画だ。置屋に売られた少女が花街一のトップガンゲイシャに成り上がり、幼い頃から憧れ続けた会長さんと結ばれるという、ある意味アメリカンドリーム的な物語である。

とはいえ、主演のチャン・ツィイーから助演のコン・リー、ミシェル・ヨーまで、有名で人気も実力もあるが決して日本人ではない女優たちが日本の芸者を演じており、まずこの事実をどう思うかで映画に対する評価もがらりと変わってしまいそうだ（ハリウッドルールに従い、舞台は日本なのに出演者は全員英語で会話してるし）。

『SAYURI』に限らず、ハリウッド映画を見て「日本人の役をどうして中国系や韓国系の俳優がやってるんだ！」とか「カタコトの日本語セリフがひどい！」とか「あのエラの張り方はいくらなんでも違うだろ！」といった批判が飛び交うのもお約束。もちろん役者の英語力の問題もあるが、映画俳優や芸能人の組合が強いハリウッドには、大人の事情が色々あるのだ。

『バベル』※**（2006）**など多くの外国映画の日本人キャスティングにあたっている奈良橋陽子が『SAYURI』にも参加しているが、エンドクレジットでは〝Japanese Liaison（リエゾン通訳）〟となっており、中国人女優たちの起用とは無関係なのだろう。それにしても、子供の頃に聞いていたラジオ番組『百万人の英語』の野村陽子先生と彼女が同一人物だと初めて知った時は、なんかうれしかった。当時はゴダイゴの曲の英語の歌

※『バベル』（2006年・アメリカ／メキシコ／フランス）【監督】アレハンドロ・ゴンサレス・イニャリトゥ【出演】ブラッド・ピット、ケイト・ブランシェット、役所広司、菊地凛子他

詞をよく教材に使ってたっけ……。

ゲイシャ遊びは続くよどこまでも

アジア各国でヒットしたブルース・リーの『ドラゴン怒りの鉄拳』※（1972）は、激しくストレートな反日映画であり、起倒流柔術の道場主スズキが悪役だ。舞台となるのは、日帝が進出し始めた20世紀初頭の上海。公園に「狗與華人不得入内（犬と中国人、入るべからず）」という看板があったような時代である。

スズキはリーの所属するカンフー道場・精武館に「東亜病夫（東アジアの病人、中国人に対する蔑称）」という書の入った額を贈りつけ中国人を侮辱する一方、夜の宴会ではゲイシャ・ストリップにご満悦だ。醜悪な日本人像を観客にこれでもかと刷りこむようなこのゲイシャ遊びシーンは、かなりしつこく続く。富士山の描かれた襖と、「春」と書かれた提灯のある宴会場に、延々と流れるソーラン節。おっぱいユサユサの芸者が踊り、中国人通訳はスズキに犬のまねをさせられ……。

映画には、精武館で働く料理人がサラシをまいていることにリーが気づき、そいつが本当は日本人で、リーの師匠を毒殺した犯人であることを見破るシーンなんかもある。決め手となったサラシは、どう見ても白いハラマキにしか見えないが、日本人としてはこりゃ

※『ドラゴン怒りの鉄拳』（1972年・香港）【監督】ロー・ウェイ【出演】ブルース・リー、ノラ・ミャオ、ティエン・フォン他

※『レッド・ドラゴン／新・怒りの鉄拳』（1976年・香港）【監督】ロー・ウェイ【出演】ジャッキー・チェン他

※『フィスト・オブ・レジェンド／怒りの鉄拳』（1994年・香港）【監督】ゴードン・チャン【出演】ジェット・リー他

もう困った映画だとしか言いようがない。

この映画、その後の精武館を描いた続編**『レッド・ドラゴン／新・怒りの鉄拳』**※**（1976）**がジャッキー・チェン主演で作られ、1994年にはジェット・リー主演で**『フィスト・オブ・レジェンド／怒りの鉄拳』**※としてリメイクもされている。中国が生んだ三大スターは、全員もれなく日本が悪者の反日映画に出てキャリアアップしているのだ。

ロバート・アルトマン監督の**『M★A★S★H マッシュ』**※**（1970）**は朝鮮戦争の野戦病院で働く型破りな軍医たちが主人公だが、映画の中盤、彼ら（ドナルド・サザーランドとエリオット・グールド）が日本の小倉に出張して手術をするエピソードがある。

手術ついでに日本で羽目を外す彼らは、ジープでゴルフ場に乗りつけてハナモゲラ語のような変な日本語をがなりたて、夜になるとしかるべき場所へ突撃して浴衣姿でゲイシャをはべらせ食事する。口うるさい大佐にゲイシャを使ったハニートラップを仕掛けるシーンもあるが、この映画では基本的に、ゲイシャのいる場所＝売春宿ということになっている。

芸者を娼婦扱いする映画もある一方で、「日本の芸者は踊るだけでつまらん」というセリフが出る香港映画もある。サモ・ハン・キンポー、ジャッキー・チェン、ユン・ピョウが勢揃いで日本ロケしている**『香港発活劇エクスプレス 大福星』**※**（1985）**だ。

※『M★A★S★H マッシュ』
（1970年・アメリカ）
【監督】ロバート・アルトマン
【出演】D・サザーランド他

※『香港活劇エクスプレス大福星』
（1985年・香港）
【監督】サモ・ハン・キンポー
【出演】ジャッキー・チェン他

東京の地下鉄駅や富士急ハイランドでの追跡劇、突如現れる青と黒の忍者軍団、囲炉裏と達磨とタヌキの焼き物があるジャッキーの部屋、アラレちゃんの着ぐるみ姿でのお化け屋敷の乱闘、詰め襟学生服プラス三つ編という変態じみた格好のヤクザ……つっこむ気力も失いそうな、ちゃらんぽらんな内容である。

日本のホテルで朝食をとることになったサモ・ハンたちが、言葉が通じないウェイターにズボンの中のナニを見せてソーセージを注文したところ、皿に小さなフクロ茸が1本載って出てきて……ああ俺は香港コメディを見てるんだなと実感できるシーンも満載だ。

なお、この映画にはボディビル界の百恵ちゃんとして一世を風靡した西脇美智子も悪役で登場し、レオタード姿で立ち回りを見せている。彼女は渡米後、**『チャーリーズ・エンジェル』（2000）**※など多くの映画にスタントとして参加しており、なにげに国際派なのだ。

揉み上手な女たち

かつては、ハリウッド映画に出てくる日本女性（あるいは東洋人女性）は娼婦か按摩嬢のどちらかだなんて言われたものだが、ゲイシャも含め、確かにエロティックな添え物として登場する例は多い。

※『チャーリーズ・エンジェル』（2000年・アメリカ）【監督】マックG【出演】キャメロン・ディアス、ドリュー・バリモア、ルーシー・リュー、ビル・マーレイ他

※『アメリカン・サイコ』（2000年・アメリカ）【監督】メアリー・ハロン【出演】クリスチャン・ベール、ウィレム・デフォー、ジャレッド・レト他

ブレット・イーストン・エリスの小説を映画化した**『アメリカン・サイコ』**※**（2000）**にも、快楽殺人を繰り返すウォール街のエリートビジネスマン（クリスチャン・ベール）が、東洋人女性にフェイスマッサージやネイル磨きをされるシーンがある。マッサージ用ベッドやタンニングマシンのある部屋は、まるで普通の日本家屋の居間のようで、床の間らしきものまである。

フランス映画**『最強のふたり』**※**（2011）**は、事故で首から下が麻痺した大富豪（フランソワ・クリュゼ）と、彼の介護人になるスラム出身の黒人青年（オマール・シー）との友情を描いた佳作だが、いかにも〝アジアンファンタジー〟みたいな東洋人女性に2人がマッサージしてもらうシーンがある。首から下の感覚が一切ない車椅子の富豪は、マリファナで感度アップさせつつ、唯一残された性感帯である耳をもんでもらって満足する。

ロサンゼルスで起こった殺人事件に巻きこまれていく人々の2日間を描いた群像劇**『トゥー・デイズ』**※**（1996）**では、〝Lotus Touch Massage〟という名前のいかにもエロサービスのトッピングがありそうな和風マッサージ店（部屋はオリエンタルな雰囲気で、竹の壁に変な模様の暖簾がある）に、風紀課の刑事（エリック・ストルツ）が潜入する。日本のように料金体系のはっきりした明朗会計の風俗店と違って、チップ次第でハンドジョブやブロウジョブも……といった感じの、怪しげなその按摩屋には、案の定、スリムな東洋人の女性マッサージ師が働いている。彼女の役名はクレジットでは〝Midori〟だ

※『最強のふたり』（2011年・フランス）【監督】エリック・トレダノ、オリヴィエ・ナカシュ【出演】フランソワ・クリュゼ、オマール・シー他

※『トゥー・デイズ』（1996年・アメリカ）【監督】ジョン・ハーツフェルド【出演】ダニー・アイエロ、ジェームズ・スペイダー、エリック・ストルツ他

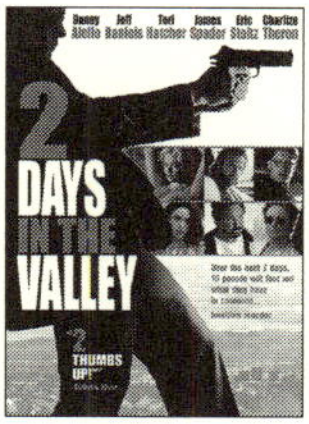

が、日本語は話せないようで、英語とベトナム語を使っている。「父が日本人で母がベトナム人なの。mutt（雑種）っていうのかしら?」と、彼女は客を装った刑事に身の上を語る。

以前、ブダペストの温泉施設でマッサージを頼もうとしたらタイ人女性にされそうになり、家はタイにあってタイから来たのに勘弁してくれよと思ってやめたことがあったが、世界中どこに行っても、按摩といえば東洋人女性なのだ。

世界にはばたくジャパニーズJK

『バベル』※**（2006）**の東京都心の高層マンションで父親と暮らす聾唖の少女チエコ（菊地凛子）も、**『キル・ビル』**※**（2003）**でユマ・サーマンに襲いかかる殺し屋GOGO夕張（栗山千明）も、女子高校生だった。チエコはミニスカ&ルーズソックスで渋谷に出没し、夕張はブレザーの制服姿で空とぶギロチンを振り回す。2人とも前髪を垂らして横にまっすぐ切りそろえているのは、欧米人が好む日本の女の子のビジュアルなのか……。

女子高生の制服は、クール・ジャパンの中核ともいえる「カワイイ文化」の代表的なものだ。日本の漫画やアニメには学校のシーンがよくあるため、その筋の外国人にも制服ファンは多い。世界セイフク計画は映画界でも着々と進んでいるのだ。

※『バベル』
59ページを参照。

※『キル・ビル』
（2003年・アメリカ）
【監督】クエンティン・タランティーノ【出演】ユマ・サーマン、ルーシー・リュー、千葉真一、栗山千明他

マーク・ウォールバーグが気のいい殺し屋を演じるアクションコメディ※『**ビッグ・ヒット**』（**1998**）。白いまわし姿でオペラ独唱しながら切腹しようとする日本人社長や、延滞していたレンタルビデオを返却するための壮絶なバトルなどで笑わせてもらったが、映画のメインプロットとなるのは、日本人女子高生ケイコの誘拐騒動だ。ケイコ役のチャイナ・チャウは4分の1ぐらい日本人の血を引いている中国系で、極端に短い格子柄のスカートに白いブラウスという女子高生スタイルのまま、誘拐犯に連れ回される。彼女が後ろ手に縛られた状態で用を足すお茶目なサービスシーンもあったりして。

精神病院送りとなった少女たちの空想世界でのファンタジー・バトルを描いた※『**エンジェル ウォーズ**』（**2011**）では、戦う時、ヒロイン（エミリー・ブラウニング）は必ず日本の女子高生風ミニスカ姿となる。『300〈スリーハンドレッド〉』（2006）などで知られる監督のザック・スナイダーが日本のアニメファンで、共同脚本にスティーヴ・シブヤという日系人らしき名前もあるせいか、この映画の妄想ファイトシーンには日本的なアイテムが満載なのだ。

特に、奈良や京都にあるような雪の山寺が舞台となる最初のファイトでは、日本刀を授けられたセーラー服姿のヒロインが、ガトリングガン引っさげて3体のデーモンサムライと対決。鎧兜姿の敵たちは大魔神のように巨大で、天狗みたいな鼻をしたヤツまでいる。

ヒロインはその後も、セーラー服姿のまま、片手に刀、片手に銃でナチスゾンビらと戦

※『ビッグ・ヒット』（1998年・アメリカ）【監督】カーク・ウォン【出演】マーク・ウォールバーグ、ルー・ダイアモンド・フィリップス他

※『エンジェル ウォーズ』（2011年・アメリカ）【監督】ザック・スナイダー【出演】エミリー・ブラウニング、アビー・コーニッシュ、ジェナ・マローン他

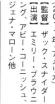

うが、その立ち回りを見ていると、『リベリオン』（２００２）のガン＝カタ（日本武術の「型」を語源とする、銃を使った架空の戦闘術）を思い出す。

マーベル・コミックスを映画化した**『ブレイド』**※**（１９９８）**は、サムライっぽく刀を背負った、人間とヴァンパイアのハーフ（ウェズリー・スナイプス）が主人公。吸血鬼ハンターである彼がヴァンパイアのアジトに向かうと、そこはなぜか日本人の集まる地下クラブのようになっていて、入口の黒服に「チョットマッテ」と日本語で呼び止められる。どうでもいいが、この「チョットマッテ」という日本語フレーズが好きだというガイジンさんに時々出くわす。私の職場のタイ人女子たちも「響きがかわいい」と変にウケていた。

さて、アジトのクラブの店内にはステージがあり、厚底ブーツ&白ニーソでポニーテールの日本人女子高生っぽい女の子が歌っている。太古の昔に人気だった「t.A.T.u.」というロシアのドタキャンデュオみたいな感じだ。歌詞はどうやら日本語のようで、私の耳には、「大きらい〜手に入れたいね〜ちんちんぶらぶらソーセージ〜♪」と聞こえる。

日本のフルデジタル・アニメ『BLOOD THE LAST VAMPIRE』（２０００）を実写化した香港・フランス合作映画**『ラスト・ブラッド』**※**（２００９）**も、吸血族〝オニ〟を、人間と〝オニ〟のハーフが刀で斬りまくる話である。ただし、こちらの吸血鬼ハンターはセーラー服姿の女子高生で、演じているのは韓国の人気女優チョン・ジヒョン。東関東新聞を読む背広の男を地下鉄の車内で一刀両断するオープニングや、ブレードランナーと新

※『ブレイド』（１９９８年・アメリカ）【監督】スティーヴン・ノリントン【出演】ウェズリー・スナイプス他

※『ラスト・ブラッド』（２００９年・香港／フランス）【監督】クリス・ナオン【出演】チョン・ジヒョン、小雪、倉田保昭他

※『シン・シティ』（２００５年・アメリカ）【監督】ロバート・ロドリゲス他【出演】ミッキー・ローク、ブルース・ウィリス他

横浜ラーメン博物館を足して2で割ったようなデザインの街で大暴れする場面など、**『シン・シティ』**※**（2005）**の殺人兵器ミホ（デヴォン・青木）なみに頑張っている。

バンコクが舞台の**『地球で最後のふたり』**※**（2003）**は、「ちょっと昼寝してリフレッシュして次の人生で目をさます」感じで首を吊ろうとする潔癖症の日本人青年（浅野忠信）が主人公。彼はタイに住んでいるが、タイ語も話せず、右手にスプーン左手にフォークという地元スタイルではなく、箸でカオパット（タイ風チャーハン）を食べるような新参者だ。

そんな彼が自殺未遂と交通事故という不幸のシンクロがきっかけで知り合ったタイ女性（シニター・ブンヤサック）と親しくなり、彼女の家に転がりこむ。彼女が働くバーでは、ホステスはみな日本のセーラー服を着てウサミミをつけるため、彼女の家のクローゼットにはデザインの違うセーラー服が何着もぶら下がっており、それぞれに安全ピンで日本人の名刺が留めてある。常連客一人一人の好みに応じたセーラー服を着るのだろうか。

アメリカのFOX系列で2012年から放送されたテレビシリーズ**『TOUCH／タッチ』**※は、9・11テロで妻を亡くした男（キーファー・サザーランド）と緘黙症の11歳の息子が主人公。話すことのできない息子には、全てを調和に導く希望の数字が見えるという一種の予知能力があり、そこから世界中の人々が結びついていくスケールの大きな意欲作だ（意欲作の常として視聴率が低迷し、シーズン2で打ち切りになったけど）。

※『地球で最後のふたり』（2003年・タイ／日本他）【監督】ペンエーグ・ラッタナルアーン【出演】浅野忠信他

※『TOUCH／タッチ』（2012～2013年・アメリカ、TVシリーズ）【製作】ティム・クリング他【出演】K・サザーランド他

『TOUCH／タッチ』第1話では、ダブリン、バグダッド、東京など、世界各地で起こる出来事が影響を与えあう。

登場人物が最後に一斉に癒される強引なシナリオは、ポール・トーマス・アンダーソン監督の『マグノリア』（1999）のようだし、様々な人種がからむ展開はポール・ハギス監督の群像劇『クラッシュ』（2004）みたいだ。要するに私の好きなタイプのドラマなのだが、この東京でのエピソードにもセーラー服女子が登場する。スーツケースに日の丸のタグを付けて海外出張している日本人サラリーマンが、帰国後に遊んだデリヘル嬢が女子高生ファッションなのだ。セーラー服と機関銃ならぬ、セーラー服と一晩中である。

このデリ嬢が、客のサラリーマンから盗んだ携帯に保存されていた動画を、渋谷のスクランブル交差点にある巨大モニターに映し出すシーンが、『マグノリア』のカエル雨のような救いと癒しのクライマックスとなる。

渋谷のスクランブル交差点はガイジン人気ナンバーワンの東京名所だが、ドラマのオチにここのジャンボトロンが使われるというのは画期的だ。

ダーリンは外国人

この章では芸者から女子高生まで、外国映画に顔を出す日本女性を見てきたが、最後に、

※『ヒマラヤ杉に降る雪』（1999年・アメリカ）
【監督】スコット・ヒックス
【出演】イーサン・ホーク、工藤夕貴、リチャード・ジェンキンス、鈴木杏他

ダーリンは外国人というインターレイシャル（異人種間）カップルを扱った映画もいくつか紹介しておこう。２０１０年のアメリカの統計では、米国民の約5％がアジア人で、異人種婚夫婦は約15％らしいから、ガイジンさんとできちゃう日本人だってそれなりの数がいるはずだ。

『ヒマラヤ杉に降る雪』※（**1999**）では、工藤夕貴とイーサン・ホークという肌の色の違う幼なじみカップルが、時の流れを経て、殺人事件容疑者の妻と新聞記者という形で再会する。強制収容、人種偏見……戦争が2人の人生に翳を落としている。

カナダやフランスなど5か国合作の**『シルク』**※（**2007**）は、美しい絹糸が作れる質の高い蚕卵を求め、幕末の日本にやって来たフランス人青年（マイケル・ピット）が主人公。彼は祖国に妻がいるが、山村で出会った少女（芦名星）と恋に落ちる。これといった会話もないまま、青年を虜にする謎めいた美少女……入浴シーンや床入りシーンなど、欧米の大和撫子マニアが喜びそうな描写がしっかり用意されている。

インド映画**『The Japanese Wife』**※（**2010**）は、遠距離恋愛というか、一度も会うことのないまま手紙のやり取りを繰り返し、インド人教師（ラフル・ボース）と夫婦のような関係を17年間続けたジャパニ（高久ちぐさ）の話。

古風な手紙（日本女性とインド男性が自分の手紙を交互に英語で読みあげるナレーション）を軸に映画は進み、それぞれが暮らしている日本とインドでの日々が文芸作品らしく

※『シルク』（２００７年・日本／カナダ／イギリス／イタリア／フランス）【監督】フランソワ・ジラール【出演】マイケル・ピット、キーラ・ナイトレイ、役所広司、芦名星、中谷美紀他

※『The Japanese Wife』（２０１０年・インド）【監督】アパルナ・セーン【出演】ラフル・ボース、高久ちぐさ、ライマ・セン他

淡々と描かれていく。顔を合わせたことのない夫婦という物語の前提にリアリティが全くないが、女が癌になり、その知らせを受けた男のほうが先に命を落とすといった展開も含め、ベンガルの女性監督アパルナ・セーンは寓話めいたものを作りたかったのだろう。

主役のインド人教師の眼鏡で全盛期の鈴木健二を思い出すとか、日本から届く荷物に和風の装飾があって「いのちいっぱい」「あるくからみちになる」「みやげ」などの平仮名が書いてあるとか、色々気になることもあったが、アジア好きの私としては、映画のゆったりしたテンポとインドの田舎の風景になごませてもらった。インド映画も、精力絶倫風のおやじが所構わず突然踊り出すような映画ばかりではないのだ。

オーストラリアの女性監督スー・ブルックスも、**『ジャパニーズ・ストーリー』**※**（2003）**で異人種カップルを描いている。こちらはオーストラリア人女性（トニー・コレット）と日本人男性（綱島郷太郎）の組み合わせだ。プライベートでオーストラリア旅行に来た日本人御曹司の観光案内を、取引先がらみの事情で、現地の女性地質学者が務めることになる。七三分け＆スーツで肩にカメラをかけた御曹司は、初対面の彼女に無言で名刺を渡し、自分の重そうなスーツケースを車に積むことまで彼女にやらせる。レディファーストなどというふやけた西洋スタイルの対極をいくその益荒男ぶりは、きっと欧米の映画祭でも評判を呼んだことだろう。

英語で何を言われてもわかったようなわからないような「はい」という日本語の返事し

※『ジャパニーズ・ストーリー』
（2003年・オーストラリア）【監督】スー・ブルックス【出演】トニー・コレット、綱島郷太郎、マシュー・ダイクティンスキー他

かしない御曹司に、嫌々ガイドを引き受けていた地質学者は露骨に顔をしかめる。しかし、最初は互いに反感を抱いていた2人に、砂漠での遭難を通じて恋心が芽生え……こういうの吊り橋効果っていうんだっけ？　唐突な御曹司の死など、その後もずいぶん荒っぽく話が進むが、赤茶けたアウトバックの大地と沖縄民謡の組み合わせは新鮮だった。

国際カップルものは女性監督のおはこなのか、フラン・ルーベル・クズイという女性監督も『TOKYO POP』※（1988）で、ロックバンドの日本人ボーカル、ヒロ（ダイアモンド☆ユカイ、クレジットは〝Yutaka Tadokoro〟と出る）とアメリカ人シンガー、ウェンデイ（キャリー・ハミルトン）の恋愛を描いている。

ニューヨークからふらりと東京にやって来たウェンデイは、かに道楽の動く看板の前で、金髪のオカマに「ユーアーガイジン、アイアムガイジン、オールフォーリナーズアーガイジン」と、「ガイジン」のなんたるかを教えられる。

ウェンデイはミッキーハウスという安宿に滞在し、塩沢ときの仕切るバーでホステスのバイトもするが、所持金が底をつき、ラーメン屋台で知り合ったヒロに愚痴る。なにを言われても〝SURE〟とうなずくノリのいいヒロは、宿ならおごってやるとばかりに彼女をラブホテルへ連れ込むのだが、ともかくこの映画、やたらラブホのシーンが多い。そしてどの部屋もやけに昭和っぽいゴテゴテしたデザインなのは、監督のこだわりだろうか？

ウェンディをボーカルに迎えたヒロのバンドは売れ、2人は『笑っていいとも！』にゲ

※『TOKYO POP』（1988年・アメリカ／日本）【監督】フラン・ルーベル・クズイ【出演】キャリー・ハミルトン、田所豊（ダイアモンド☆ユカイ）他

スト出演するほどの人気者になる（このシーン、セットは本物のようだがタモリは偽物。この映画には丹波哲郎やX　JAPANまで登場するのに……）。

結局、ガイジンボーカルという物珍しさがたまたまウケただけで、自分の歌が日本で評価されたわけではないと悟ったウェンディは、本当にやりたい音楽をやるために帰国を決心、ヒロとの別れの時が訪れる。

外国映画が描く日本女性や日本人の恋愛は、昔に比べれば、バリエーションが増え、個性や深みが与えられることも多くなったが、日本人が見て「なんかちょっと違う」ともどかしいことも相変わらず多い。これは逆に日本人がガイジンを描く場合にもきっと起こるはずで、こうした認識のズレや違和感を楽しむのが、フール・ジャパンとの正しい付き合い方だと思っている。

【第五章】おそるべし、日本企業

地獄の特訓！　土下座する中年社員

１９８０年代後半、日本車の輸出はアメリカの自動車産業に大打撃を与え、農産物など他の分野にも及んだ日米貿易摩擦により「ジャパンバッシング」が起こった。バブル景気で日本企業の海外進出が加速、世界中の不動産や美術品を買いあさり、外国企業を買収していた時代である。なりふり構わぬモーレッツ日本企業を恐れたり皮肉ったりする映画も、この時期には多く作られた。

アメリカの田舎町に進出した日本企業の自動車工場を舞台に、人々の葛藤や戸惑い、文化摩擦を真正面から描いた**『ガン・ホー』**※**（１９８６）**は、この分野の代表格だ。

映画は日本へ出向いた主人公ハント（マイケル・キートン）が圧惨自動車（ニッサンじゃなくてアッサン。選んだ漢字のせいでブラック感がハンパない）の本社に出向いて工場誘致を働きかける場面から始まる。この時流れるＢＧＭがプリテンダーズの「ドント・ゲット・ミー・ロング」で、「わたしのこと、誤解しないでね」というサビが繰り返される。生活スタイルや労働観の違う日本の企業人とアメリカの現地労働者との摩擦を描いたこの映画にふさわしい歌詞だ。

ハントが訪れた日本のアッサン本社では、文字通り地獄のような社員研修（？）が行わ

※『ガン・ホー』（１９８６年・アメリカ）【監督】ロン・ハワード【出演】マイケル・キートン、ゲディ・ワタナベ、山村聰、ミミ・ロジャース他

れている。道場じみた部屋で、命乞いでもするかのように絶叫して土下座するしょぼくれた中年社員。彼の体には、まるで七夕の短冊のように、「セールス向上」「自信」などと書かれた札が何枚も留められている。口から泡を吹きながら「俺は、魂が、崩れて、狂って……（以下変な日本語で意味不明）」と吠える若手社員もいて、相当追い詰められているのがわかる。ブラック企業を通り越し、ガイキチ病院のような凄まじさだ。

タイトルのガンホーは、日本ではオンラインゲームの会社名として定着してしまったが、元々はアメリカ海兵隊の士気をあげる掛け声から来ている。地獄の特訓のようなことまでして気合いを入れまくる日本企業のモーレツぶりを、掛け声で表現しているのである。

アッサンの誘致話はその後あっさり決まり、タカハラ工場長（ゲディ・ワタナベ）らがペンシルベニアの町にやって来る。地元工場の閉鎖が相次ぎ失業者のあふれる町にとって、日本企業の進出は救世主が現れたようなもの。鯉のぼり、柔道着の子供たち、ここぞとばかりにぺこぺこおじぎする市長……飛行場ではタカハラたちを迎える盛大なセレモニーが開催される。

飛行機から降りてきたタカハラたちは、赤いじゅうたんが敷かれているのを見て、思わず靴を脱ぎ、その上を歩きだす。それを見た市長も、あれが日本の流儀なのかとあわてて靴を脱ぐ。手垢のついたようなギャグだが、堂々とやられると、つい笑ってしまう。最近はカンヌなどの映画祭で日本人俳優がレッドカーペットを歩くことも多いが、タキシード姿でいきなり靴を脱いで歩きだしたら、きっとウケると思う。

そういえば、**『マイレージ、マイライフ』**※**（2009）**の年間300日以上出張で飛行機に乗るリストラ宣告人（ジョージ・クルーニー）は、空港でのセキュリティチェックの列に並ぶ時はアジア人の多い列に並ぶべし、と旅の極意を開陳する。曰く「アジアのやつらはスリップオンシューズを好むから」。靴紐のない靴を好み、なにかにつけてすぐ靴を脱ぐアジア人なら、チェックもスムーズ、自分の番が早く来るというのである。アシスタントの新人女性は「差別的な発言だ」と彼をたしなめる。

話をアッサンに戻そう。工場が操業を始めると、日本式の「仕事の流儀」が、アメリカ人ワーカーたちの反発を買うことになる。やりたくもないモーニング・エクササイズ（ラジオ体操っぽいやつ）を強要され、組み立てラインでも生産第一・効率優先と、おおざっぱな作業をしているワーカーは叱り飛ばされる。作業中のラジカセも葉巻も、当然禁止だ。

いつも深刻な表情でクソ真面目な日本の経営陣と、陽気でテキトーなアメリカ人ワーカーの間に立って苦労するのがハントとタカハラ。タカハラはビジュアルが丸出だめ夫（古くてスマン）そのものだが、他の日本人社員と違って、現場への気遣いもあるそれなりに熱い男として描かれている。

この映画、あくまで軽いコメディだし、ふんどし姿の日本人社員が川で水浴びするシー

※『マイレージ、マイライフ』（2009年・アメリカ）【監督】ジェイソン・ライトマン【出演】ジョージ・クルーニー、ヴェラ・ファーミガ、アナ・ケンドリック他

ンなど、誇張や歪曲もある。しかし、海外で働いたことがある者にはリアルな「あるあるネタ」もふんだんに盛り込まれており、見て損はない仕上がりになっている。

監督がロン・ハワードなので、最後はお気楽ハッピーエンドだが、ジミー・バーンズの「ワーキング・クラス・マン」が流れ、日米の全社員が仲良く一斉に朝礼の体操をするラストシーンは、なんだか妙に清々しいのである。

トヨタのケツにキスしろ！

『ライトスタッフ』（1983）や『存在の耐えられない軽さ』（1988）のフィリップ・カウフマン監督が、マイケル・クライトンのベストセラーを映画化した**『ライジング・サン』（1993）**※では、ロサンゼルスに進出した日本企業のビルで殺人事件が起こる。

この映画、分類すればミステリになろうが、実際には、日米貿易摩擦の宴もたけなわだった90年代前半に作られた「ニッポンふしぎ発見！」みたいな作品だ。映画のオープニングには和太鼓が鳴り響き、黒地に赤の縦書きでババーンと「日昇」の文字。続いて地面に蠢く蟻の群れのアップ、それがカウボーイの乗る馬に踏みつぶされ……蟻が日本人でカウボーイがアメリカ人って意味なのか？

落成パーティーが行われていた日本企業の超高層ビル・ナカモトタワーで、白人女性の

※『ライジング・サン』（1993年・アメリカ）【監督】フィリップ・カウフマン【出演】ショーン・コネリー、ウェズリー・スナイプス、ハーヴェイ・カイテル他

死体が発見された。日本の事情に詳しいコナー刑事（ショーン・コネリー）が相棒のスミス刑事（ウェズリー・スナイプス）と共に捜査を開始する。

　コナーは公務員のくせに勝手に長期休暇を取って日本に住みついたことがあるワガママじじい。現在はロスのリトルトーキョーで暮らす超日本ツウだ。彼の住むフラットの1階にはなぜか冷凍マグロが転がっており、和室風に改造した部屋の中、文机に向かって座布団2枚重ねで正座したコナーは、掛け軸や仁王像に囲まれて書道に励んでいる。正直、ほとんど変態のような日本フリークだ。

「時間は守れ」「靴を脱げ」「上着のボタンをかけ、おじぎにはおじぎを返せ」「日本人は大きな身振りを嫌うから腕を振り回すな」「かんしゃくを起こさず穏やかに話せ」「日本にはセンパイとコウハイというものがあるから気をつけろ」「日本企業は独立組織じゃない。何百もの企業が〝ケーレツ〟となって共同戦線を張り、利益のために突き進む」……捜査の過程で、当然ナカモト社の重役ら大勢の日本人と関わることになる。そのためコナーはスミス相手に、日本人と接する時の心得や日本のビジネス習慣などについて、説教&ウンチクを垂れまくる。要するに、「ニッポンふしぎ発見！」のホストのような役どころなのだ。

　同じく捜査にあたるグレアム刑事（ハーヴェイ・カイテル）は「あいつは日本びいきで署をほされた一匹オオカミだ」と、コナーのことを嫌っている。グレアムはコナーと対照

※『パルプ・フィクション』（1994年・アメリカ）【監督】クエンティン・タランティーノ【出演】ジョン・トラボルタ、サミュエル・L・ジャクソン、ユマ・サーマン、ブルース・ウィリス他

的なアンチ日本野郎で、同僚に「寿司食うか？」と訊かれ、「いらねーよ。水銀が欲しい時は温度計食うさ」と返答。日本人の肩を持つ者は「トヨタのケツにキスしろ！」と罵倒する。

とはいえ、きっと覚えている人もいるだろう。ハーヴェイ・カイテルは**『パルプ・フィクション』（1994）**で〝掃除屋〟役をやった時には、ものすごく得意そうに〝アキュラ〟（ホンダの海外向け高級車ブランド、実際にはNSX）を乗り回していたことを。ずいぶんな変わりようだ。そういえば、ベン・スティラーがMTV世代の若者たちを描いた**『リ※アリティ・バイツ』（1994）**には、ヒロイン（ウィノナ・ライダー）の父親（工場の経営者）が、インフィニティの新車を買ったから、いらなくなったBMWを彼女の大学卒業祝いにプレゼントするというシーンもあった。90年代のアメリカでは、ホンダのアキュラ、ニッサンのインフィニティ、トヨタのレクサスなどが、それなりのステイタスカーとして結構な人気だったのである。

さて、『ライジング・サン』の殺人事件の舞台となるナカモトタワーは、能率向上のため監視カメラだらけという設定で（これが事件の真相解明にからんでくる）、会話もピンポイントで盗聴できる最新式のシステムが導入されている。ニューヨークのマンションを舞台にしたサスペンス**『硝※子の塔』（1993）**にも、出歯亀ウィリアム・ボールドウィンが「オオサカの会社に発注し600万ドルかかった」と監視カメラシステムを自慢する

※『リアリティ・バイツ』（1994年・アメリカ）【監督】ベン・スティラー【出演】ウィノナ・ライダー、イーサン・ホーク、ベン・スティラー他

※『硝子の塔』（1993年・アメリカ）【監督】フィリップ・ノイス【出演】シャロン・ストーン、ウィリアム・ボールドウィン、トム・ベレンジャー他

シーンがあったが、こっそり監視するのは日本のお家芸みたいに思われているのだろうか。

『ライジング・サン』には、日本人と〝kokujin（黒人）〟との〝ainoko（あいのこ）〟で手に障害を持つハーフの女性が「〝burakumin（部落民）〟という言葉は知ってる？　〝kikei（畸形）〟はそれ以下よ。障害があるのは悪いことをした罰だ、恥だと、日本人は思っているの」と語るシーンまである。立ち入り禁止区域に土足で踏み込むようなセリフゆえ、DVD版ではこっそり差し替えられているが、英語字幕は無修正のままだった。油断したね。

やばいセリフがあるかと思えば、一方でバカ丸出しのエピソードも山ほどあって、ヤクザが仕切る「ベッタク」と呼ばれる愛人を囲うための施設が登場し、そこにはキリン・シパンゴビールのポスターが貼ってあったりする。なにより、後半登場するハイテク企業の名前が「ハマグリ社」だったのには、さすがの私もずっこけた。ずっこけという言葉を使うなんて、何十年ぶりだろう。ありがとう、『ライジング・サン』。

ハイテクパワーで世界制覇

ブルース・ウィリスの出世作**『ダイ・ハード』**※**（1988）**の舞台となるのも、日本企業ナカトミがロスに建てた巨大ビルだ。このビルでクリスマスパーティーが行われている

※『ダイ・ハード』（1988年・アメリカ）【監督】ジョン・マクティアナン【出演】ブルース・ウィリス、アラン・リックマン他

最中に、テロリストたちが会場を襲撃、タカギ社長（ジェームズ・繁田）を人質に取る。「ナカトミ商事社長・タカギは京都生まれ。家族と共にカリフォルニアに移住し、戦時中はマンザナール（186ページ参照）に収容された。1955年にカリフォルニア大学を卒業、スタンフォード大学で法務博士、ハーバード大学でMBAを取得し……」

テロリストが読み上げる声明文で、タカギ社長の経歴が不思議なほど詳細に紹介される。人質になった社長のバックグラウンドなど、おつむてんてんなアクション映画で特に説明する必要もないと思うのだが、アメリカ社会でのしあがった日本人像をどうしてもここで示しておきたかったのだろうか。それほど苦労を重ねた末に成功した日本人が、テロリストにあっさり脳天撃ちぬかれるのがポイントなのかもね。

※**『ロボコップ3』（1993）**では、ロボコップシリーズを通して近未来のデトロイトを支配していたオムニ社が、日本企業カネミツに買収される。カネミツの社長を演じるのはマコ・岩松（134ページ参照）で、日本人経営者らしく「アメリカ人は肥満で怠慢だ！」とオムニの社長を一喝。さらに、オールバックで『男たちの挽歌』（1986）みたいな顔をした、忍者姿の戦闘用アンドロイド・オートモを開発する。

そもそもロボコップのデザインが日本の『宇宙刑事ギャバン』を下敷きにしていることもあり、ロボコップvsオートモの対決シーンは日本のB級アクションのような味わいがある。日本刀で指や腕を斬り落とされるロボコップ、頭を吹き飛ばされるオートモ……。

※『ロボコップ3』
（1993年・アメリカ）
【監督】フレッド・デッカー
【出演】ロバート・ジョン・バーク、ナンシー・アレン、マコ・岩松他

宇宙科学者カール・セーガンのＳＦ小説をロバート・ゼメキスが映画化した**『※コンタクト』（１９９７）**では、政治や宗教を巻き込んだすったもんだと自爆テロの末、ヒロイン（ジョディ・フォスター）の宇宙探査の夢が挫折しそうになる。しかし、彼女があきらめかけたその時、パトロンの大富豪（ジョン・ハート）がホッカイドウ・アイランドで秘かに日本のサブコントラクターに建造させていた宇宙空間移動装置の存在を明かし、彼女にチャンスを与える。北海道の秘密施設にあるヒロインの待機部屋は奇妙な和室で、明治神宮のお札や正月の鏡餅のようなものまで置いてある。

元ナチス党員のための秘密の互助組織を調査するルポライター（ジョン・ヴォイト）が主人公の**『※オデッサ・ファイル』（１９７４）**は、フレデリック・フォーサイスのサスペンスが原作だ。最後の方に、主人公が追い続けた元ＳＳ大尉ロシュマン（マクシミリアン・シェル）の姿をついに確認する場面があった。ロシュマンは名前をキーフェルと変え、過去を隠してハイデルベルグの電気会社社長に納まっている。そこはキーフェル電気の新製品発表会の会場で、ひょろりとしたバイヤーらしき日本人ビジネスマンと派手な色の着物姿の女性がいる。電気製品にからむビジネスマンといえば、やっぱり日本人ということなのか……。

スティーヴン・キングの小説『ドロレス・クレイボーン』を映画化した**『※黙秘』（１９９５）**では、主人公ドロレス（キャシー・ベイツ）が、小型カセットレコーダーに

※『コンタクト』（１９９７年・アメリカ）
【監督】ロバート・ゼメキス
【出演】ジョディ・フォスター、マシュー・マコノヒー、ジョン・ハート他

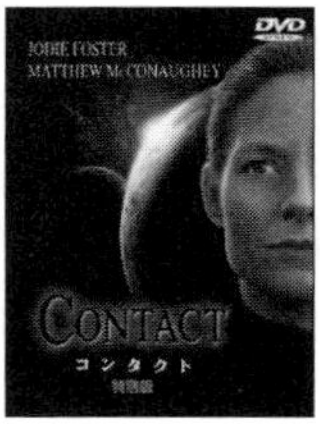

※『オデッサ・ファイル』（１９７４年・イギリス／西ドイツ）
【監督】ロナルド・ニーム【出演】ジョン・ヴォイト、マクシミリアン・シェル他

夫の死の真相を吹き込み、録音したテープを娘に渡す。娘がテープを再生すると、まず聞こえてくるのは、「聞こえてる？　私は機械に弱いから……。日本人は器用な連中ね」という、レコーダーの操作に手こずっている母の言葉だ。時の流れに取り残されたような離島で孤独に暮らす年老いたドロレスにとっては、カセットレコーダーもやっかいな日本製ハイテク製品（the cunningest little gadgets）だったのである。

小型で高品質なハイテク製品輸出大国というイメージはクール・ジャパンのバックボーンにあり、外国映画に出てくる日本企業も、電気や電子機器分野という設定が圧倒的に多い。日本企業のそうしたイメージのせいか、東南アジアで暮らしていると、家電やオーディオなど、本当は現地の弱小ローカル企業なのに、社名や製品名だけ日本語っぽくして売っている例をよく見かける。そういうエセ日本企業に限って、国籍不明の関取や侍が登場して「我が社のエアコンは強烈に冷えます」とアピールするようなテレビＣＭを流すのもお約束だ。

こうしたハイテクジャパンのイメージの変遷を使って、物語の時代背景を巧みに表現したのが**『バック・トゥ・ザ・フューチャー』シリーズ**である。

「10月はトヨタ販売店の決算期バーゲンです。85年型トヨタが勢揃い。お値段もアフターサービスも文句なし」

１９８５年の※**『バック・トゥ・ザ・フューチャー』第１作**は、ラジオから流れるトヨタ

※『黙秘』（１９９５年・アメリカ）【監督】テイラー・ハックフォード【出演】キャシー・ベイツ、ジェニファー・ジェイソン・リー他

※『バック・トゥ・ザ・フューチャー』（１９８５年・アメリカ）【監督】ロバート・ゼメキス【出演】マイケル・J・フォックス、クリストファー・ロイド、リー・トンプソン他

のCMで始まる。主人公マーティ（マイケル・J・フォックス）もトヨタの4WDがトレーラーで運ばれているのを街で見かけ、「いかす車だ」と憧れる。彼がドク（クリストファー・ロイド）のタイムトラベル実験を記録するビデオカメラにはでっかくJVCと書いてあるし、ともかく時計や楽器など、映画に登場する小物たちは日本製だらけ。80年代のこの時期、経済大国となった日本の躍進ぶりがうかがえる。映画のラストは、マーティが欲しがっていたトヨタを手に入れるハッピーエンドで、まさにトヨタで始まりトヨタで終わるような作品だ。

　1989年に製作された**パート2**※では、2015年の未来（といっても我々には現在だが）の町が舞台となる。レトロカフェに入ればCG店員がグリル・メスキート（マメ科の植物）寿司を勧め、悪ガキが使うホバーボードに旭日旗があしらってあったりする。マーティ一家は治安の悪いエリアで暮らし、うだつのあがらない父親はテレビ電話で赤いジャケットの日本人上司に怒鳴られ、クビを宣告される。媚びた日本語で「フジツウさん、こんにちは〜」と上司に挨拶する父親の姿は情けなく、本作に出てくる日本は、アメリカにプレッシャーを与える、脅威とでもいうべき存在になっている。

　翌1990年に公開された**パート3**※では、舞台は19世紀の開拓時代が中心になるが、マーティは1955年に取り残されており、ドクの力を借りて現在（1985年）に戻ろうとする。掘り出したデロリアン（時空移動のための改造車）の壊れた部品を虫眼鏡で

※『バック・トゥ・ザ・フューチャー　パート2』
（1989年・アメリカ）
【監督】ロバート・ゼメキス
【出演】マイケル・J・フォックス、クリストファー・ロイド、リー・トンプソン他

※『バック・トゥ・ザ・フューチャー　パート3』
（1990年・アメリカ）
【監督】ロバート・ゼメキス
【出演】マイケル・J・フォックス、クリストファー・ロイド、リー・トンプソン他

チェックした1955年のドクは、「メイドインジャパンのジャンクじゃないか」とつぶやく。タイムマシンが壊れたのは日本製の粗悪なチップのせいだと言わんばかりのドクの発言に、1985年から来たマーティが「今じゃメイドインジャパンの製品は最高さ」と教えてやると、ドクは「アンビリーバブル」とため息をつく。わずか数十年で、日本のイメージはとことん大きく変わったのである。

気合いと狡猾

『※ヘザー・グラハムのベイビー in the CITY』(2008)には、中島という日本のコスメ会社が出てくる。自動車やエレクトロニクスなどありがちな業種でないところは評価できるが、それはともかく、この中島の社長のいでたちがひどい。スーツの部下に囲まれ打ち合わせに参加している彼の姿は、黒い詰め襟にいかめしい制帽、パッと見がもはや明治時代の警察官だ。会議室に日本刀まで持ちこんでいるのも気合い入れ過ぎ。ハートフルコメディなどと言いつつ下ネタ満載の映画だから、この狂った日本人社長もちょっとしたギャグのつもりなのか……。

スティーヴン・ソダーバーグ監督の**『※インフォーマント!』(2009)**は、実際に起こった価格カルテル事件を基にしている。主人公(マット・デイモン)は農業関係の大企

※『ヘザー・グラハムのベイビー in the CITY』(2008年・アメリカ)【監督】ブライアン・ハーズリンガー【出演】ヘザー・グラハム、ジェリー・オコンネル、ジョン・コーベット他

※『インフォーマント!』(2009年・アメリカ)【監督】スティーヴン・ソダーバーグ【出演】マット・デイモン、スコット・バクラ、ジョエル・マクヘイル他

業に勤めるエリート社員だが、病的な虚言癖があり、にもかかわらず、ひょんなことから企業内部の情報提供者としてFBIの捜査に協力することになる。

彼が自分の嘘をごまかすため苦し紛れに暴露したのが、世界的企業が集まってリジン（アミノ酸）の価格を内輪で決めていた価格カルテルの存在。その参加企業として、日本のアジノモトも実名でばっちり登場する。日本を代表する大企業が、FBIに告発される悪役として隠し撮りされたりするのだから、しゃれにならない。

自由の女神の頭が道路に転がるシーンが印象的だった**『クローバーフィールド※ HAKAISHA』（2008）**は、プライベートビデオに記録された映像という体裁の『ブレア・ウィッチ・プロジェクト』（1999）スタイルのパニック映画だ。冒頭からしばらくつまらないパーティーシーンが延々続いてげんなりするが、これは主人公の東京への栄転が決まったことを祝う集まりだった。予告動画や裏設定など、この映画のストーリーには日本企業の影がちらついている。

クリストファー・ノーラン監督の**『インセプション※』（2010）**は人の夢に侵入してアイデアを盗んだり植えつけたりする産業スパイ（レオナルド・ディカプリオ）が主人公だが、彼に仕事を依頼するのはサイトー（渡辺謙）という日本人だ。サイトーがトップに君臨する企業の具体的な描写はないが、彼は電話1本で官憲も動かせるような力を持った人物として描かれる。

※『クローバーフィールド HAKAISHA』（2008年・アメリカ）【監督】マット・リーヴス【出演】マイケル・スタール＝デヴィッド、マイク・ヴォーゲル他

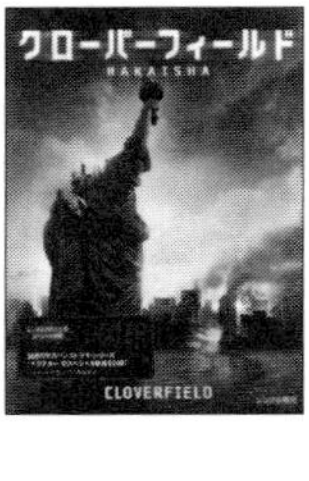

※『インセプション』（2010年・アメリカ／イギリス）【監督】クリストファー・ノーラン【出演】レオナルド・ディカプリオ、渡辺謙、ジョゼフ・ゴードン＝レヴィット、エレン・ペイジ他

『※ハーレーダビッドソン&マルボロマン』（1991）は不良中年たちがなじみのバーを守ろうとする物語。敵は現金輸送車で麻薬を運んでいるような悪徳銀行で、ボスを演じているのはトム・サイズモア。マフィアや鬼軍曹の役が多く、私生活でも何度も逮捕歴のあるコワモテ役者だ。当然、彼の勤め先も銀行というより地上げ屋やギャングに近い感じだが、どうやら日本企業とつながっているらしい。東洋系の秘書はキミコという名前だし、テレビ会議で日本の経営陣とやり取りするシーンがある。このテレビ会議場面で、トム・サイズモアが不可解な日本語の長ゼリフをすごいスピードでマシンガンのように繰り出す。

「なかのーなまえがくるぶんぶんのことかんがえたーきばちゅではないでしょか。さいごにゆっとくと、みなさんにひゃくさんぎょはえあにつづくでしょ……」

香港映画**『※ホンコン・フライド・ムービー』（1988）**の主人公は、ケチで頑固なローストダックの老舗食堂主人ホイ（マイケル・ホイ）。彼の店は、衛生状態最悪で散らかり放題、店員は無愛想の極み、スープにはゴキブリの足が混入、でも売り物のダックの味は絶品で客が次々押し寄せ……要するに、いかにも香港らしい人気食堂だ。

この店の向かいにダニーズというフライドチキンチェーンがオープンし、道路をはさんで古色蒼然としたダックの店と現代的なチキンの店がしのぎを削ることになる。

金髪のポンポンガールが飛び跳ね、人気スターがテープカットをするような派手な開店

※『ハーレーダビッドソン&マルボロマン』（1991年・アメリカ）【監督】サイモン・ウィンサー【出演】ミッキー・ローク、ドン・ジョンソン、チェルシー・フィールド他

※『ホンコン・フライド・ムービー』（1988年・香港）【監督】クリフトン・コー【出演】マイケル・ホイ、リッキー・ホイ、シルヴィア・チャン他

セレモニーをしたダニーズには、日本で経営を学んできたレイモンドという店長がいる。彼は雇い主である店のオーナーには従順で、なにを言われても「ハイ、ハイ、ハイ、ハイ」と卑屈に「ハイ」を繰り返して顔色をうかがうが、従業員教育となると豹変。必勝と書いた日の丸ハチマキを装着し、「自分をファーストフードの店員だと思うな！　コンサートの観衆を楽しませるエンターテイナーだと思え！」とワケのわからない演説をしてはマニュアルを暗唱させ、日本仕込みのスパルタ教育をぶちかます。

クレーマー対応のための実践教育もワイルドで、店内にはビンタの音がこだまする。うさぎ飛びをやらされ、ストップウォッチで作業時間を計測され、「手をつなごう～ダニーは我が家～♪」と社歌のようなものを合唱させられ……仕上げに、街頭に立って身も心もダニーの店に捧げる決意表明の歌を大声で歌わされる従業員たち。某ブラック居酒屋チェーンも顔負けのモーレツしごき教室だ。

レイモンドはオーナーに命じられるまま、ライバルであるホイの店にネズミを放ち、営業停止に追い込むようなことまでするのだが……日本式経営って、一体どんだけイメージ悪いんだよ！

【第六章】

切り取られたニッポンの風景

レトロな昭和のデパートの屋上で

『**東京暗黒街・竹の家**』※（**1955**）は、サミュエル・フラー監督の日本を舞台にした犯罪もの。本格的な日本ロケをしており、今から60年ほど前の東京の様子やアメリカ人の日本観などがよく記録されている。

映画は、フジヤマをバックに、謎の集団が蒸気機関車を襲い輸送中の武器を強奪するシーンから始まる。これはサンディ（ロバート・ライアン）という親分が仕切るガイジンギャングの仕業だ。彼らは東京にアジトを置き、パチンコ屋を経営しながら、陰で強盗も働くならず者集団だ。物語は、この組織に潜入するアメリカ人の覆面捜査官と彼にからむ日本人女性マリコの姿を描くのだが、いかにもお約束な日本描写が目白押しで、このての映画の入門編として最適な仕上がりになっている。

日本を訪れた捜査官は、まず浅草国際劇場の辺りにやってくる。和装の通行人が大勢いて、画面に映る森永チョコレートの看板もいい味だ。その後、トレンチコート姿でなぜかいきなり銭湯に現れ、番台で「マリコ・ナゴヤ」はいるか？　と聞き込み。川べりの長屋にあるマリコ宅を見つけると、土足で畳の部屋にずかずかと上がりこみ、挙句の果てにマリコと同居生活を始める。

※『東京暗黒街・竹の家』
（1955年・アメリカ）
【監督】サミュエル・フラー
【出演】ロバート・スタック、山口淑子、早川雪洲他

マリコの部屋には布団を格納する変な箱があり、寝床の傍らに湯船が据えてある。マリコはムシロの上に置いた火鉢でエッグトーストを作ったり、赤襦袢姿で按摩したり、大サービスだ。彼女が「日本の女は殿方を喜ばすよう教えこまれるの」と言うと、タフな捜査官も思わず一言「いい習慣だなあ」。

パチンコ屋、路地のお祭り、大仏、皇居、帝国ホテル、富士ビールの垂れ幕をつけた大黒屋宣伝カー、床屋の散髪（隣の席にはマゲを結った力士も）……日本のあれこれが景気よくばんばん登場するが、やはり一番の見どころは、クライマックスの松屋浅草デパート屋上遊園地の銃撃戦シーンである。白鳥やウサギのいる動物園があり、ミニ電車が走るささやかな遊園地は、タラちゃんやワカメちゃんのような髪型の子供たちでいっぱい。にもかかわらず、悪党を追い詰め銃撃戦&殴り合いでケリをつけるのがアメリカ流だ。ラスボスが浅草のデパートの屋上で射殺されるのも、この映画ぐらいだろう。

マリコを演じた日本人は、クレジットにシャーリー・ヤマグチと出るが、これは山口淑子のハリウッドネーム。彼女は戦前、日本人であることを隠し李香蘭という中国人女優として満映（満洲映画協会）の大スターとなり、その後、渡米し彫刻家のイサム・ノグチと結婚。女優を引退して日本に戻ってからは、テレビ番組「3時のあなた」の司会者を経て参議院議員となり、2014年9月に94歳で亡くなった。まさに波瀾万丈の人生だ。

山口の自伝には、「『竹の家』はシナリオが日本や日本人を正確に伝えていないので一度は出演を断ったが、一部修正することで妥協した」とある。完成した『竹の家』を見直すと、そんなにろくでもない日本描写ばかりでもないように思えるが、日本敗戦時に中国の軍事法廷で漢奸（売国奴）裁判にかけられた山口には、異国を描くという事については慎重を期さねばならないという思いがあったのかもしれない。

余談だが、彼女の自伝によれば『竹の家』のアフレコ作業の時、たまたま同じスタジオに『理由なき反抗』（1955）の音入れで来ていたジェームズ・ディーンと親しくなったそうだ。彼は買ったばかりのポルシェ・スパイダー（後にディーンはこの車で事故を起こし死亡する）に山口を乗せ、「日本には興味がある。アクターズ・スタジオの演劇講座でも能と狂言に関する講義はすべて受講した。あの単純さが好きだ」と語ったという。

最新SFXが炸裂する現代の日本

昭和の日本ではなく、今の日本で大規模なロケをしたといえば、X-MENシリーズ番外編**『ウルヴァリン：SAMURAI』**※**（2013）**だろう。

1945年の長崎。物語は不穏当にもB29の原爆投下から始まり、いきなり日本兵のハラキリシーンが出てくる。

ボーン・クロウズという超合金のような爪と、不死身の肉体再生能力を持つミュータン

※『ウルヴァリン：SAMURAI』（2013年・アメリカ／オーストラリア）**【監督】**ジェームズ・マンゴールド**【出演】**ヒュー・ジャックマン、TAO、真田広之他

ト、ウルヴァリン（ヒュー・ジャックマン）は、そこでヤシダという兵士の命を助ける。終戦後、ヤシダは大物実業家となるが、現在は重病で寝こんでおり、死ぬ前にもう一度会いたいとウルヴァリンを日本へ招く。

ヤシダの用意したチャーター機でサントリーの響を飲みながら日本に向かうウルヴァリン。到着後は**『ロスト・イン・トランスレーション』（2003）**※や**『キル・ビル』（2003）**※などと全く同じコースを車で進み、お約束どおり新宿大ガードをくぐる。

ヤシダの大豪邸に着くと、長く放浪生活をしていて不潔なウルヴァリンは、障子で囲まれた和室の中にある風呂で、2人の年くったお手伝いのおばさんにモップで荒っぽくゴシゴシやられる。これは新鮮な描写だ。ハリウッド映画では、日本を訪れたアメリカ人は、神秘的な微笑みをたたえた無口な吊り目の女に、ソフトにエロく背中を流されるのがパターンだからだ。

増上寺でロケしたシーンでは、タトゥーだらけの坊主らヤクザ軍団に襲われ、ヤシダの娘であるマリコを守りながら一緒に逃げるウルヴァリン。追うヤクザの日本語のセリフが、妙にリアルで心に残る。「殺すぞ、コラッ、ガイジン‥」。

逃げる2人はわざわざパチンコ屋の店内を通って、さらに秋葉原、上野とクセのある街を歩き続け、気がつけば西に向かう新幹線に乗りこんでいる。「時速は500キロ？」マリコに訊くウルヴァリン。そんなに出ないって。

※『ロスト・イン・トランスレーション』96ページ参照。
※『キル・ビル』64ページ参照。

追いすがるヤクザたちとの走る新幹線での活劇は前半の見せ場で、すごいスピード感だ。特に列車の屋根での一騎打ちでは、不死身のミュータントとドス1本で互角に戦うヤクザがすごすぎて、日本男児として思わず応援してしまう。

なんとかヤクザを撃退したウルヴァリンは、新幹線を降り、マリコと「いい夢ホテル」に転がりこむ。パネルで選んだ「火星たんけんのへや」にはぐるぐる回るベッドがあって……これもお約束、日本の七不思議「ラブホテル」のご紹介である。

様々なエロ設備が整ったエッチのための専用宿〝ラブホテル〟というのは、実は日本ならではのもの。イギリスの映像作家が、共同監督の日本人女性と大阪のラブホでロケした※『**Love Hotel**』（**2014**）というドキュメンタリーが、欧米の映画祭で公開されてしまうほど独特な施設なのだ。

外国にも場末のモーテルや繁華街の安宿など、そういう目的のために使用されるホテルはあるが、外観や入口が明らかに一般のホテルと違ういわゆる〝ラブホテル〟は、海外ではほとんど見かけない。韓国など、駐車場に目隠しがあって入口が薄暗く、パネルで部屋を選び、枕元にムードンコが置いてある、つまり、どう見てもいかがわしい感じのモーテルに、子供連れの家族や出張ビジネスマンが泊まっていたりする。要するに、安宿とエロ宿の境目がはっきりしていないのが外国のスタンダードなのだ。

さて、その後ウルヴァリンは長崎まで行き、蛭子能収のように路線バスに揺られながら

※『Love Hotel』（2014年・イギリス／フランス／日本、ドキュメント映画）【監督】フィル・コックス、戸田ひかる

※『未来世界』（1976年・アメリカ）【監督】リチャード・T・ヘフロン【出演】ピーター・フォンダ、ブライス・ダナー、ユル・ブリンナー他

マリコの隠れ家にたどり着く。隠れ家でマリコが作った海の幸・山の幸を「イタダキマス」と食べるウルヴァリン。しかし、茶碗によそった御飯に箸を垂直に突き刺して一休みし、マリコに不作法だとたしなめられる。

そんなこと普通しないだろと思うかもしれないが、私もアメリカでカツ丼にお線香のように箸を立てて一服してるヤツを目撃して笑ったことがある。昔は外国で二流の日本食レストランに行くと、よくそういう光景に出くわしたものだ。ミソスープを食事の初めに一気飲みするおばちゃん、箸を右手と左手に1本ずつ持って焼き鮭と格闘している若者……。最近ではツウぶって素手で握り寿司を食うようなガイジンもいるが、そういうのを見ると、逆にこちらがフォークでスパイダーロールでも食ってやろうかと思ったりする。

映画のクライマックスは、シルバーサムライとの対決だ。SFの古典**『未来世界』**※**（1976）**にも国籍不明のしょぼいサムライロボットが出てきたが、そういうのとは全く別種の、ロボコップに出てきそうなメタリックデザインの鎧ロボである。

あ、急に思い出したけど、『ウルヴァリン：SAMURAI』にはYAKUZA1という役で小川直也がちらっと登場する。**『チャック・ノリスの地獄の復讐』**※**（1982）**の坂口征二とか、**『ブラック・レイン』**※**（1989）**のガッツ石松とか、ハリウッドって格闘技系が好きだよね。

※**『チャック・ノリスの地獄の復讐』**
（1982年・アメリカ）
【監督】ジェームズ・ファーゴ**【出演】**チャック・ノリス、メアリー・ルイーズ・ウェラー、坂口征二他

※**『ブラック・レイン』**
（1989年・アメリカ）
【監督】リドリー・スコット**【出演】**マイケル・ダグラス、高倉健、松田優作、アンディ・ガルシア、ガッツ石松、若山富三郎他

見知らぬ異国の街トキオ

フランシス・フォード・コッポラの娘ソフィアが監督し、多くの映画賞を受賞した『ロスト・イン・トランスレーション』※（2003）も、舞台は東京。みずみずしい日本ロケが、主人公の感じる、言葉も文化も異なる世界にぽつんと取り残されたような孤立感・疎外感を際立たせている。

ストーリーらしいストーリーもなく、抒情的なスケッチを積み重ねたような作品だが、異国の街で誰もが感じる緊張や驚きやよそ者気分が素直に伝わってきて、10年以上日本を離れてふらふらしている私にはとても心地よく、本書で取り上げた映画の中でも最も好きな作品である。最後の別れのシーンが西新宿ヨドバシカメラ前の狭い路地だというのもぐっとくる。昔、あの路地の「ねぎし」で牛タン定食よく食ったよなあ……。

いかにも盛りを過ぎたという感じのハリウッドスター、ボブ（ビル・マーレイ）がサントリーウイスキーのテレビCMに出演するため来日する。映画はお疲れ気味の彼が新宿のパークハイアットにチェックインするところから始まる。

ぞろぞろホテルまで迎えにくる広告屋さんたちに連れられ、現場に向かうボブ。彼らは整然とボブに挨拶し、次々と名刺を渡すが、それなりに外タレ慣れした業界人のせいか、

※『ロスト・イン・トランスレーション』（2003年・アメリカ）
【監督】ソフィア・コッポラ
【出演】ビル・マーレイ、スカーレット・ヨハンソン他

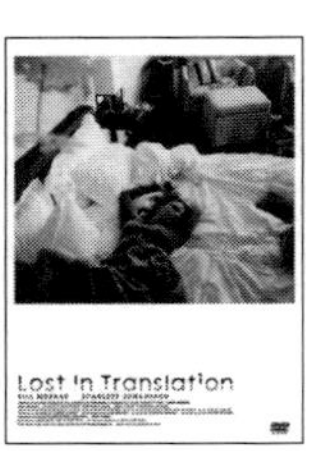

昔のアメリカ映画に出てくる日本人のようにぺこぺこおじぎはしない。

ホテルと仕事場を往復する日本での日々は、ボブにとって気の滅入るものだ。撮影現場では、ダイアモンド☆ユカイ演じるテンションの高いCMディレクターに「もっと高級な気持ちで！」なんて言われながらサントリー響を飲んでみせ、ホテルの部屋に戻ってテレビをつけると、ミニスカポリスを引き連れたラッキィ池田が山本リンダの「狙い撃ち」に合わせて踊っている。アメリカの妻からちょこちょこ部屋に届くFAXも決して楽しい気分になるような内容ではないし、エージェントの意向で、出たくもなかったマシュー南（藤井隆）のトークショーにまで出演させられ……。

ある時、ボブは同じホテルに滞在中のアメリカ人女性シャーロット（スカーレット・ヨハンソン）と顔見知りになり、言葉を交わすようになる。彼女は「魂の模索、本当の自分探し」なんてCDを聞いているような、いわゆるイケてないタイプで、大学の哲学科を卒業して結婚したばかり。売れっ子写真家である新婚の夫が仕事で日本に来ることになったため、ついてきたのだ。

東京タワー、平安神宮、富士山、京都……夫が仕事に行っている間、彼女は一人で観光にも出かけていたが、忙しい夫とはすれ違いが続き、異邦人として言葉も通じない土地に置き去りにされたような寂しさを感じている。

年が離れ、バックグラウンドも違うものの、同じような孤独感を抱えていたボブとシャーロットの間には奇妙な友情が芽生え、限られた時間の中、一緒に東京という遊び場所を楽しむようになる。パチンコ屋、飲み屋街、しゃぶしゃぶ……。カラオケでシャーロットがプリテンダーズの「ブラス・イン・ポケット」を歌えば、ボブはロキシー・ミュージックの「モア・ザン・ディス」を熱唱。歌い始める前に「この曲、難しいんだよな」と保険をかけるようにつぶやくビル・マーレイが、日本のリーマン中間管理職みたいでおかしい。

脚本も担当した監督のソフィア・コッポラは日本滞在経験があり、この映画も自らの体験を基にしたと認めているが、彼女自身よほど苦労したのか、しつこいぐらい何度も日本人のLとRの英語の発音に関するネタが登場する。

写真撮影中、日本人カメラマンに「ラット・パック（〝Rat Pack〟シナトラ一家のこと）知ってるだろ?」とか「ロジャー・ムーア（Roger Moore）みたいに!」と指示されても、ボブは理解できず戸惑うばかり。ホテルの部屋に接待要員のデリヘルおねえさんが来た時も、「ストッキングを引き裂いて（〝Rip my stocking〟）」と彼女に言われてどうしたらいいかわからない。

どれも日本人の発音する「R」の音が、アメリカ人であるボブには正しく「R」に聞こえないせいだ。コッポラ監督は、劇中、シャーロットに「どうして日本人は〝L〟と〝R〟の発音を入れ替えるのかしら?」というセリフまで言わせている。フランス人の話す英語や中国人の話す英語だって相当クセがあると思うのだが、どうして日本人のLとRばかりそんなにいじられるのか、いつも不思議でしかたない。

まるでルーシー・ブラックマン事件

『ロスト・イン・トランスレーション』には、地下鉄に乗ったシャーロットが、雑誌のヌード漫画を車内で読みふけるスーツの日本人男を見かけて「この人、なんだろう」みたいな白い目を向ける場面がある。

いつでもどこでもコミックが買える、そしてそのコミックには往々にしてエロ表現やロリ描写が含まれており、さらに公共の場所で立派な大人がそれを堂々と読んでいる……これは日本独特の風習であり、外国人の目にはひどく奇異に映るようだ。

ヒロインが日本の満員電車でエロ漫画青年を見かけてびびるシーンは、ドイツ映画**『トウキョウ アンダーグラウンド』**※**（2004）**にもあった。漫画を描くのが好きな18歳のアンジェラ（クロエ・ウィンケル）は、ベルギー出身でドイツの学校に通っている。ある日、パーティーで日本人DJヤマモトと知り合い、日本に興味を持った彼女は、東京に住んでいるモニカという女性をヤマモトに紹介され、訪ねてみることにする。

ヤマモト曰く「東京でMIZU - SYOUBAIしてる」というモニカは、外国人女性たちに部屋を提供し、ゴールデンゲート倶楽部というお店でホステスをさせている。アンジェラ

※『トウキョウ アンダーグラウンド』（2004年・ドイツ／イギリス／フランス他）【監督】M・X・オバアーグ【出演】クロエ・ウィンケル、ヨン・ヤン他

がモニカに連れられ、初めてタクシーで店に向かう場面は印象的だ。車窓から見る夜の東京の繁華街、ダークスーツのサラリーマンの群れ……モニカは言う。「見て、みんな似てるでしょ。日本の男性は長時間懸命に働き、退社後は女にちやほやされたがるの」

新人ホステスとなったアンジェラに、モニカは「おじぎは相手を大きく見せるため。自分をこうやって小さくするの」と、ぺこりとおじぎの見本を見せる。「日本の男は身の上話をすると喜ぶわよ」と実践的なアドバイスも忘れない。

幼いルックスのアンジェラは、いわゆるロリータトリックで人気者になるが、ホステス仲間の妬みをかう。店にはピンクのセーラー服を着たホステスと電車風の個室で痴漢ごっこができるサービスもあるようだが、アンジェラは脱ぎたてホカホカ下着販売のバイトをするのが精一杯だ。個人的な小遣い稼ぎに深入りして行方不明になったホステスもいるらしい。アンジェラは自らの日本での体験、失踪したホステスについての妄想を、得意の漫画に描きとめていく。

アンダーグラウンドな世界で客を取り、行方不明になった外国人ホステスというのは、六本木で働いていたイギリス女性、ルーシー・ブラックマンさんが殺害された２０００年の事件をモチーフにしているのだろう。

団地の一室のようなホステスたちの部屋、ゲーセンのプリクラ、漫画喫茶、ピンクビラで埋まった公衆電話……独特なセンスで切り取られる東京の風景の中には「太陽弁当」なる店で持ち帰りするシーンもあった。あれ、「なか卯」だよね？

下町が異次元空間と化すZ級トロマ映画

低予算おバカ映画を連発し、グロビデオ全盛期の日本で人気を博したアメリカの映画製作会社トロマ・エンターテインメント。その代表作が毒々モンスター（Toxic Avenger）シリーズだ。

シリーズ第2作**『悪魔の毒々モンスター 東京へ行く』**※**（1989）**では、主人公メルヴィン（毒々モンスター）を倒すため、仇役のアポカリプス社が彼を日本へおびきよせる。行方不明の父は実は日本人だと吹き込まれたメルヴィンは、ウィンドサーフィンで東京の港までやってきて、〝ゴジラスタイル〟でビーチに登場。父を探して聞き込みを開始する。

ちょんまげ姿のサラリーマンがへこへこ歩いている丸の内らしき場所を過ぎ、東京タワーや浅草寺などで何度も関根勤と遭遇して、露店で買ったタイ焼きをオロナミンCで流しこみ……たまたまマサミという女の子が悪い奴に襲われていたので、メルヴィンは熱したタイ焼きゴテで悪者の鼻をはさみ、タイ焼きの形にしてしまう。トロマ映画史に残る名シーンだ。銭湯の女湯に乱入し、悪者を湯船で野菜や麺といっしょにゆであげ、「シャブ

※『悪魔の毒々モンスター 東京へ行く』（1989年・アメリカ）【監督】マイケル・ハーツ、ロイド・カウフマン【出演】ロナルド・ファジオ、桂木麻也子、安岡力也、関根勤他

シャブノデキアガリ～」と叫ぶあたりもトロマならでは。

意味もなく原宿の路上で踊ったりしながら、ついにメルヴィンは築地で父親と再会する。ビッグマックという父親を演じているのは、ホタテマンこと安岡力也だ。メルヴィンは力也を見て大きなテディベアみたいだと感動するが、実は力也はアポカリプス社の手先で悪い奴だった。

本性を現した力也とその部下たちがメルヴィンに襲いかかる。佃島あたりでロケしたせいか（佃煮評論家として永井豪も登場する）、ものすごい下町感が漂う住宅街の狭い路地で、毒々モンスターが忍者っぽいのや歌舞伎っぽいのやキョンシーっぽいのなど、バラエティ豊かな悪者どもと戦う。

最後の対決で、力也は相撲取り姿に変身するが、メルヴィンにまわしをオムツよばわりされ、うっかり魚屋のまな板の上に横たわったところを、職人さんに包丁で活きづくりにされてしまう。

相撲取り姿の父を目の前で切り刻まれちゃったメルヴィンの心の傷は深かったが、マサミに連れられ訪れたスモウジムでの稽古を通して癒され、復活する。そして、お別れの記念にもらった白いまわしは、帰国後も悪を懲らしめる時に装着するのだった……。

映画には、東銀座の歌舞伎座にやって来たメルヴィンが、どろどろに溶けた毒々顔を「ようつくったね」と歌舞伎役者に褒められるシーンもあったが、ロイド・カウフマン監督はド派手な化粧をした歌舞伎によほど興味があるらしく、その後『**カブキマン**』※**（1990）**という映画も作っている。

正義のヒーロー・カブキマンのパワーを体内に宿しているカブキ一座の座長は、顔面をどぎつい色に塗ったくった日本人で、般若心経を唱えながら自分の指を炎で焼き、大量の生きたミミズを一気食いするすごい男だ。しかし、ニューヨークで歌舞伎公演中に魔王の手先に銃撃され（精神病院の学芸会みたいな歌舞伎公演シーンは心底ひどい）、死に際に、たまたま居合わせたニューヨーク市警の刑事ハリーに口移しでカブキパワーを授ける。

なりゆきでカブキマンになってしまったハリーは、『ザ・フライ』（1986）の科学者が徐々にハエになっていったように、だんだん日本人化していく。生の鯖をわしづかみにして豪快に丸かじりする彼の姿は、スーパーサイヤ人ならぬスーパーニホン人だ。

カブキマンに変身して悪者を退治する時には、日本語で「カブキマンサンジョウ！」と見栄を切り、海苔巻き口ツッコミ、扇子ひっぱたき、ドラム缶わさび責め、人間スシロール切断、ひやむぎグルグル巻きなど、和の心が感じられる攻撃を次々繰り出すハリー。とりわけ、無数のワリバシを敵に投げつけ、悪者の全身にワリバシが刺さりまくって『ヘル・レイザー』（1987）のピンヘッドみたいになってしまう必殺技は圧巻だ。

この映画、日本のナムコが製作にかんでおり、クレジットには日本人の名前も多数出てくる。日本人があえて欧米人の抱く日本のイメージを誇張し、ナンセンスコメディを作っ

※『カブキマン』（1990年・アメリカ）【監督】マイケル・ハーツ、ロイド・カウフマン【出演】リック・ジアナシー、スーザン・バイアン、ビル・ウィーデン、フミオ・フルヤ他

てしまうというパターンは、井口昇監督の『ロボゲイシャ』（2009）や『デッド寿司』（2012）に通じるものがある。

あ、どうでもいいけど、毒々モンスターとカブキマンをいっぺんに見たいという人は、※**『悪魔の毒々モンスター／新世紀絶叫バトル』（2000）**をどうぞ。エログロネタも絶好調な毒々モンスターシリーズ4作目で、悪いドッペルゲンガーも登場し、善悪2人の毒々モンスターと2人のカブキマンがからみあう力作だよ。

ウサギ小屋住宅事情

※**『ワイルド・スピードX3 TOKYO DRIFT』（2006）**は、東京が舞台のカーアクション映画。人気シリーズ3作目だが、ストリートレースにもチューニングカーにも興味のない、「へんてこニッポン」ファンの間でも話題を呼んだ作品である。

本作では、主人公の高校生ショーン（ルーカス・ブラック）が東京を訪れ、米軍基地に勤める父親の家に転がりこむ。この家というのがガイジンの住んでそうなこじゃれたマンションなどではなく、昭和感たっぷりの木造一軒家。玄関はガラガラ開ける磨りガラスの引き戸で、関東大震災の前からここに建ってますと言われても信じてしまいそうな代物だ。ウサギ小屋という表現がぴったりの狭い家にげんなりしながら、ショーンは学ランを

※『悪魔の毒々モンスター／新世紀絶叫バトル』
（2000年・アメリカ）
【監督】ロイド・カウフマン
【出演】デビッド・マティ、ヘイディ・スジャーセン、コリー・フェルドマン他

※『ワイルド・スピードX3 TOKYO DRIFT』
（2006年・アメリカ）
【監督】ジャスティン・リン
【出演】ルーカス・ブラック、バウ・ワウ、千葉真一、サン・カン、ナタリー・ケリー他

着て都立和田倉高校に通い始める。

転校早々、上履き（外国の学校にはない習慣）をはけと説教くらうものの、天ぷらや刺身のついた豪華フルコース給食にショーンは大喜び（ウケを狙った演出なのか、スタッフが日本の給食事情をよく知らなかったのか……）。古典の授業で、女教師が「いづれのおんときにか、いとやむごとなききわにはあらぬが、すぐれてときめきたもうありけり」などと延々朗読するシーンもあって、ハリウッドのアクション映画に源氏物語の一節が出てくるという画期的なミスマッチも楽しめる。そして演歌歌手のジェロみたいな風貌のクラスメートと仲良くなったショーンは、ギャルだらけのドリフトレース会場に乗りこんでハッスルするのだが……。

映画は、自動販売機やカプセルホテルやパチンコなど、アメリカ人を喜ばせるようなおなじみのジャパン・アイテムに加え、渋谷のスクランブル交差点や立体駐車場など、ガイジンがわざわざ記念写真を撮るような隠れた日本名物もしっかりおさえている。エレベータ昇降装置の付いた機械式立体駐車場は、海外に全くないというわけではないが、日本で初めて見たというガイジンさんも多く、それなりに物珍しいのだ。

墨田区京島の銭湯に〝KONISHIKI〟がつかっていたり、ショーンのおやじの愛人が真木よう子だったり、やくざの組長が千葉真一だったり……中川翔子やドリキン土屋圭市など、カメオ出演というかなんというか、この映画にはいろんな日本人が顔を出している。

しかし、なんといっても印象に残るのは、レースのスターター役として2秒ほどだけ顔を出す妻夫木聡だろう。クレジットに出る彼の役名は〝Exceedingly Handsome Guy（抜群にハンサムな男）〟である。

　日本家屋の狭さと湿っぽいたたずまいというのは、ホラーものでも独特の効果を発揮するようだ。ヒロインはアメリカ人だけど舞台となるのはあくまで日本の住宅という※**『THE JUON 呪怨』（2004）**や、洋画っぽいけど実は邦画という『パラノーマル・アクティビティ 第2章 TOKYO NIGHT』（2010）などを見ると、米アミティヴィルの一軒家を舞台にした『悪魔の棲む家』（1979）シリーズなどとは、恐怖の質感が違うことがわかる。

　京都の幽霊屋敷にアメリカ人作家ファミリーが引っ越してくる※**『ゴースト・イン・京都』（1982）**というホラー映画では、目の下のくまとげっそりした頬を強調したチープなメイクのサムライお化けたちが現れる。彼らは半透明の存在だが、歴史のある純和風の屋敷でポルターガイスト現象を連発。畳の部屋で布団を敷いて眠るアメリカ人家族に殺人蟹をけしかけたり、人間に憑依してカンフーしたり、でたらめな悪さをする。

　そういえば、外国の集合住宅に日本人がいるパターンのホラーもあった。スペイン映画※**『REC／レック』（2007）**は、人間を凶暴にする感染症が広がったアパートに閉じ込められた人々の恐怖を描く。そこには日本人家族も住んでおり、テレビ取材に応じて、た

※『THE JUON 呪怨』
（2004年・アメリカ／日本）
【監督】清水崇【出演】サラ・ミシェル・ゲラー、ジェイソン・ベア他

※『ゴースト・イン・京都』
（1982年・アメリカ）
【監督】ケビン・コナー【出演】エドワード・アルバート、スーザン・ジョージ他

※『REC／レック』
（2007年・スペイン）
【監督】ジャウマ・バラゲロ【出演】マヌラ・ヴェラスコ、フェラン・テラッサ他

どたどしいスペイン語で状況を説明する奥さんが「あんたうるさいよ、ちょっとあたしが話してんだから」と日本語で亭主を怒鳴りつける。アパートの別の住人（スペイン人のおっちゃん）は彼らのことを快く思っておらず、そもそもどこの国の人間かもよくわかっていない。「中国人は困りものでね。生魚を食べるんだ。そのにおいときたら……。玄関はあけっぱなし、中国語だか日本語でいつもわめきあっている」と顔をしかめる。

ロマン・ポランスキー監督の恐怖映画の古典**『ローズマリーの赤ちゃん』**※**（1968）**にも、カメラ持参の日本人らしき男が登場した。魔族に利用され悪魔の子を産んだローズマリーがついに我が子と対面するラストシーンで、前後の脈絡なく唐突に現れるのだ。悪魔崇拝者たちの集まった部屋で、黒縁眼鏡で七三分け、スーツ姿のその東洋人は、「悪魔を讃えよ！」と一声叫び、黒いゆりかごを揺らすローズマリーの姿をパシャリパシャリと撮影する。出番はほんのちょっとでイタチの最後っぺのよう。この映画、ローズマリーの夫は役者という設定で、数少ない仕事のひとつがヤマハのバイクのテレビCMだった。当時のポランスキーはなんとなく日本のことが気になっていたのだろうか……。

世界中で人気、または、地球全体の危機

ピーター・ウィアー監督の**『トゥルーマン・ショー』**※**（1998）**には、テレビを見な

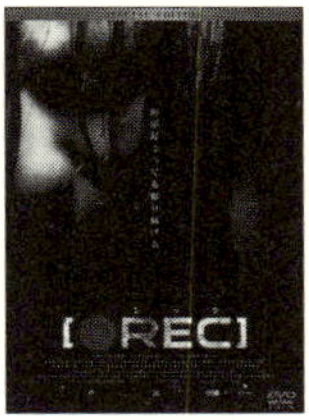

※『ローズマリーの赤ちゃん』
（1968年・アメリカ）
【監督】ロマン・ポランスキー
【出演】ミア・ファロー他

※『トゥルーマン・ショー』
（1998年・アメリカ）
【監督】ピーター・ウィアー
【出演】ジム・キャリー他

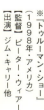

がら家族団らんしている日本人ファミリーが登場する。主人公のトゥルーマン（ジム・キャリー）は、生まれた時から24時間ずっと隠し撮りされ、テレビで生中継され続けている。本人はその事実に気づいていないが、彼の人生がそのまま世界220か国で放映され、17億の人間が見守る超人気番組になっているのだ。

当然日本にも番組視聴者はいて、そのお茶の間の様子がちらりと出てくる。和室でテレビを見ている姑と息子夫婦らしき3人。姑は熱心なファンらしく、「ラブ・ラブ・ラブ！トルーマン・ショー」と書かれた番組のTシャツを着ており、和室の壁には「トルーマン毎日、、、二十四時間」（原文ママ）という掛け軸、テーブルには熱燗とっくりが置いてある（余談だが、学生時代のトゥルーマンが図書館で初めてヒロインに話しかける場面で、彼は「コンニチハ」と日本語を使う。彼女が日本語の勉強をするふりをしていたからだ）。『トゥルーマン・ショー』の例のように、世界中で人気があることを示したい時、日本の光景をインサートする映画は多い。

ティム・バートン監督の※**『チャーリーとチョコレート工場』（2005）**では、工場見学に招待される〝ゴールデン・チケット〟を手に入れようと、世界中の子供たちがWONKAチョコを買いまくるシーンがある。その中には日本の様子も入っていて、パッケージが「ウォンカ」とちゃんと日本語仕様になっている。背景に夜の新宿を合成したのかビックカメラの看板も見えているが、お店に集まった人たちがチョコに殺到する姿は、まるで

※『チャーリーとチョコレート工場』（2005年・アメリカ）【監督】ティム・バートン【出演】ジョニー・デップ、フレディ・ハイモア他

※『ジャンパー』（2008年・アメリカ）【監督】ダグ・リーマン【出演】ヘイデン・クリステンセン、ジェイミー・ベル、サミュエル・L・ジャクソン他

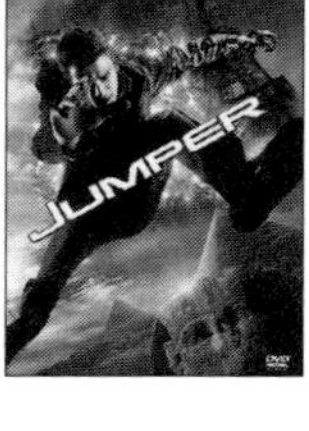

デパートの正月初売りセールのようだ。

『※ジャンパー』（2008）は瞬間移動の能力を持つ〝ジャンパー〟と彼らを抹殺しようとする秘密組織〝パラディン〟との対決を描いたSF映画。「行き先、無制限」というキャッチコピーのとおり、〝ジャンパー〟はロンドンのビッグ・ベンやエジプトのスフィンクスなど世界の名所をびゅんびゅん移動するのだが、合間にぬかりなく日本も訪問している。渋谷ハチ公前交差点、お台場のレインボーブリッジ、石丸電気の看板が見える秋葉原……「世界を股にかける」〝ジャンパー〟をビジュアルに表現するため、日本でもロケしているわけだ。

似たようなパターンで、SF映画やディザスタームービーが世界規模のパニックを表現したい時にも、それらしい日本のシーンや日本がからむエピソードがしばしば挿入される。

地球温暖化による異常気象が世界を襲う『※デイ・アフター・トゥモロー』（2004）では、東京にゴルフボールのようなヒョウが降り注ぎ、パニックとなる。セットで作られた街も日系人俳優のセリフも違和感ありありだが、「なんすか、こりゃあ？」という警官の言葉と、ブリーフケースを頭の上にかざしてヒョウから逃げ惑うサラリーマンの姿は、妙にリアルだった。

古代マヤ人の予言通り人類が滅亡するという『※2012』（2009）では、米大統領

※『デイ・アフター・トゥモロー』（2004年・アメリカ）【監督】ローランド・エメリッヒ【出演】デニス・クエイド、ジェイク・ギレンホール、エミー・ロッサム、イアン・ホルム他

※『2012』（2009年・アメリカ）【監督】ローランド・エメリッヒ【出演】ジョン・キューザック、アマンダ・ピート、ダニー・グローヴァー他

が先進国サミットのテレビ会議で、世界の破滅が近いことを日本をはじめとした各国首脳に伝える。この映画、ソニー傘下のコロンビア作品ゆえ、会議室にはVAIOのノートパソコンがずらり。劇中でブランド製品やそのロゴが見えるようにしたり、セリフであえて企業名やブランド名に言及する「プロダクト・プレイスメント」という広告手法は昔からあるが、最近はたまに日本製品も見かけるようになった。まあ、中国のレノボや韓国のサムスンの方が、ぐいぐいきてるけど。

イギリス映画**『人類SOS!』**※**（1963）**は宇宙から飛来した人食い植物トリフィドに襲われ、世界中がパニックになるSFクラシック。舞台となるのはヨーロッパだが、主人公たちが無線機で受信した緊急放送は、東京が火の海になったと伝えている。

地球を侵略する宇宙人と人類の対決を描いたスティーヴン・スピルバーグ監督の**『宇宙戦争』**※**（2005）**でも、ニュースや噂話の中に日本の地名が何回か登場する。とりわけ、ドラマ終盤に出てくる「日本の大阪で、トライポッド（宇宙人が操る巨大な破壊兵器）を何体か殺したらしい」というセリフは、SF好きの日本のお子たちの間で話題となった。米軍部隊でさえ歯が立たなかったエイリアンの殺戮マシーンを、関西人がナニワのど根性でやっつけたという噂がアメリカまで伝わってきたなんて、確かにすごいことだ。SF特撮大国ニッポン、そしてUSJもあるオオサカへの（?）、スピルバーグのサービスである。

※『人類SOS!』
（1963年・イギリス）
【監督】スティーヴ・セクリー、フレディ・フランシス
【出演】ハワード・キール、ニコール・モーレイ他

※『宇宙戦争』
（2005年・アメリカ）
【監督】スティーヴン・スピルバーグ【出演】トム・クルーズ、ダコタ・ファニング、ティム・ロビンス他

H・G・ウェルズの原作小説『宇宙戦争』が最初に映画化されたのは1953年。このオリジナル版『宇宙戦争』を見てみると、宇宙人の侵略を受けたとテレビでレポートされるのはインドやブラジルで、日本は一切出てこない。時代によって、ネタにしやすい国も変わるということだろう。

シャッター商店街もロボットレストランも

ロケにせよセットにせよ、作品内に日本を盛りこんでいる映画は、他にも様々な国で作られている。

旧ソ連のSF映画**『惑星ソラリス』**※**（1972）**が、未来都市の光景として東京の首都高速でロケをしたことはよく知られている。俯瞰ショットもちょびっとあるが、基本的には、なんのてらいもなく、走る車内から撮影した首都高の道路の様子が延々5分近く続く。飯倉出口の看板や銀座方面渋滞なんて電光掲示板もそのまま映っており、まるでドライブレコーダーの記録映像のようだ。これが未来都市だよと言われても……。こういうのを見て「アンドレイ・タルコフスキー監督の映画は難解だが素晴らしい」とほめなきゃいけないのだから、批評家さんも大変だ。

やはり批評家のほうを向いたアートな作品だが、アラン・レネ監督の日仏合作映画

※『惑星ソラリス』（1972年・ソビエト連邦）【監督】アンドレイ・タルコフスキー【出演】ナタリア・ボンダルチュク、ドナタス・バニオニス他

『二十四時間の情事』※**（1959）**も、日本ロケを行ったクラシックとして有名である。『ヒロシマ、モナムール』という原題どおり、映画の舞台は原爆の爪痕がまだ生々しく残っている広島。岡田英次演じる日本人男性と広島を訪れたフランス人女優が、ホテルで交わりながら、彼らの中にある戦争の記憶を重ね合わせていく。平和デモ行進、広島赤十字病院、原爆ドームなど、50年代のヒロシマの様々な情景に、悲惨な被爆資料映像も添えられている。

ブラジルの日系社会では日系人以外のブラジル人を指す言葉として「ガイジン」がよく使われるそうだが、日系三世のブラジル人監督チズカ・ヤマザキは『**Gaijin**』という作品を発表している。

1980年の1作目**『Gaijin 自由への道』**※では、ブラジルに渡りコーヒー農園で働いた初期移民の苦難の日々が綴られ、2005年に発表したパート2**『Gaijin 心の祖国』**※では、主人公チトエの幼い頃から四世代に渡る家族の歴史が描かれる。

1900年の福岡の農村、「かあちゃん、天皇様がブラジルに移民ばしろと言いよっとよ。うちは銭ばようけ貯めて帰ってくる。こん貧乏から逃れるとよ。大丈夫、5年ぐらいすぐ経つて」と母親を説得したチトエは、17代続いた農家を後にし海を渡る。結局、5年で帰国することなどかなわず、彼女はブラジルで生き抜くことになるのだが、時が流れ、今度はチトエの子供や孫の世代の日系人が、逆にデカセギで日本へやって来る時

※『二十四時間の情事』（1959年・フランス／日本）【監督】アラン・レネ【出演】エマニュエル・リヴァ、岡田英次、ステラ・ダサス他

※『Gaijin 自由への道』（1980年・ブラジル）【監督】チズカ・ヤマザキ【出演】キョウコ・ツカモト、アントニオ・ファグンデス他

※『Gaijin 心の祖国』（2005年・ブラジル）【監督】チズカ・ヤマザキ【出演】タムリン・トミタ、ホルヘ・ペルゴリア他

代となる。

日本人として育ち、日本人として日本に行くのに、そこではガイジン扱いされる現実が待っている。工場では「こんな調子でやってるんだったらブラジルへ帰れ！」と叱り飛ばされ、学校では「ゴーホーム、ガイジン！」といじめられ、実家では「しぇからしか、きさんごときに家族だの親戚だの言われとうなか！」となじられる。

年老いて実家を訪れたバッチャン（チトエ）が親族と和解し、「あーこれでよか、家族はいっつも一緒」とつぶやくところで映画は終わるが、なんともいえない後味が残る。

ドイツのヴィム・ヴェンダース監督の**『夢の涯てまでも』**※**（1991）**は、フランスからオーストラリアまで、世界を巡る世紀末ロードムービーである。日本公開版でも2時間半、ディレクターズカット版にいたっては5時間近い大作だ。

脳に映像を直接送りこむことができる特殊なカメラで映像収集の旅を続ける男（ウィリアム・ハート）をヒロインたちが追う物語は、中盤、舞台が日本となる。

いつも思いつめたような表情をしている（特にこの映画では、視力を失いかけているお尋ね者の役だし）ウィリアム・ハートが、飲み屋の並ぶ路地を歩いたり、パチンコしたり、浴衣を着て和風旅館の布団で眠ったり……。山村の旅館のシークエンスでは、ヴェンダースが敬愛する小津安二郎作品に出演の多い笠智衆と三宅邦子が顔を出しており、笠智衆が傍らで水車が回っている縁側に座り、ハートの目のために漢方薬の調合をする浮世離れし

※『夢の涯てまでも』（1991年・ドイツ／フランス／アメリカ他）【監督】ヴィム・ヴェンダース【出演】ソルヴェーグ・ドマルタン、ウィリアム・ハート、サム・ニール他

た場面もある。

香港映画**『死亡の塔』**※**（1981）**は、『死亡遊戯』（1978）同様、ブルース・リーの死後に未発表フィルムを使って無理やり作られたインチキ映画だが、前半、リー（実際に演じているのはほぼ別人）が日本を訪問、青いカンフー服を着て銀座のクラブにやって来る。品のないバニーガールがいるその店は、銀座のクラブというより赤羽のキャバレーといった感じで、BGMは奥村チヨの「気ままぐらしの女」だ。

店から出た後、近所の商店街で8人の刺客が襲いかかる。この商店街の安っぽいスタジオセットが、大昔のコント番組のような完成度で哀しい。プラスチックの造花があちこちに飾られているのも、地方の寂れたシャッター商店街のようで気が滅入る。「サイゼリヤ」と書かれた赤い看板の飲食店も見えるが、赤いサイゼリヤがおがめるのはこの映画だけだろう。こんな嘘くさいセットの中で、偽ブルース・リーは「江戸一鮨」に突っ込む車をかわしながら、「中華そば」と書かれた電飾看板を敵の頭にぶちかますのだ……。

仏・独・韓・日合作の**『TOKYO!』**※**（2008）**という映画は、東京を舞台にした3作品からなるオムニバス。ポップなアニメーションに日本語の機内アナウンスや駐車場の機械音声（外国人には物珍しい）が重なるオープニングに続き、『世にも奇妙な物語』的な世界が展開する。

1作目の**「インテリア・デザイン」**ではヒロインが木の椅子に変身し、2作目の**「メル**

※『死亡の塔』（1981年・香港）【監督】ウー・シー・ユエン【出演】ブルース・リー、タン・ロン、ウォン・チェンリー、ロイ・ホラン他

※『TOKYO!』（2008年・フランス／日本／ドイツ／韓国）【監督】ミシェル・ゴンドリー、レオス・カラックス、ポン・ジュノ【出演】蒼井優、伊藤歩、ドゥニ・ラヴァン、加瀬亮他

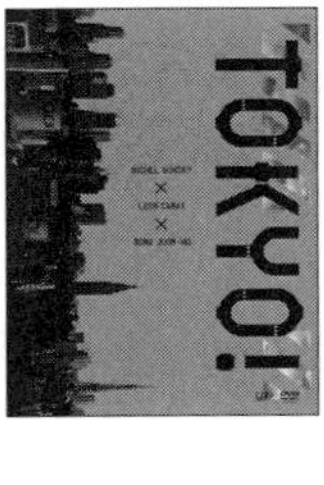

ド」ではゴジラのテーマ音楽が流れる中、「糞」のネオン看板が輝き、緑色のスーツを着た「下水道の怪人」が渋谷で手榴弾をばらまいて絞首刑になり、3作目の**「シェイキング東京」**では11年間家から出ていない引きこもり（香川照之）がピザの配達で家を訪れた少女（蒼井優）の後を追って街に出る。

　3作とも面白いが、特に韓国人監督ポン・ジュノがジャパニーズヒキコモリを扱った「シェイキング東京」が興味深い。若者の適応障害は、欧米では薬物に溺れたりギャングになったりする形で現れることが多く、内にこもって沈黙することで抵抗を示す引きこもりは日本独特のものだ。

　とはいえ、韓国や中国でも近年は引きこもりが増えており、韓国では**『ひきこもり』**※**（2008）**というタイトルのホラー映画まで作られている。韓国映画『ひきこもり』には、専門医が「孤独な隠遁者たち」という講演を行い、「日本では約200万人のティーンエイジャーがヒキコモリだ」と説明する場面もある。驚いたのは、医師が使うPCの画面に日本語で「引きこもり」とあり、講演でも日本語の「ヒキコモリ」をそのまま使っていることだ。アニメやファッションだけでなく、クール・ジャパンはヒキコモリまで輸出していたのである。

　インド映画**『Youngistaan』**※**（2014）**の主人公は、インド首相を父に持つボンボンで、東京在住のゲームプログラマーである。映画の冒頭、主人公は友人たちと渋谷のス

※『ひきこもり』（2008年・韓国）【監督】パク・チェシク【出演】コ・ウナ、チョン・ユソク、チェ・ミンソ他

※『Youngisutaan』（2014年・インド）【監督】サイード・アフマド・アフザル【出演】ジャッキー・バグナーニー、ネーハー・シャルマー他

クランブル交差点で酔っぱらってはしゃぎ、新宿のロボットレストランになだれこむ。エネルギッシュなボリウッドのダンス＆ミュージックと、原色ごてごての歌舞伎町ロボット軍団との組み合わせがパワフルだ。

近年は南インドのタミル映画なども日本ロケを行うようになっているが、90年代にも日本の地方都市にロケを敢行した異色のインド映画があった。**『ボンベイ to ナゴヤ』**※**（1997）**は、タイトルどおり、私の故郷・名古屋でロケしている。ボンベイの青年警官が、殺された両親の仇討ちのため、黒幕のヤクザがいる名古屋に飛び、歌舞伎メイクをして日本刀を降り回し……ロマンスありアクションあり、スキあらば交差点や歩道橋で踊るという典型的なマサラムービーだ。

白昼堂々、栄という名古屋の繁華街に民族衣装で現れ踊りまくるのがすごいが、特にサリーを着た女性が中日ビル前の噴水のところで転げまわる姿には、一名古屋人として唖然とした。三日月型オブジェの上に登って飛び跳ねたりもしているけど、どうみても無許可のゲリラ撮影だろ！

※『ボンベイ to ナゴヤ』（1997年・インド）【監督】チャンチャル・クマール【出演】アニル・バクシー、プリヤンカ、プレーム・チョープラー他

【第七章】キャラ立ちしているニッポン人

「ギーク」も「ナード」もオタクです

良くも悪くも、クール・ジャパンと切っても切れない関係にあるのが日本のオタク文化。漫画・アニメ・ゲーム・アイドルなどのポップカルチャーあるいはサブカルチャーを愛する熱いマニアたちの存在である。

アメリカにもオタク的な意味合いで使われる「ギーク」や「ナード」といった言葉があり、普通に定着している。

「ギーク」はITなど技術的専門知識を持った人を指し、それなりに一目置いた感じのする言葉だ。**※『ダイ・ハード4・0』（2007）**で活躍するハッカー青年（ジャスティン・ロング）、**※『ソーシャル・ネットワーク』（2010）**のフェイスブック創始者ザッカーバーグ（ジェシー・アイゼンバーグ）、**※『ラスベガスをぶっつぶせ』（2008）**のロボコン優勝を目指すMITの秀才たち……そんなイメージだろうか。

「ナード」の方は、もう少し日本語のオタクにニュアンスが近く、社交が苦手といったイメージが伴う。**※『ナーズの復讐』（1984）**で描かれた、大学生のいじめられっ子たちが典型だ。トニー賞舞台劇を映画化した**※『プルーフ・オブ・マイ・ライフ』（2005）**では、精神を病んだ天才数学者の父親から才能と不安定さを受け継いだグウィネス・パルト

※『ダイ・ハード4・0』（2007年・アメリカ）【監督】レン・ワイズマン【出演】ブルース・ウィリス他

※『ソーシャル・ネットワーク』（2010年・アメリカ）【監督】デヴィッド・フィンチャー【出演】ジェシー・アイゼンバーグ他

※『ラスベガスをぶっつぶせ』（2008年・アメリカ）【監督】ロバート・ルケティック【出演】ジム・スタージェス、ケイト・ボスワース他

※『ナーズの復讐』（1984年・アメリカ）【監督】ジェフ・カニュー【出演】ロバート・キャラダイン、アンソニー・エドワーズ他

ローを、バンドをやっている数学者ジェイク・ギレンホールがライブに誘う場面があった。「ナードのガリ勉バンドなんかわざわざ見に行く気になれない」と渋るパルトローを、彼女に気があるギレンホールが必死に説得する。

「ギークのバンドなんだ。ギークと言っても、最近はおしゃれな服を着て、スポーツやバンドをやって女の子にモテるやつだっている。ガリ勉、堅物、変人ばかりじゃない」

学生時代にはアメフト部に所属するスポーツマンで、社会に出てからも華やかなメインストリームをゆく……アメリカ男の理想とも言えるそんな若者を「ジョック」と呼ぶが、元々「ナード」はそんな人気者の「ジョック」を指をくわえて眺めているスクールカースト底辺の負け犬たちを指す言葉だった。女にモテない「ナード」な連中は、スポーツには背を向け、ひたすら文科系の趣味に邁進、卒業後もぱっとしない人生を送ることになる。**『バス男（ナポレオン・ダイナマイト）』**※**（2004）**のもしゃもしゃ頭のさえない高校生（ジョン・ヘダー）はアイダホの田舎町に住んでいる。生徒会長選挙に立候補した友人のためにVOTE FOR PEDRO（ペドロに1票を）と書かれたTシャツを着ている彼は、周囲から変わり者と思われコケにされているが、ヘンテコな絵を描くのが趣味だ。**『スパイダーマン』**※**（2002）**のピーター・パーカー（トビー・マグワイア）はカメラ小僧で、好きな女の子の写真をこそこそ撮っているいじめられっ子。**『テッド』**※**（2012）**に出てくるマリファナ漬けのレンタカー屋従業員（マーク・ウォールバーグ）はフラッシュ・ゴー

※『プルーフ・オブ・マイライフ』（2005年・アメリカ）【監督】ジョン・マッデン【出演】グウィネス・パルトロー、アンソニー・ホプキンス他

※『バス男（ナポレオン・ダイナマイト）』（2004年・アメリカ）【監督】ジャレッド・ヘス【出演】ジョン・ヘダー他

※『スパイダーマン』（2002年・アメリカ）【監督】サム・ライミ【出演】トビー・マグワイア他

※『テッド』（2012年・アメリカ）【監督】セス・マクファーレン【出演】マーク・ウォールバーグ、ミラ・キュニス他

ドンの熱狂的なファン。『ハイ・フィデリティ』※（2000）のフラれ男（ジョン・キューザック）はオタク客しかやって来ない中古レコード店の経営者。

『アンブレイカブル』※（2000）で大事故を仕組むイライジャ（サミュエル・L・ジャクソン）はコミック収集家だが、『アメリカン・スプレンダー』※（2003）のハービー・ピーカー（ポール・ジアマッティ）にいたっては、人生そのものがコミックだった。

『ニュースの天才』※（2003）では、ハッカー少年を企業に売りこむエージェントの捏造記事が出てきたが、彼の名刺には〝Super-Agent to Super-Nerds〟と記されている。ナードもスーパーナードまでいくと、金になるということか。


ナード、ギーク、レコードやコミックのコレクター……こうしたオタクキャラは近年アメリカの映画やテレビドラマに頻繁に登場するようになっており、日本語字幕上は単純に「オタク」と訳されることが多い。日本で独自の進化を遂げたように見える「オタク」も、実はインターナショナルな存在なのである。

『キック・アス』※（2010）のスーパーヒーローにあこがれるオタク高校生（アーロン・ジョンソン）は自分のことをこう語る。

「変わったところはなく、特別な力もない。スポーツも勉強もゲームも得意じゃない。ピアスもしなけりゃ拒食症でもない。ネットのマイスペースは閑古鳥。女子からは透明人間みたいに無視される。友達の中でも面白いほうじゃない。部屋ではテレビを見ているかパ

※『ハイ・フィデリティ』227ページ参照。

※『アンブレイカブル』（2000年・アメリカ）【監督】M・ナイト・シャマラン【出演】ブルース・ウィリス他

※『アメリカン・スプレンダー』（2003年・アメリカ）【監督】シャリ・スプリンガー・バーマン他【出演】ポール・ジアマッティ他

※『ニュースの天才』（2003年・アメリカ）【監督】ビリー・レイ【出演】ヘイデン・クリステンセン他

※『キック・アス』（2010年・米英）【監督】マシュー・ヴォーン【出演】アーロン・ジョンソ

ソコンで友達と会話、またはオナニー」

全米CBSネットワークで2007年にスタートした『**ビッグバン★セオリー　ギークなボクらの恋愛法則**』※というドラマは、女性と縁がないオタク丸出しの2人の物理学者が主人公だ。彼らの住むアパートの向かいの部屋に美女が引っ越してきて、モテない男たちの奮闘が始まる。いわゆるシットコム（シチュエーション・コメディ。観客を入れたスタジオで収録し、笑い声などが聞こえてくるようにしたアメリカらしいスタイルのドラマ）だが、「モテない男あるある」みたいなノリが人気となり、エミー賞などを受賞、世界72か国で放映された。

「僕には（友達の）広い輪がある。ネット上に212人も友人がいるんだ」

「でも、会ったことあるのはゼロだろ」

こんな主人公2人が、女性を前にするとあからさまに挙動不審になり、自分の得意分野については怒涛のオタク・トークを繰り出したりするわけで、オタクキャラというのは世界共通だということがよくわかるドラマである。

陽気なオタクが人気を呼んだ例としては、2006年から4年に渡りNBCで放送されたテレビシリーズ『**HEROES／ヒーローズ**』※のヒロ・ナカムラがいる。「ヤッター！」「大ピーンチ！」と日本語で叫んだり、金髪のねーちゃんに「ピカチュウ」と馬鹿にされたりしながらも、時空を移動するわ時間を止めるわで大活躍だ。演じるのはマシ・オカ、ＩＬ

ン、クロエ・グレース・モレッツ他

※『ビッグバン★セオリー　ギークなボクらの恋愛法則』（2007年〜・アメリカ、TVシリーズ）【製作総指揮】ビル・プラディ他【出演】ジョニー・ガレッキ、ジム・パーソンズ他

※『HEROS／ヒーローズ』（2006〜2010年・アメリカ、TVシリーズ）【原案】ティム・クリング【出演】マイロ・ヴィンティミリア、マシ・オカ他

M社で特殊効果の仕事をしていたという丸顔の日本人である。

一方、明るいオタクとは逆に、暗く自閉的なオタクはアメリカ社会では極端に冷遇されるのもまた事実。ロビン・ウィリアムズが写真プリントショップに勤めるサイコ男を演じた**『ストーカー』**※**（2002）**では、主人公の孤独や社会性の欠如を際立たせる小道具として、キティちゃんぬいぐるみや、『新世紀エヴァンゲリオン』のフィギュアなど、日本のオタクアイテムが登場する。

とはいえ、アメリカのオタク映画は、「ジョック」に虐げられていた「ナード」が逆襲に転じたり、「ギーク」が成長し自分を肯定できるような生き方を見つけたりといった話が多いような気がする。マッチョ文化の国アメリカのオタクは、部屋に閉じこもってスナック菓子片手に夜通し美少女エロゲーに励み自己完結する日本のオタクとは、根本的にちょっと違うのかも。

『ディーバ』（1981）や『溝の中の月』（1983）で知られるフランスのジャン＝ジャック・ベネックス監督が、そんな日本のオタクを真正面から取り上げたのが、その名もズバリ**『Otaku』**※**（1994）**という長編ドキュメンタリーである。サブタイトルに「ヴァーチャル帝国の息子たち」とあるとおり、オタクを自認する、あるいは、オタクをメシの種にしている日本人が次々に登場する。

映画は園子温が主宰していた路上パフォーマンス集団・東京ガガガのアナーキーなパ

※『ストーカー』（2002年・アメリカ）【監督】マーク・ロマネク【出演】ロビン・ウィリアムズ、コニー・ニールセン、マイケル・ヴァルタン他

※『Otaku』（1994年・フランス）【監督】ジャン＝ジャック・ベネックス

フォーマンスから始まる。続いて街の人々にオタクのイメージを尋ね、「内向的」「出不精」「友達がいない」「怪しい」「変な人形を持っている」「意味不明」「気持ち悪い」など、ミもフタもない回答を引き出したところで、「オタクという言葉を考えたのは僕ということになってます」と中森明夫が登場し、オタクの定義について説明する。

その後、見るからにそれ風のアイドルオタクの部屋を訪問。「夜じゃないとなんにもできない」と語る夜行性の彼は、部屋の押し入れに「ルンルンはミニが好き」と書かれたインディーズ・アイドル宍戸留美のポスターを貼っている。

場面は変わって制服向上委員会のステージ&握手会となり、望遠レンズで熱心に写真を撮る男たちの姿が映し出される。そしてエロフィギュアの制作現場に続き、サバイバルゲームマニア、プラモデル愛好家、コンピュータゲームオタクなどが入れ替わり立ち替わり登場。その後のメニューも盛りだくさんで、任天堂ゲームソフト開発の中心的存在だった宮本茂が「スーパーマリオ」を回想し、コミケ・コスプレ会場の様子が紹介され、昭和の巨乳AV嬢・中村京子がエロ同人誌についてコメントし、ガイナックスのプロデューサー赤井孝美が「プリンセスメーカー」を語る。

続いて、1988年から1989年にかけて東京・埼玉連続幼女誘拐殺人事件を起こした宮崎勤について、犯罪学者や漫画家のとり・みきにインタビューし、評論家の切通理作には自宅の怪獣資料室を披露してもらい、ゲームショー会場を訪問してラップグループ・

スチャダラパーと接触、最後は「上から押しつけられるような窮屈な日本の教育が、オタクカルチャーを生んでいる。虚構が現実の中に入ってきている」という『QuickJapan』の赤田祐一のインタビューで終わる。

最初と最後に東京ガガガが出てくること以外、特にあっと驚くようなネタもなく、いたってノーマルなドキュメンタリーだが、90年代前半のまだちょっと後ろめたいものを引きずっていた日本のオタク文化を外国人が知るには、手ごろな入門映画だ。

フランスは世界で最も早く日本のアニメやマンガを受け入れた国とされており、クール・ジャパンの展示会「ジャパン・エキスポ」の盛り上がりなども度々ニュースで伝えられる。全編にネガティブな香りが漂うこのドキュメンタリーを見たら、彼の地のクール・ジャパンファンはどう思うのだろう。

セックスアニマル伝説

世界に浸透している日本人男性のキャラのひとつに、女好きのセックスアニマルというのがある。最近ではオタク系外国人にエッチだの〝HENTAI〟だのというキーワードが浸透しているが、日本といえば歌麿や浮世絵だった時代の因縁か、昔から欧米やアジアの映画にはエロい日本人が元気よく登場している。

気合いの入った日本ロケを敢行した※**『ウルヴァリン：SAMURAI』（2013）**では、夜道を歩くブロンドのミュータント毒蛇女に、スーツ姿のサラリーマンが、すれ違いざま「キンパツのねえちゃん、ちょっと待て。ハウマッチ？」と、ほれぼれするほど単刀直入に声をかける。

※**『トウキョウ アンダーグラウンド』（2004）**には「無限をのぞく」と称して、白人ホステスにチップをやって股間観察するサラリーマンも出てくるし、ともかく日本の企業戦士はお盛んなのだ。

台湾映画※**『さよなら、再見』（1986）**は、もっとストレートに、日本からの出張者たちにアテンドして女の世話までさせられる台湾人通訳が見たセックスツーリストの姿を描いている。千人斬りなどとぬかしつつ、娼婦への土産に日本で買いこんできたパンストをばらまくなんて、アジア圏でいかにもありそうなエピソードだ。さすがに最近はあまり見なくなったが、以前バンコクで駐在員をしていた時、私自身そういう光景をよく見かけた。日本製の安い化粧品や雑貨などを山のように持ってきてホステスに配るなんて、日本人ならでは。中にはソープ嬢にGショックを渡すおっちゃんなんかもいて、これはもう慈善だ、草の根交流だと思ったこともあった。

そういえば、タイで撮影された※**『地球で最後のふたり』（2003）**には、バンコクで地味に暮らす孤独な日本人青年（浅野忠信）に、ヤクザ（竹内力）がこう尋ねる場面が

※『ウルヴァリン：SAMURAI』
92ページ参照。

※『トウキョウ アンダーグラウンド』
99ページ参照。

※『さよなら、再見』（1986年・台湾）【監督】イエ・チンション【出演】リウ・ロンカイ、チェリー・チェン、長谷川弘他

※『地球で最後のふたり』
67ページ参照。

ある。

「タイに来たのは女目当てか？　それとも男目当てか？」

この2択しかないのがおかしいが、それなりに本質を突いた質問のような気もする。

デイヴィッド・クローネンバーグ監督の代表作※**『ビデオドローム』（1983）**に出てくる日本人は、裏ビデオのセールスマンだ。

カナダのトロントにある地方TV局の社長マックス（ジェームズ・ウッズ）が、深夜放送のためのポルノ映画の買い付けをしようと、安ホテルに出向き、エロ商材の売り込みに来た日本人2人に会う場面から映画は始まる。メガネとヒゲモジャ、2人ともアングラ商売に携わる日本人の感じがよく出ている。

マックスがサンプルとして視聴するポルノビデオのタイトルは『サムライ・ドリームス』。日本髪を結った胸の小さな東洋人っぽい女性が淡々と張型でオナるのだが、張型にはハンドメイドのキモノが着せられ、子供が工作で作った日本人形みたいだ。結局、マックスは「ソフトすぎる、もっとタフなものが欲しい」と、日本的情緒のある作品を全否定し、現実を変容させる過激なビデオドロームの世界にのめりこんでいく。

※**『ライジング・サン』（1993）**では、殺人事件の舞台となるロスの日本企業ナカモトタワーに〝executive fuck chamber（VIP用ヤリ部屋）〟が完備されており、ハーヴェイ・カイテル演じる日本嫌いの刑事はこんなセリフを吐く。

※『ビデオドローム』（1983年・カナダ）【監督】デイヴィッド・クローネンバーグ【出演】ジェームズ・ウッズ、デボラ・ハリー、ソーニャ・スミッツ他

※『ライジング・サン』77ページ参照。

※『アイズ・ワイド・シャット』（1999年・アメリカ／イギリス）【監督】スタンリー・キューブリック【出演】トム・クルーズ、ニコール・キッドマン他

「あの日本のチビどもは、東京で毎日クソみたいな食い物を喰い、でかい会社で働くために地下鉄でギュウギュウ詰めにされている。それがアメリカに来て解放され、札びらきって女を抱くんだ。どいつもこいつも変態野郎だ」

この映画には日本企業の御曹司が黒ふんどし姿で2人のアメリカ女をはべらせ女体盛り&乳首酒を楽しむ場面もあって、その様子を張り込み中に目撃したカイテルは「日本人はこの国の天然資源を全部奪う気か！」と毒づいたりもする。

御大キューブリックでさえ、日本人のことをロリコンのスケベ野郎と思っているらしく、**『アイズ・ワイド・シャット』**※**（1999）**でトム・クルーズが怪しげなレンタル衣裳屋を訪れると、ついさっきまで仲良く淫行してましたという感じの日本人らしき男2人と店主の娘が店の奥から姿を現す。

チャールズ・ブロンソン主演の**『禁じ手』**※**（1989）**では、ロサンゼルスに赴任した日本人ビジネスマン・ハダの娘が少女売春組織に誘拐される。この映画のシナリオは奇妙で、刑事役のブロンソンとは無関係に、ハダという日本人サラリーマンの日常が、やけに時間をかけて丁寧に紹介される。赴任前の彼の東京での日々も、たっぷり描かれるのだ。

長身で30歳前後のハダは真面目な男で、渡米前に通っている英会話教室では、「ハダさん、欧米人にはおじぎではなく握手で挨拶してください」なんてガイジン講師に指導されている。**『危険な情事』**※**（1987）**でマイケル・ダグラスが「日本人の健康法」とおちょ

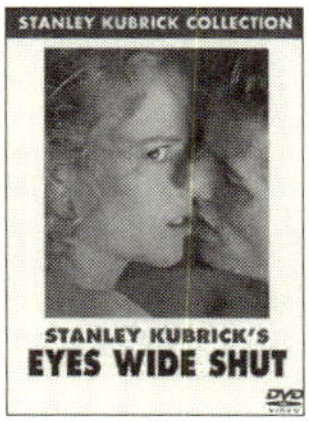

※『禁じ手』
（1989年・アメリカ）
【監督】J・リー・トンプソン【出演】チャールズ・ブロンソン、ペギー・リプトン他

※『危険な情事』
（1987年・アメリカ）
【監督】エイドリアン・ライン
【出演】マイケル・ダグラス他

くったように、欧米人の目には、おじぎは滑稽に映るのだ。

ハダが夜の付き合いをこなして自宅に帰宅すると、浴衣の奥さんが出迎え、たどたどしい日本語で「酔っ払い！　どこに行ってたの！」となじる。ハダの家は現実離れした料亭のような作りなのに、夫婦の会話とか妙なとこだけリアルだ。

ハダは日本名物・満員電車で通勤しているが、ある日、自分と同世代のサラリーマンが混んだ車内で女性の太股を触っているのを目撃、被害女性が無抵抗なのを見て、あの女、感じて喜んでいるんだとニンマリする。

しばらくしてハダは妻子と共にロスに引っ越す。早速、現地の飲み屋でジャパニーズサラリーマンらしく酔っ払い、ホステスの乳を揉もうとするが、「ロスではホステスに触れることは法律で禁止されている」と諭され断念。もやもやを抱えたままバスに乗りこむと（エリート駐在員がバスで帰るのは不自然だが）、目の前にかわいいパツキン少女が立っている。吸い寄せられるように、ハダは彼女の脚にそっと手を伸ばし……と思ったら、アメリカ娘は日本の泣き寝入り女性とは一味違う。手が触れたその瞬間に耳をつんざく悲鳴をあげ、現場は大混乱となる。

停車したバスからハダはうまく逃げたが、天罰だろうか、そこで強盗に襲われ、セイコーと財布を盗まれる。さらに因果なことに、パツキン少女は、後に娘の誘拐事件で世話になる刑事、ブロンソンの娘だった……。

車内痴漢という日本の伝統文化を世界に知らしめたのは、日本映画『純』（１９８０）あたりだろうか。軍艦島出身の素朴な青年が電車で痴漢を繰り返す話で、日本公開前にカンヌやロンドンなど海外の映画祭で上映され、注目された作品だ。公開当時、『11ＰＭ』みたいなテレビ番組の映画コーナーでよく紹介されていて、コソコソ見てたっけ。

頭脳明晰、勉強熱心

日本人男性には恥知らずなスケベ野郎のイメージがあるかと思えば、一方、くそ真面目で勤勉な努力家のイメージも定着している。実際、外国の映画では、科学者、研究者、技術者といった知的専門職の役で日本人が登場する例が多い。

台湾のサイエンス・スリラー**『シルク』**※**（2006）**では、江口洋介が天才物理学者を演じている。反重力状態を研究し、幽霊を可視化する装置〝メンジャースポンジ〟を作った江口は、死後の世界の研究にのめりこんだ挙句、少年の幽霊を捕獲することに成功する。

彼は「死」に憑かれたマッド・サイエンティストであり、自分が監禁した少年の霊を前にこんなセリフを吐く。

「君は二度と老いや病を経験しないんだ。人が負うべき一切の苦しみから解放されている。思春期の悩みも進学のプレッシャーもない。仕事もしなくていい。税金も納めなくていい。

※『シルク』（2006年・台湾）【監督】スー・チャオビン【出演】チャン・チェン、江口洋介、チェン・ボーリン他

セックスの問題さえない。君が羨ましいよ。人として生きるのは本当につらい……」

香港映画**『バストロイド 香港大作戦!!』**※**（1991）**は、バストとアンドロイドを組み合わせた邦題で想像がつくとおり、どうしようもなく香港らしい三級片（エログロB級映画）だ。エイミー・イップと青山知可子が女機械人（♀のロボコップみたいなやつ）となって巨乳共演している。

この映画に登場するヤマモトという日本人科学者は、一度わざわざハラキリ自殺してからアンドロイドとしてよみがえり（若返って異常にパワフルで凶暴な男になる）、ばんばん人を殺し、ぱんぱん女を犯す。昔、吹越満のパントマイム「ロボコップ演芸」で〝ロボセックスマシーン〟という出し物があったが、ことが終わるとゴミのように女を投げ捨てるあたり、この映画のヤマモトそっくりだ。

伝説のカルト映画とも最低のチンカス映画とも言われる**『アタック・オブ・ザ・キラー・トマト』**※**（1978）**は、人間を襲うトマトを描いた作品である。この映画には脳を病んだ脇役がぞろぞろ出てくるが、その中にドクター〝NOKITOFA〟（クレジットはこう出る）という日本人科学者がいる。お世辞にも賢そうには見えないドクターが狭い会議室で机によじのぼって演説すると、英語の吹き替えがやたら低音の美声で、違和感がすごい。殺人トマトに対抗するため彼が開発した人型ロボットは、目がイっちゃっていて、お披露目の席で自爆するようなポンコツだ。

※『バストロイド　香港大作戦!!』（1991年・香港）【監督】ジェイミー・ラク【出演】エイミー・イップ他

※『アタック・オブ・ザ・キラー・トマト』（1978年・アメリカ）【監督】ジョン・デ・ベロ【出演】デイヴィッド・ミラー他

※『ロボ・ジョックス』（1989年・アメリカ）【監督】スチュアート・ゴードン【出演】ゲイリー・グレアム、ポール・コスロ他

米国初の実写ロボット映画……と呼んであげたい『ロボ・ジョックス』※（1989）では、主人公は「マッツモト14号」という名前の巨大ロボットに乗りこみ、人間の動きを直接機体に伝えて戦うロボット同士の一騎打ちに挑む。名前のとおり、このロボットを開発したのはロマンスグレーの日本人工学博士ドクター・マッツモトだ。博士はオフィスでスパイに射殺されてしまうが、その時、部屋の壁に貼ってあった漢字が並ぶ東洋の方位図らしきものに血しぶきが飛び散る。

「マッツモト14号」で思い出したが、カーブする銃弾をブリットタイムで見せるシーンが印象的だった『ウォンテッド』※（2008）では、主人公（ジェームズ・マカヴォイ）が「イマニシ17」という銃を父の形見として渡される。実際にはカスタム・ベレッタなのだが、日本語の名がついていると、なんとなく高性能な感じがしないでもない。

未来のロボット格闘技を描いた『リアル・スティール』※（2011）では、伝説の日本人ロボットデザイナー、タク・マシドが主人公の敵役となる。これでもかとセレブ臭を漂わせたヒルズ族（死語）みたいな雰囲気のマシドは、終始一貫してクールで余裕しゃくしゃくだが、クライマックスのロボット世界王者戦では、予想もしなかった敗北に激怒し、コンピュータディスプレイを叩き割る。

ロボットといえば日本という連想がベースにあるのか、『リアル・スティール』には他にも日本的要素がいっぱいだ。主人公の父親（ヒュー・ジャックマン）と少年が手に入れ

※『ウォンテッド』
（2008年・アメリカ）
【監督】T・ベクマンベトフ
【出演】J・マカヴォイ他

※『リアル・スティール』
（2011年・アメリカ）
【監督】ショーン・レヴィ【出演】ヒュー・ジャックマン他

るマシド作のノイジーボーイというロボットは、将軍ヘルメットをかぶり、ボディには漢字ででかでかと「超悪男子」と書いてある。そして拳にも日本語らしき文字が次々浮かんでは消える。「聖所」「苦痛」「極楽」「末期」「男子」「大赦」「贖罪」「拷問」……。

ノイジーボーイの音声認識システムも日本語に設定されていたが、少年は「ミギ、ヒダリ、アッパーカット2カイ」と当たり前のように日本語で指示を出してロボットを操り、父親を驚かせる。少年は日頃から日本製のビデオゲームをしていたため、日本語ができたのである。これはアジア圏でオタク事情を取材するとよく出くわす現象だ。ろくに学校にも行っていないような子供たちが日本のゲームやアニメにはまり、いつの間にか相当な日本語能力を身につけているケースが普通によくあるのである。

ラストの世界王者戦は『ロッキー』（1976）のように盛り上がるが、この時、少年はカタカナでロボットと書かれたTシャツを着て応援する。彼と父親が夢を託すロボットの名前はアトムだ。アメリカではアストロボーイという名前で放映された『鉄腕アトム』へのオマージュかと思ったが、監督はインタビューでこれを否定している。

『バカルー・バンザイの8次元ギャラクシー』※**（1984）**という珍妙なSF映画は、主人公（ピーター・ウェラー）が日米ハーフの天才物理学者という設定だ。日本人の父親は量子論の権威であり、大西部が好きだったため、カウボーイの意味を持つバカルーと息子を名付けた。などともっともらしく説明されても、バカルー・バンザイなんて馬鹿と万歳

※『バカルー・バンザイの8次元ギャラクシー』（1984年・アメリカ）【監督】W・D・リクター【出演】ピーター・ウェラー、ジョン・リスゴー、エレン・バーキン他

を組み合わせたふざけた名前としか思えない。

映画冒頭の次元の壁を破る実験シーンでは、バカルーは「生活美」と書かれたハチマキを締め、ジェットカーに乗りこむ。その操作パネルには、「つける」と記したテプラが貼ってあって脱力する。バカルーは香港騎士団というバンドもやっているが、バンドが移動に使うバスの内部には畳の部屋が用意されている。彼はそこで、なぜか剣道の師範みたいな格好をして日本刀を拝んでいる。

バカルーが率いるバンザイ研究所には、コテコテの日本語訛りイングリッシュを話すヒキタ博士や、胸にでっかく「寛斎」と書かれたTシャツを着た秘書がいる。ヒキタを憎む敵役のガイキチドクター（ジョン・リスゴー）は「小汚い日本ザルめ！」とヒキタをののしるが、最後はバカルーに「サヨナラ」と宇宙船ごと爆破される。

おバカSFといえば、エンパイア・ピクチャーズ製作**『エリミネーターズ』**※**（1986）**にも日本人ドクターが登場する。悪役リーブス博士の相棒、タカダ博士だ。タカダは結構いい人で、リーブスが処分しようとしたマンドロイド（名前はマンとアンドロイドをミックスしているが、キャラはターミネーターとロボコップを組み合わせた感じ。下半身にモバイルユニットと称するキャタピラを装着し、戦車みたいに走り回る姿に哀愁が漂う）を命がけで逃がしてやったりする。

タカダはあっさりリーブスに殺されてしまうが、彼にはクジという忍者の息子がいる。

※『エリミネーターズ』（1986年・アメリカ）**【監督】**ピーター・マヌージアン**【出演】**パトリック・レイノルズ、アンドリュー・プライン、デニース・クロスビー、コナン・リー他

科学者の息子の職業が忍者……有無を言わせぬ強引な設定だ。黒ずくめの忍者衣装に身を包んだクジと出会ったマンドロイドが、「君の父上は私の唯一の親友だった」と告げる場面は涙を誘う（ウソ）。クジは父親の仇を討つため、マンドロイドたちと一緒に、リーブス征伐に出陣。ヌンチャク振り回して原始人をやっつけたり、手裏剣で高射砲をぶっ壊したり、予想以上のがんばりを見せる。タカダは日系の役者がやっているが、クジは中国系のにいちゃんが演じているのもテキトーでいい感じだ。

フランシス・フォード・コッポラ監督の**『タッカー』**※**（1988）**は、ビッグ3につぶされそうになりながらも、自らの手で自動車を開発するという夢を捨てなかった設計エンジニアの実話である。主人公タッカー（ジェフ・ブリッジス）の片腕となる日系技師役をマコ・岩松が演じており、蒲田の町工場にでもいそうな風貌がしっくりはまっている。

兵庫生まれの岩松は渡米後アメリカに帰化し、多くの映画やテレビドラマに出演、欧米ではよく知られた日本人俳優である。いちいち名前を挙げていないが、本書で取り上げた映画のうちかなりの数の作品に、日本人や中国人の役で顔を出している。

ブライアン・シンガー監督の出世作**『ユージュアル・サスペクツ』**※**（1995）**では、「カイザー・ソゼ」と呼ばれる黒幕の右腕がコバヤシ弁護士（ピート・ポスルスウェイト）である。彼は常に冷静で実務的、姿を現さないソゼに代わって、〝いつもの容疑者たち〟に次々と指示を与えていく。ロスにある彼のオフィスには「小林弁護士」と漢字で書かれた

※『タッカー』
（1988年・アメリカ）
【監督】フランシス・フォード・コッポラ【出演】ジェフ・ブリッジス、ジョアン・アレン、マーティン・ランドー、マコ・岩松他

※『ユージュアル・サスペクツ』
（1995年・アメリカ）
【監督】ブライアン・シンガー
【出演】ガブリエル・バーン、ケヴィン・スペイシー、ケヴィン・ポラック、ベニチ

看板が出ており、ガラスの間仕切りにも「財産　成功　力」といった日本語が並んでいる。アガサ・クリスティの『アクロイド殺人事件』と同じくナレーションに仕掛けがあるこのサスペンスでは、コバヤシという日本名にもシナリオ上の必然性があり、そういえば英語の“japan”には陶磁器って意味もあったっけと思い出させてくれるオチまでついている。

日本人には子供の頃から勉強ができそうなイメージもあるのか、キャメロン・ディアスがマリファナ好きのろくでなし中学教師を演じた**『バッド・ティーチャー』**※**（2011）**には、こんなエピソードもあった。イリノイ州の共通テストでトップの成績を取ったクラス担任に、学校から特別ボーナスが出ると知ったディアスは、自分の豊胸手術の資金を稼ぐため、教え子たちに強引にテスト勉強をさせてしごく。しかし、黒人差別を扱った小説『アラバマ物語』を無理やり読ませて英語の模擬テストを行ったところ、結果は最悪。彼女は「なさけない！　だからジャップに負けるのよ！」と差別丸出しの言葉で生徒たちを叱り飛ばす。日本人などアジア系の学童は概して成績が良く、テストでも高得点を取ることがよくあるのだ。

スポーツ分野でも感動をありがとう

汗かいてる人を見ると、とりあえず「感動をありがとう」と言ってしまう日本人は、ス

オ・デル・トロ他

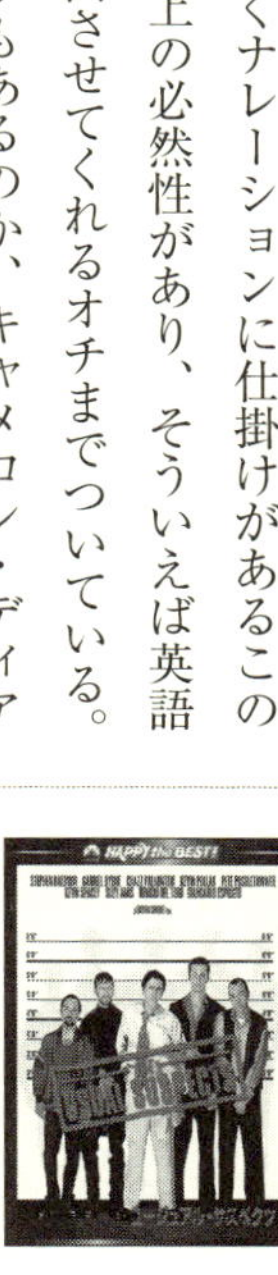

※『バッド・ティーチャー』（2011年・アメリカ）【監督】ジェイク・カスダン【出演】キャメロン・ディアス、ジャスティン・ティンバーレイク、ジェイソン・シーゲル他

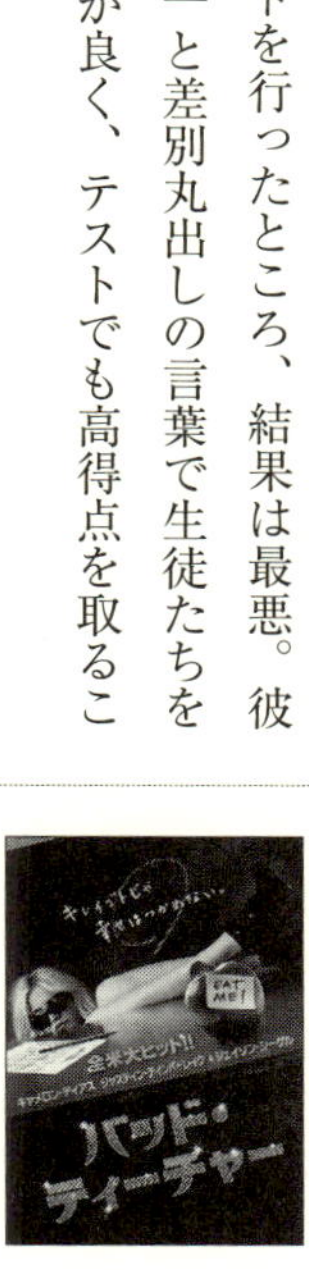

ポーツの分野でも進出著しい。

野球は世界的に見ればマイナーなスポーツだが、アメリカと日本で共通して人気がある娯楽ゆえ、ハリウッドのベースボールムービーにも日本がちょこちょこ登場している。

チャーリー・シーン主演のコメディ『メジャーリーグ』（1989）シリーズでは、架空の弱小球団クリーブランド・インディアンスの奮闘が描かれるが、球場整備のおじさんからしていきなり日本人だ。シカゴ・カブスの用具係を60年以上務めたMLBの名物日系人ヨシ・カワノをモデルにしているのである。

シリーズ2作目**『※メジャーリーグ2』（1994）**からは、とんねるず石橋貴明もチームに加わる。ジャイアンツといっても大リーグのやつじゃない「トーキョージャイアンツ」から移籍してきたカミカゼ・タナカ役である（クレジットには〝ISURO TANAKA〟と出る）。

外野手タナカは「よっしゃあああ」の掛け声とともにフライを追い、勢い余ってフェンスに激突して失神するような特攻野郎だ。ロッカールームでは、刀＋紋付姿で、コインを詰めた瓶に「そりゃそりゃ」と手刀を突き刺して指の鍛錬に励む。要するに、ことあるごとに気合いを入れ、チームメートからもうざがられている存在で、彼の登場シーンだけ映画の空気が一変し、フジテレビのバラエティ番組みたいな感じになるのはさすがである。

『※ミスター・ベースボール』（1992）は、ニューヨーク・ヤンキースから日本の中日

※『メジャーリーグ2』（1994年・アメリカ）【監督】ディヴィッド・S・ウォード【出演】チャーリー・シーン、トム・ベレンジャー、石橋貴明他

※『ミスター・ベースボール』（1992年・アメリカ）【監督】フレッド・スケピシ【出演】トム・セレック、高倉健、高梨亜矢、デニス・ヘイスバート他

ドラゴンズへトレードされた大物スラッガー（トム・セレック）が主人公。すっかり落ちぶれてしまっているのに気位が高く、異国の地でなにかと苦労する。

日本的な集団トレーニングに顔をしかめつつ、えげつない音をたてて冷麦をすすったり、和式トイレにびびったり、トホホなCM（外国人スポーツ選手は「アルシンドになっちゃうよ〜」みたいなことをさせられるのがお約束）に出演したり……映画には、いわゆる異文化体験もしっかり盛り込まれる。

彼にヒゲを剃れとせまる星野仙一みたいなドラゴンズの監督を演じるのは高倉健。『ブラック・レイン』（1989）と同じく、我の強いアメリカ人に日本の流儀を教えこんでくれる。

映画は名古屋近辺でみっちりロケをしているせいか、地方都市のごく普通の日本人の暮らしぶりや、日本の球場や観客の様子なども自然に描かれている。地元CBC放送で当時人気だった久野誠アナなど、知る人ぞ知るローカル有名人も顔を出しており、ドラキチ泣かせの作品になっている。

問題児ばかり抱えた少年野球チーム・ベアーズの活躍を描くシリーズ第3作**『※がんばれ！ ベアーズ大旋風』（1978）**では、ベアーズは日本遠征して東京のチームと戦う。対戦相手の日本チームの監督（若山富三郎、この人も『ブラック・レイン』メンバーだ）が試合に負け、思い余ってハラキリするのではと誤解されるネタがあるが、**『※素晴らしき**

※『がんばれ！ ベアーズ大旋風』（1978年・アメリカ）【監督】ジョン・ベリー【出演】トニー・カーティス、ジャッキー・アール・ヘイリー、若山富三郎、アントニオ猪木他

※『素晴らしきヒコーキ野郎』（1965年・イギリス）【監督】ケン・アナキン【出演】スチュアート・ホイットマン、サラ・マイルス、石原裕次郎他

ヒコーキ野郎』（1965）にも似たような場面があった。ロンドン〜パリ間を飛ぶ国際的な飛行レースに参加した日本人パイロット（石原裕次郎）が、からまったワイヤーを切ろうとして切腹するんじゃないかと勘違いされるのだ。

『がんばれ！　ベアーズ大旋風』にはなぜかアントニオ猪木が登場する場面もあるが、日本のプロレスラーが意外な映画で活躍している例は結構多い。**『チャック・ノリスの地獄の復讐』**※**（1982）**には、バイオレンスな悪者役で「世界の荒鷲」坂口征二が出演している。エンドクレジットでは6人目ぐらいに〝KAM：SEIJI SAKAGUCHI〟と出るから、大きな扱いだ。

坂口は、ドンキで買ったような、ばればれのヅラと口ヒゲをつけて暴れる。最後のクライマックスシーンにもばっちり登場し、吹き替えではあるものの「Your girl was very good へへへへ」と英語でゲスなセリフを吐き、チャック・ノリスと1対1の死闘を繰り広げる。とはいえ、筋肉次元界を治める神・チャックは最強伝説どおりの強さで、坂口は便器のたまり水に顔をつっこまれたあげく、降ってきたガラス片で『サスペリア』（1977）みたいに死ぬのだった。

ロバート・アルドリッチ監督の遺作となった**『カリフォルニア・ドールズ』**※**（1981）**は、タッグを組む2人の女子プロレス選手とマネージャー（ピーター・フォーク）を描く一種のロードムービーだ。この映画には、対戦相手の日本人ペアとして、ミミ萩原とジャ

※『チャックノリスの地獄の復讐』
95ページ参照。

※『カリフォルニア・ドールズ』
（1981年・アメリカ）
【監督】ロバート・アルドリッチ【出演】ピーター・フォーク、ヴィッキー・フレデリック、ローレン・ランドン他

ンボ堀が登場する。演技もなにもなく、彼女たちはただリングの上で戦うだけだが、アウェイな雰囲気の中、日本語で叫びながら次々技を繰り出す姿は、本職だけに迫力がある。

会場の隅っこから双眼鏡でその試合をのぞいている日本人プロモーターを演じているのはクライド・草津。三遊亭小遊三と川俣軍司を足して2で割ったようなルックスの彼は、古くは**『ミッドウェイ』**※**（1976）**から最近では**『47 RONIN』**※**（2013）**まで、多くの映画やテレビドラマに顔を出しているホノルル生まれの日系人俳優である。

韓国映画**『力道山』**※**（2004）**は、1950年代に日本を熱狂させたプロレスラー力道山の伝記映画。半島生まれの朝鮮人という出自の力道山は、相撲の道で挫折後、プロレスで昭和のヒーローとなり、39歳でチンピラに刺されあっけなく死ぬ。『シルミド』（2003）などで知られる韓国人俳優ソル・ギョングが、デ・ニーロばりに30キロ近く体重を増やし、たどたどしい日本語で力道山役を演じている。

1944年の東京、力道山は相撲部屋で兄弟子たちに「国に帰れ！　朝鮮人が！」と罵声を浴びせられ、殴る蹴るの「かわいがり」をされている。差別やいじめに耐え抜いた力道山は、新田新作をモデルとする実業家（藤竜也）の後ろ盾を得て、日本人の芸者（中谷美紀）を妻とするが、純粋な日本人でないと横綱に昇進できないことを知り、怒り狂って相撲の道を捨てる。

絶望し荒れた力道山が酒場でもめごとを起こした時、たまたま居合わせたのがハロル

※『ミッドウェイ』179ページ参照。

※『47 RONIN』（2013年・アメリカ）【監督】カール・リンシュ【出演】キアヌ・リーブス、真田広之、柴咲コウ、浅野忠信他

※『力道山』（2004年・韓国／日本）【監督】ソン・ヘウン【出演】ソル・ギョング、中谷美紀、萩原聖人、山本太郎、船木誠勝、武藤敬司他

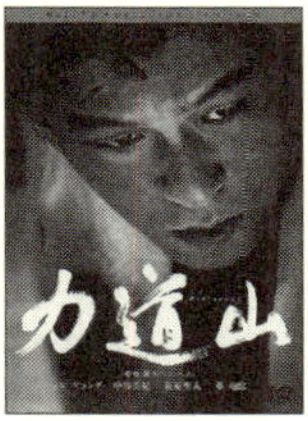

ド・坂田（武藤敬司）だった。**『007／ゴールドフィンガー』**※**（1964）**にも出演した日系レスラーである。坂田と知り合い、「相撲は日本のスポーツだが、プロレスリングは世界のスポーツだ。人種も国籍も問われない」と悟った力道山はアメリカに渡ってプロレス修業をし、帰国後は日本プロレス協会を設立、時代の寵児となる。

映画は力道山を美化しすぎることなく、粗暴な性格や暴力団との関わりなども描いており、シャープ兄弟に金を渡したり、宿敵・木村政彦と八百長崩れの試合でもめる場面などもあって、日本人が見ても十分楽しめる内容だった。

「日本のあのヒーローは在日コリアンだ」という視点の似たような韓国映画には、極真空手の創始者・大山倍達をモデルにした**『風のファイター』**※**（2004）**という作品もあった。原作は韓国の漫画らしいが、主人公を演じるのは韓国人（ヤン・ドングン）で日本語の台詞はたどたどしく、日本で差別を受けながらも、芸者（平山あや）を恋人にし、山にこもって修業に励み……物語の構造は『力道山』そっくりだ。

さて、『力道山』では理不尽な因習うずまく世界として描かれてしまった角界だが、やはり相撲は日本の国技。外国映画に登場する日本のスポーツとしては、不動のナンバーワン種目だ。

『青い目の蝶々さん』※**（1962）**や**『SAYURI』**※**（2005）**にも、ゲイシャを連れた男衆が相撲観戦するシーンがあり、特に『SAYURI』では、小柄な力士ミヤギヤマ

※『007／ゴールドフィンガー』231ページ参照。

※『風のファイター』（2004年・韓国）【監督】ヤン・ユノ【出演】ヤン・ドングン、加藤雅也、平山あや、チョン・テウ他

※『青い目の蝶々さん』56ページ参照。

※『SAYURI』58ページ参照。

（技のデパート・舞の海が演じている）が自分より大きな相手にハタキコミを決めるのを見て、役所広司がえらく盛り上がっていたものだ（土俵脇に見える手書きの「満員御禮」の文字が下手くそで気になったけど）。

　とはいえ、ビジュアルにインパクトのある力士は、画面のいろどりにちょい足し演出で使いやすいのか、真正面から相撲という競技を描くのではなく、まわしをつけた巨漢が刺身のツマみたいに画面に現れるパターンが結構多い。

　ブルース・リーの代表作**『燃えよドラゴン』**※**（1973）**では、敵役ハンが開く天下一武闘会の歓迎パーティー会場で、力士の取り組みが余興のようにずっと続いている（顔のアップはないが、力士の一人が松崎真だというトリビアもファンの間では有名）。『Dr.スランプ』の「世界一つおいのだーれだ大会」に登場する象の尻関を思い出させる、ワンポイントのアクセントみたいな相撲取りの使い方だ。

　糖尿病か心臓疾患にしか見えない肥満男が尻むきだしでからみ合う姿は、やはりガイジンには滑稽に感じられるのか、相撲はひと笑いのネタに使われることも多い。

　キアヌ・リーブス主演の**『リプレイスメント』**※**（2000）**には、ジャンボという腹のせり出た元相撲取りの日本人アメフト選手が登場する。彼はチームメイトの黒人選手に中国人呼ばわりされると「俺は日本人だ！　日本と中国は別の国だ！」と怒り、試合でゴールするとシコを踏むようなダンスを披露してみせる。

※**『燃えよドラゴン』**
（1973年・香港／アメリカ）
【監督】ロバート・クローズ
【出演】ブルース・リー、ジョン・サクソン、アーナ・カプリ、シー・キエン他

※**『リプレイスメント』**
（2000年・アメリカ）
【監督】ハワード・ドイッチ
【出演】キアヌ・リーブス、ジーン・ハックマン、ブルック・ラングトン他

Mr.Ｂｏｏとポムポム刑事という香港の2つの人気シリーズが合体した**『帰ってきたMr.ＢＯＯ！ ニッポン勇み足』**※**（１９８５）**では、浮気相手の宝石商と日本へ旅立った妻の後を追い、ブー（マイケル・ホイ）たちが日本を訪れる。宝石商の手下を元力士の荒勢が演じており、マゲを結ったまま、まわし姿で襲いかかったり、サムライ姿で戦ったり……。

ベン・スティラーが不器用な男を演じたお下劣コメディ**『メリーに首ったけ』**※**（１９９８）**では、恋敵（マット・ディロン）が主人公にメリーを諦めさせるため、こんな嘘をつく。

「メリーは太ってしまい、日本に花嫁に行った。相撲の国だから、デブの女が好まれるんだ」

コーエン兄弟の**『ミラーズ・クロッシング』**※**（１９９０）**は、主人公（ガブリエル・バーン）がイタリア系マフィアにぼこられる場面で、相撲太鼓みたいなＢＧＭを使っている。

イギリス映画**『恋はハッケヨイ！』**※**（２０００）**では、夫が失業し缶詰工場のパートで働くことになった主婦が、そこでこっそり活動している女性だけの相撲クラブに参加する。アメリカにいた頃、よく「〝fat〟じゃなくて〝obese〟という言葉を使いなさい」と言われたものだが、ともかく映画の中ではＢＭＩ値のめちゃくちゃ高そうなイギリス女性たちが、ウシとかセイウチといった四股名をつけて相撲に励む。

イルミナティかなにかのような〝SECRET SOCIETY〟という原題が、『恋はハッケヨイ！』という茫然とするような邦題になったのは、モックンの『シコふんじゃった。』

※『帰ってきたMr.ＢＯＯ！ニッポン勇み足』（１９８５年・香港）【監督】ウー・マ【出演】マイケル・ホイ、ジョン・ウム他

※『メリーに首ったけ』（１９９８年・アメリカ）【監督】ファレリー兄弟【出演】キャメロン・ディアス、ベン・スティラー他

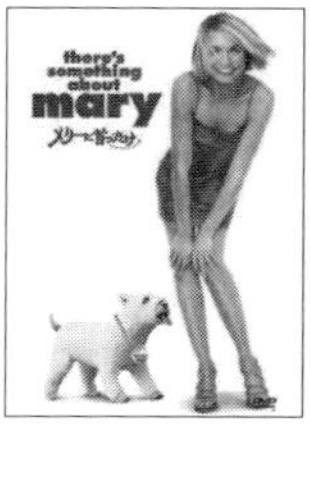

※『ミラーズ・クロッシング』（１９９０年・アメリカ）【監督】ジョエル・コーエン【出演】ガブリエル・バーン、ジョン・タトゥーロ他

（1992）が、海外では〝Sumo Do, Sumo Don't〟の英題で公開されたようなものか？

日本では女人禁制の土俵で、半裸の金髪女性が奮闘するというのは実にユニークな設定だが、ユニークといえば、フリーダイビングというスポーツに挑む日本人が登場する映画がある。リュック・ベッソン監督のフランス映画**『グラン・ブルー（グレート・ブルー完全版）』※（1988）**である。

フリーダイビングの競技会に参加する日本チームは、日の丸をあしらったデザインのウェットスーツを着ている。彼らは、「イチ、ニ、イチ、ニ」の掛け声で1列になって船上を走り、一斉に「コンニチハ」とおじぎをし、「ガンバレヨ」などと声をかけあうものの、気合いを入れすぎたせいか、肝心の潜水前に意識を失ってしまう。軽快なBGMといい、どう見ても笑いの小ネタ扱いだが、この1分程度のシーンに日本人の行動様式のエッセンスが凝縮されているようにも思える。

気絶する日本人をそばで見ていたイタリア人ダイバーのエンゾ（ジャン・レノ）は、拍手しながら、「エクセラン！」と声をかけ、日本チームを思いっきりコケにする。何年か後に、**『WASABI』※（2001）**に出演して広末涼子にちょっかい出したり、トヨタのCMでドラえもんやったりするなんて、ジャン・レノ自身、当時は想像もつかなかったのだろう。

※『恋はハッケヨイ！』（2000年・イギリス他）【監督】イモジェン・キンメル【出演】シャーロット・ブリテン、リー・ロス他

※『グラン・ブルー（グレート・ブルー完全版）』（1988年・フランス他）【監督】リュック・ベッソン【出演】R・アークエット他

※『WASABI』（2001年・フランス／日本）【監督】リュック・ベッソン【出演】ジャン・レノ他

結局やっぱりマーシャルアーツ

スポーツに関する映画をざざっと紹介したが、欧米人が日本で真っ先に連想するのは、結局、昔も今も空手などのマーシャルアーツである。

「アナタ、日本人でしょ？　昔オキナワの米軍基地にいたからすぐわかった。マーシャルアーツは何をやってるの？」

ロスで拾ったタクシーの女性運転手に、開口一番こう訊かれたことがある。仕方ないので「俺はカラテのブラックベルトだ」と嘘をつくと、彼女は異様に盛り上がり、その後延々とカラテの技や流派について質問攻め。何も知らない私は、車内で汗だくになって必死にごまかす羽目になった。**『ダイ・ハード3』**※**（1995）**でブルース・ウィリスに銃を渡されたサミュエル・L・ジャクソンが、「銃の撃ち方なんか知るもんか！　黒人ならみんな銃を扱えるっていうのか！」と毒づくシーンを思い出したが、日本人はみんな武術の達人だと思っているアメリカ人がいまだにいるのである。

さて、ハリウッドの空手マスターといえば、やっぱりノリユキ・パット・モリタ演じる**『ベスト・キッド』**※**（1984）**のミヤギ老人だろう。

彼は主人公の少年が引っ越してきたアパートで管理人をしている。最初の登場シーンか

※『ダイ・ハード3』（1995年・アメリカ）【監督】ジョン・マクティアナン【出演】ブルース・ウィリス、ジェレミー・アイアンズ、サミュエル・L・ジャクソン、サム・フィリップス他

らして、盆栽だらけの部屋でハチマキを締め、飛び回るハエを箸ではさもうとしているわけで、一歩間違うと単なる変わり者だ。少年はミヤギの故郷のオキナワがどこにあるかも知らず、カラテとカンフーの違いもわからない有様だったが、ミヤギは「空手は16世紀に中国から日本へ伝わった。初めは〝手〟と呼ばれたが、私の先祖が素手という意味で〝空手〟と名付けた」と教え、少年に稽古をつけてやるようになる。

「ドイツ兵をたくさんやっつけた。日系人だって自由のために戦ったのに……。なぜ医師もいない収容所なんかに……」

劇中、酔ったミヤギがハワイのサトウキビ畑で出会った妻の思い出をこんな風に語る場面もあり、マンザナール強制収容所や第１００歩兵大隊といった日系人にからむ史実（１８６ページ参照）も盛りこまれている。

高倉健は、『ベスト・キッド』企画段階で、監督のジョン・G・アヴィルドセンからキョードー東京元会長を通してミヤギ役の打診があったと自伝で述べているが、もし彼が演じていたら、複雑な過去を持つミヤギは相当陰のあるキャラになっていたかもしれない（当初、スティーブ・マックイーンの長男が主人公の少年役をやると聞きオファーを受けたが、結局、独立プロがプロデュースすることになり出演を辞退したらしい）。

『ベスト・キッド』はパート4まで作られるほどのヒット作となり、２０１０年にはジャッキー・チェン版も登場したが、沖縄を舞台にした**『ベスト・キッド2』**※**（１９８６）**

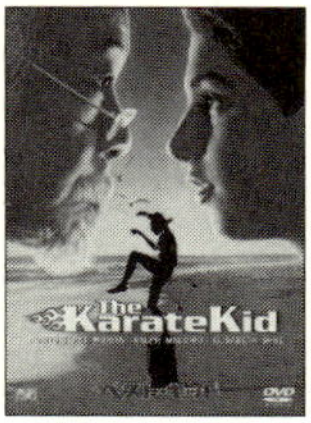

※『ベスト・キッド』（１９８４年・アメリカ）【監督】ジョン・G・アヴィルドセン【出演】ラルフ・マッチオ、ノリユキ・パット・モリタ他

※『ベスト・キッド2』（１９８６年・アメリカ）【監督】ジョン・G・アヴィルドセン【出演】ラルフ・マッチオ、ノリユキ・パット・モリタ他

がミヤギのルーツに迫る内容になっている。

映画の冒頭から箸で昆虫採集しまくるミヤギ。父親や宿敵との再会。沖縄ロケはしていないようだが、のどかな海辺、レトロな電気屋、でんでん太鼓、子守りの貼り紙、リアルゴールドのポスター、ディスコティック等々、味のある日本の風景が続く。最後の「盆踊り→タムリン・トミタの日本舞踊→カラテ対決」といった流れも、アタマ悪そうで小気味よい。

ついでだが、パット・モリタ主演で似たような邦題の**『※ベスト・コップ』（1989）**という映画もある。デトロイトで日本の自動車輸出にからむ殺人事件が起こり、現地のアメリカ人刑事（NBCの夜のトーク番組のホストとして知られるジェイ・レノが演じている）と日本から来たモリタ刑事がブラック・レイン的に力を合わせて捜査を進めるアクション・コメディだ。障子のあるオフィスにいる日本語がたどたどしい上司に「アホ！」と怒鳴られたり、ディスコで黒人のねーちゃんと踊ったりしながら、飄々と犯人を追うモリタは、最後の別れの場面ではジェイ・レノにおじぎまでさせる。

武道の達人として有名な日本人といえば、**『※グリーン・ホーネット』**の主人公の助手兼運転手であるケイトー（加藤）も忘れられない。1960年代に放送されたテレビ・シリーズでは、この日本人役はブルース・リーが演じていた。

アメリカ大陸横断レースを描いたカーアクション・コメディ**『※キャノンボール』**

※『ベスト・コップ』
（1989年・アメリカ）
【監督】ルイス・ティーグ【出演】パット・モリタ他

※『グリーン・ホーネット』
（1966〜1967年・アメリカ、TVシリーズ）
【監督】ハル・ニーダム【出演】バン・ウィリアムズ、ブルース・リー他

※『キャノンボール』
（1981年・アメリカ／香港）
【監督】ハル・ニーダム【出演】バート・レイノルズ、ジャッキー・チェン他

（１９８１）では、ハイテク装備のスバルに乗り込む日本人をジャッキー・チェンとマイケル・ホイが演じていたし、欧米の映画製作者は日本人と中国人は互換性があるとでも思っているのか、いちいち役者の国籍など気にしていないようだ。

さて、その知名度ゆえ、ケイトーは様々な映画に影響を与えている。『**キル・ビル**』※（**２００３**）の暗殺集団クレイジー88のメンバーが全員ケイトーと同じ黒マスクを着けているのは、ユマ・サーマンの黄色いトラックスーツと同様、タランティーノ監督のブルース・リー愛の現れだ。

『**ピンク・パンサー**』※**シリーズ**のクルーゾー警部（ピーター・セラーズ）宅の使用人ケイトーも、あまりにも有名なパロディである。カラテの実戦訓練になるからと、スキがあればいつでもクルーゾーを襲っていいことになっていたケイトーは、天井から落下してきたり、洋服ダンスや冷蔵庫から飛び出してきたり、日本食レストランでゲイシャ姿で奇襲したり……。私の世代だと、『8時だョ！　全員集合』のコントで、すわしんじがブルース・リーの真似をして加藤茶に襲いかかったとか、『新春かくし芸大会』で井上順がクルーゾー、加藤茶がケイトーだったなんてことを思い出したりもする。

ジャパニーズ・マーシャルアーツが登場する映画を挙げていけばキリがないが、変わり種をいくつか並べてみよう。

殿堂入りの名作SF『**2001年宇宙の旅**』※（**１９６８**）では、冒頭の「人類の夜明け」

※『キル・ビル』
64ページ参照。

※『ピンク・パンサー』シリーズ
（１９６３年～２００９年、アメリカ・イギリス）
【監督】ブレイク・エドワーズ
【出演】ピーター・セラーズ、ハーバート・ロム他

※『2001年宇宙の旅』
（１９６８年・イギリス／アメリカ）
【監督】スタンリー・キューブリック【出演】キア・デュリア他

パートに、フロイト博士が球形のシャトルに乗り宇宙ステーションから月に向かうシーンがある。シャトルでは未来的なコスチュームの女性キャビンクルーが働いているが、食事中の彼女が見ているモニターの画面に、なぜか柔道の試合中継が流れている。女性は東洋武術に興味があるようなタイプには到底見えないし、そもそも映像素材なんて他にいくらでもあるはずなのに、なぜこのシーンで柔道を使ったのか……モノリス以上の謎だ。

人気ゲームのヒロイン、ララ・クロフトをアンジェリーナ・ジョリーが演じている**『トゥームレイダー2』**※**（2003）**にも印象的なトレーニングシーンがある。ララは豪邸に住む貴族の娘だが、日々武術と肉体の鍛練を怠らない。ある時ごきげんななめだった彼女は、執事に日本の剣道の防具をつけさせ、棒術の稽古台にしてビシバシ打ちまくる。剣道着姿なのに、剣道ではなく棒術でやりあうというのが奇妙だった。

プロフェッショナルな殺し屋（チャールズ・ブロンソン）と彼の跡目を狙う青年の葛藤を描いた**『メカニック』**※**（1972）**には、礼節を重んじるはずの日本人空手師範が、突如キレまくるシーンがあった。伝統を汚すような卑怯な戦い方をしたアメリカ人の弟子を鉄拳制裁というか、白髪振り乱して半殺しにするのだ。その様子を見て「彼にとってはルールが大切なのだ」と渋く解説するブロンソン。ルールもクソもなく、怒り狂ってボコボコにしているように私には見えたのだが……。

公開当時、新感覚のSFXが話題となった**『マトリックス』**※**（1999）**では、主人公

※『トゥームレイダー2』（2003年・アメリカ／イギリス他）【監督】ヤン・デ・ボン【出演】アンジェリーナ・ジョリー、ジェラルド・バトラー他

※『メカニック』（1972年・アメリカ）【監督】マイケル・ウィナー【出演】チャールズ・ブロンソン他

※『マトリックス』（1999年・アメリカ）【監督】ウォシャウスキー兄弟【出演】キアヌ・リーブス他

のネオ（キアヌ・リーブス）が仮想現実空間でスパーリング・プログラムを受ける。クロスオーバーというかいい加減というか、柔道着のようないでたちのネオが中国カンフーっぽい格闘技を学ぶ部屋は、畳の床で障子張り。日本刀が飾られ、床の間には神棚や掛け軸がある。掛け軸には「勝速日」という言葉が書かれているが、「かつはやひ」とは、一瞬のうちに速やかに勝つという合気道の言葉らしい。

合気道といえば、スティーヴン・セガールの初主演作**『刑事ニコ／法の死角』**※**（1988）**は外せない。合気道の達人刑事を演じている当時のセガールはいたってスリムで、まるで『太陽にほえろ！』でラガー刑事をやっていた頃の渡辺徹を見るような思いだ。映画のオープニング、彼は道場で流暢な日本語を操って弟子を指導するが、17歳で来日し合気道七段までいったセガール自身の経歴と役の上での設定がシンクロし、実にかっこいい。

近未来の殺人スポーツを描いた**『ローラーボール』**※**（1975）**には、主人公（ジェームズ・カーン）が所属するローラーボールのチームが東京遠征して試合をするシーンがある。漢字で縦に「東京」と書いた黄色い（日本のチームカラー）旗を振る客席の日本人応援団は、全員ハチマキを締め、空手の正拳突きのような動作を繰り返しながら「トキオ、ガンバレ」みたいな声援を送る。

VIP席らしき場所で見ているのは、ねずみ色のスーツを着たサラリーマンっぽい男たちばかりだし、日本チームにはメタルフレームの眼鏡をしたままヘルメットをかぶってい

※『刑事ニコ／法の死角』（1988年・アメリカ）【監督】アンドリュー・デイヴィス【出演】S・セガール他

※『ローラーボール』（1975年・アメリカ）【監督】ノーマン・ジュイソン【出演】ジェームズ・カーン他

る選手もおり、空手風の応援スタイルもあいまって、「短い試合シーンだけどニッポンをいっぱい詰め込んでやったぜ！」といった作り手の達成感すら感じられる。ゴールの横にカタカナで「ゴール」と書いたでっかい貼り紙があるのも、情けなくて見事だ。

消されたニッポン人

この章では、いろんなジャンルの映画にちょろちょろ顔を出す日本人を見てきたわけだが、逆に、日本人が登場してるはずなのに、そんなのなかったような扱いになっている映画もある。

ジョージ・クルーニーが大嵐に遭遇する漁船の船長を演じた『**パーフェクト ストーム**』※（**2000**）は実話に基づいた作品で、登場人物には実在のモデルがいる。しかし、この嵐に巻き込まれ救助された日本人ヨットマンは、映画では白人に差し替えられていた。ハリウッドのシナリオ作法では、アジア人や黒人が必要に応じて人種チェンジされるのもよくあること。とはいえ、嵐から生還した日本人ヨットマンは、晩年バンコクで高級和食レストランの経営者として成功し、私も何度も顔を合わせていたので、映画で白人化しちゃった彼を見た時は不思議な気分だった。

ジョン・フランケンハイマー監督の『**ブラック・サンデー**』※（**1977**）は、マイアミ

※『パーフェクト ストーム』（2000年・アメリカ）【監督】ウォルフガング・ペーターゼン【出演】ジョージ・クルーニー、マーク・ウォールバーグ、ダイアン・レイン他

のスーパー・ボウル会場で飛行船テロを計画するアラブ・テロリストと、それを阻止しようとするイスラエル・対テロ特殊チームの攻防を描いた作品だ。

この映画、原作が『羊たちの沈黙』シリーズの作者として知られるトマス・ハリスということもあり、できのよい上質なサスペンスなのだが、日本では1977年、封切直前になって突然上映中止となった。公開したら上映館を爆破するという脅迫があったためだ。映画には実在するテロ組織・黒い九月（スピルバーグが『ミュンヘン』（2005）で描いたオリンピック選手村テロに関与）の名前も出てくるし、彼らと共闘していた赤軍派らしき日本人も登場するため、そんな物騒なことになったのだろう。

現在ではＤＶＤ化されいつでも見られるようになったが、あらためてチェックすると日本がからむポイントがいくつかある。

映画の冒頭、ベイルートにある過激派のアジトには、いきなりナガワという名の日本人がいて、「我が日本の同志が期日までに大量の武器を用意するのは……」と英語で話す。ロバート・伊藤という日系人が演じているが、彼の名はクレジットに出ないし、日本語字幕上も、日本やナガワといった固有名詞や、日本との関わりを示す表現は除かれている。

テロに使うプラスチック爆薬を船でアメリカに運びこむ場面もあって、密輸に使われる船には日本語で「スマ丸」と書いてある。船籍はリビアだが、明らかに日本の船だ。オガワという名前の船長役をやっているのはクライド・草津（139ページ参照）。彼は停泊

※『ブラック・サンデー』（1977年・アメリカ）【監督】ジョン・フランケンハイマー【出演】ロバート・ショウ、ブルース・ダーン、マルト・ケラー他

中に寄港地の観光をするらしく、一眼レフカメラを首からぶら下げて下船、夜中に上機嫌で船に戻ってくる。船員たちはオガワを見かけると腰を曲げておじぎをする。

オガワは結局、口封じのため爆弾で殺され、翌日のニュースで「スマ丸のキャプテン、テキヤキ・オガワは即死」と報道される。照り焼きみたいな立派な名前がついているのに、クレジット上のクライド・草津の役名は貨物船船長（Freighter Captain）とだけ表示される。日本語字幕ではもちろん、オガワやスマ丸といった言葉はすべてカット、日本をうかがわせる要素は一切排除されている。

映画が公開された70年代は赤軍派のテロ活動が最も盛んだった時代。1972年にはテルアビブ空港で無差別乱射があり、1974年にはハーグ、1975年にはクアラルンプールで大使館が占拠された。『ブラック・サンデー』がアメリカで公開された1977年にはダッカ日航機ハイジャック事件も起こり、当時の福田首相が「一人の生命は地球より重い」なんて言いつつ、いわゆる超法規的措置でテロリストの要求に従った。上映中止もおとぼけ字幕も、当時の情勢を考えると仕方なかったんだろうね。

【第八章】
ニンジャとサムライは永遠に不滅です

手に汗にぎる新幹線チャンバラ

1996年末、タイに移住したばかりで部屋探しをしていた頃、仮住まいだった安ホテルの薄暗い部屋で毎日のように見ていたのが**『ハンテッド』**※**（1995）**という狂ったアメリカ製チャンバラムービーだった。別に見たくて見ていたわけではない。部屋のテレビでまともに映るのはHBO Asiaだけで、ちょうどその頃のヘビロテ作品が『ハンテッド』だったため、繰り返し鑑賞するはめになったのである。

このての映画を見たことがなかった私は、『ハンテッド』に出てくる間違ったニッポンとズレたニッポン人、ちゃらんぽらんなストーリー展開に心底うなった。赤襦袢の女を一刀両断するジョン・ローン、忍者なのにアラブの踊り子みたいな出で立ちの夏木マリ、余裕綽々自信満々なのにあっさり殺される岡田眞澄、背中に矢が刺さっても死なない不死身の島田陽子……そして、主人公のクリストファー・ランバートは、出張で名古屋を訪れるや、ブタちゃん柄のデカパンをはいたまま日本の女をたらしこみ、パチンコ屋で銃をぶっぱなして離島で剣術を学ぶのだが、常に目つきがアレで気が気でない。

不死身の戦士〝ハイランダー〟シリーズで知られるランバートは、**『ハイランダー3／超戦士大決戦』**※**（1994）**では日本の洞窟に潜み、魔術師マコ・岩松と修業に励んでいた。

※『ハンテッド』
（1995年・アメリカ）
【監督】J・F・ロートン**【出演】**クリストファー・ランバート、ジョン・ローン、原田芳雄、島田陽子他

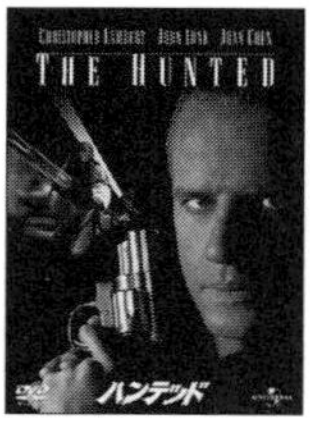

※『ハイランダー3／超戦士大決戦』
（1994年・カナダ／フランス／イギリス）
【監督】アンドリュー・モラハン**【出演】**クリストファー・ランバート、マリオ・ヴァン・ピーブルズ、マコ岩松他

そんなわけのわからない男を、NBCのスペシャルドラマ**『将軍 SHOGUN』**※**（1980）**でゴールデングローブ賞まで受賞した島田陽子が命がけで守ろうとするのだから、やるせない話だ。

しかし、『ハンテッド』には素晴らしい見せ場がある。新幹線の車内でサムライ原田芳雄が、襲いかかるニンジャ軍団をばっさばっさと斬りまくるチャンバラシーンだ。ニンジャたちにゴミのように殺される一般乗客、狭い車内での血まみれ大立ち回り……その迫力と非現実感は圧巻で、へっぽこサムライ映画史に残る超名場面だと断言できる。

そんなわけで、私にとって『ハンテッド』はフール・ジャパン・ムービーの原点ともいえる作品なのだが、現代の日本やアメリカを舞台に、ニンジャやサムライ、あるいは武士道に生きるニッポン人が当たり前のように登場するこうした奇天烈B級アクション映画は他にも山ほどある。

『最後のサムライ ザ・チャレンジ』※**（1982）**は、日本刀をロスから京都へ運ぶバイトを引き受けたボクサー（スコット・グレン）が主人公。彼は日本で武士の魂に目覚め、三船敏郎の道場で剣の修業を始めるが、生きたドジョウをコップに注いで丸飲みしたり、首だけ地上に出し体を土に埋めた状態で数日間の放置プレイに耐えたり、頭が痛くなるような勘違いシーンが続出する。

しかもこの映画、非道なバイオレンス描写がやたら充実しており、車椅子の障害者は顔

※『将軍 SHOGUN』（1980年・アメリカ、TVドラマ）【監督】ジェリー・ロンドン【出演】リチャード・チェンバレン、三船敏郎、島田陽子他

※『最後のサムライ ザ・チャレンジ』（1982年・アメリカ／日本）【監督】ジョン・フランケンハイマー【出演】スコット・グレン、三船敏郎、中村敦夫他

をナイフで切り裂かれたうえ走る車から突き落とされ、いたいけな少年は頭を刀の鞘でかち割られ……。

ラストはカジュアルフライデーみたいなスラックス姿の主人公が背中に日本刀をくくりつけて敵のビルに乗りこむが、ここでの殺陣もめちゃくちゃで節操がない。悪役の中村敦夫と最初は普通に剣を交えるのだが、とてもかなわないと見るや、額にホッチキスを打ちこむわ、コピー機のケーブルで感電させるわ、武士道とはかけ離れた反則攻撃のオンパレードで、主人公は敦夫を痛めつける。とどめに頭をパックリ縦割りして敦夫の開きを完成させたところで、ＢＧＭに典雅な琴の調べが……。

三位一体のスペシャルサービス

『ハンテッド』ではサムライとニンジャが戦い、『最後のサムライ ザ・チャレンジ』ではヤクザビジネスマンが武道の師範を襲う。欧米のＢ級アクション映画では、独自のろくでもない日本観に基づき、ニンジャとヤクザとサムライが渾然一体となって入り乱れるような内容のものが多い。映画の製作者が無知なケースもあるが、「どれも日本のものだし、おつむの弱い欧米の観客にウケるから全部一緒に出しちゃおうぜ！」という確信犯的なサービスの場合も少なくない。

※『ＴＡＸｉ２』
（２０００年・フランス）
【監督】ジェラール・クラヴジック【出演】サミー・ナセリ、フレデリック・ディーファンタル他

リュック・ベッソンが製作・脚本を担当したフランス映画『TAXi 2』※（2000）では、日本の防衛庁長官がマルセイユでヤクザに誘拐される。「コンニシュワァー」「ニンジャー」など意味不明な日本語（らしきもの）が乱れ飛び、全編いたるところでクール・ジャパンを小馬鹿にしたようなギャグが炸裂、フランス人ならではの粘っこい日本いじりが堪能できる作品だ。

黒いスーツのヤクザたちはフランスで堂々と千葉ナンバーのミツビシを乗り回し、生魚とエッフェル塔の置物を握りしめて「カミカゼ〜！」「バンザーイ！」と叫びつつ改造プジョータクシーとカーチェイスを繰り広げる。ヤクザには黒い忍者姿の別働隊もいて、「ハイ！ イチニッサン！」の掛け声で長官を奪取、パンツ丸見えの日本人女性SPとカンフーで戦ってこてんぱんにやられ……日本をコケにしたおバカシーンが果てしなく続き、温厚な私もさすがにムッとしてしまった。もうシラクには相撲を見せてやらないぞ！

大御所サム・ペキンパー監督にも、ファンを嘆かせた『キラー・エリート』※（1975）というへんてこなアクション映画があり、悪役として意味不明な忍者軍団が登場する。そして盛り上がるはずのクライマックスシーンで、主人公のエリート殺し屋（ジェームズ・カーン）をさしおいてニンジャの頭目が台湾の政治家とチャンバラをおっぱじめ、見る者を唖然とさせるのだ。

タイ映画『Yamada: The Samurai of Ayothaya』※（2010）は、江戸時代にシャ

※『キラー・エリート』（1975年・アメリカ）【監督】サム・ペキンパー【出演】ジェームズ・カーン、ロバート・デュヴァル、ギグ・ヤング、マコ・岩松他

※『Yamada: The Samurai of Ayothaya』（2010年・タイ）【監督】ノポーン・ワティン【出演】大関正義、カノックコルン・ジャイチェウン他

ム（現在のタイ）に渡りアユタヤ日本人町の頭領となった山田長政が主人公。映画は日本語ナレーション「拙者は山田長政、日本人傭兵である」で始まり、「真の友情に終わりはない。アユタヤの民とニッポンの民は永遠に強い絆で結ばれる事となったのだ」で終わる。冒頭の字幕に出るとおり、いかにも日タイ修好124周年作品という感じだ。異国で活躍するサムライ日本人を描いた歴史ドラマかと思って見たら、長政は体にサクヤン（タイの宗教的な刺青）を入れ、タイ古式拳法＋日本刀で大暴れ。ニンジャ軍団も襲ってくるし、チャンバラも殴り合いもある、異色のちゃんぽんアクション映画だった。

異色といえば、アメリカ版座頭市**『ブラインド・フューリー』**※**（1989）**という作品もある。ルドガー・ハウアー演じる主人公は、ベトナム戦争で視力を失った帰還兵。友人一家のため、仕込み杖片手に麻薬組織に戦いを挑む。

ハウアーにはファンも多いし、私も**『ブレードランナー』**※**（1982）**の彼のセリフを全部暗記してるクチだが、盲目アクションのキレはやっぱりもうひとつ。

ただ、酒場でからんできたチンピラをコミカルに成敗したり、敵のアジトで斬り合っている最中に相手の顔を撫で「ふむ、日本人だな」と手の感触だけで人種まで見破ったり、いかにも座頭市らしいシーンもある。ちゃんと勝プロダクションの許可を得て作られた座頭市リスペクトムービーだし、結果的に勝新太郎の偉大さを再認識させてくれる映画ではあった。

※『ブラインド・フューリー』（1989年・アメリカ）
【監督】フィリップ・ノイス
【出演】ルドガー・ハウアー、テリー・オクィン、ショー・コスギ他

※『ブレードランナー』222ページ参照。

ちんどんやさんですか？

『ZOMBIO 死霊のしたたり』（1985）や『フロム・ビヨンド』（1986）などあっぱれなB級ホラーを世に放ち、あっという間に消えていったアメリカの映画制作会社エンパイア・ピクチャーズは、**『SFソードキル』**[※]**（1985）**というユニークすぎるサムライ映画も作っている。400年前に日本の山中で氷漬けになったサムライが、現代のロサンゼルスにある研究所で蘇生される話だ。

この設定を聞いて失笑した人にはバチが当たる。浦島太郎のような主人公ヨシミツを生真面目に演じる藤岡弘、の魅力が炸裂しており、仮面ライダーカードほしさに大量購入したライダースナックをドブに捨てていた「本郷猛」世代は必見の作品だからである（テレビの仕事をしていた友人が、藤岡さんに秘蔵の仮面ライダーアルバムを手渡したら、「いやあ、僕も持ってなかったんだよー」と野太い声で喜んでくれたとか。すごくいい人なのだ。応援せねば）。

さて、400年の眠りから目覚めたヨシミツは「ここはどこじゃ？　なぜ答えぬ？」といったあんばいで、初めて見たテレビにギョッとしたりする。彼は急ごしらえの床の間にゴザを敷いたなんちゃって和室で寝起きし、彼に理解を示す女性記者クリスに白いご飯と

※『SFソードキル』
（1985年・アメリカ）
【監督】J・ラリー・キャロル
【出演】藤岡弘、ジャネット・ジュリアン、チャールズ・ランプキン他

日本酒を差し入れされて、ＥＳＰカードのようなもので神経衰弱してみせる。

ある夜、自分の刀を盗もうとした不良所員を斬り研究所から逃げ出したヨシミツは、サムライ姿のまま街をさまよう。たまたまチンピラにからまれていた老人を助けたヨシミツは、お礼にと寿司バーへ誘われる。店に入ると、もののふ姿のヨシミツを見て、居合わせたカップル客は「トシロー・ミフネだ！」と驚くが、日系人の板前さんには「ちんどんやさんですか？」と訊かれてしまうのがとってもトホホだ。

その後クリスに助けられ、古美術商のプロフェッサー・タカギにかくまってもらうヨシミツ。結局、最後は警察に包囲され、「彼を撃たないで！」というクリスの叫びも虚しく、まるでキングコングのように異郷で命を散らすのが哀しい……。

もうひとりのケン・ワタナベ

『ラストサムライ』※**（2003）**でアカデミー賞助演男優賞にノミネートされた渡辺謙は、**『バットマン ビギンズ』**※**（2005）**でもヒマラヤの奥地で「影の同盟」というニンジャ的な自警団を率いる謎の男ラーズ・アル・グール（の影武者）役だった。

そんな世界的スター・渡辺謙とはまるっきり無関係で、ごく一部のマイナー忍者映画ファンにだけ愛されているもう一人のケン・ワタナベがいる。彼はフィリピンを拠点に、

※『ラストサムライ』（2003年・アメリカ／日本）【監督】エドワード・ズウィック【出演】トム・クルーズ、渡辺謙、真田広之、小雪他

※『バットマン ビギンズ』（2005年・アメリカ）【監督】クリストファー・ノーラン【出演】クリスチャン・ベール、マイケル・ケイン、リーアム・ニーソン他

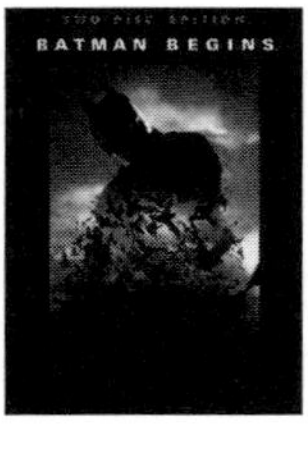

ロマノ・クリストフというスペイン出身の役者と共に、マイクロバジェット忍者映画を次々世に送り出した日本人だ。

その第一弾『ニンジャ・フォース』※（１９８４）では、伊賀忍者とつるんで人間を操るクスリを手に入れようとする悪の組織を倒すため、クリストフ扮する甲賀忍者がアメリカに来て活躍する。悪の忍者が北朝鮮の工作員顔負けの勢いで金髪女を拉致するので、クリストフ忍者は女装してオカマの立ちんぼみたいな囮となるが、厚化粧の「女装忍者」が見られるのもこの映画ぐらいだろう。拉致され人体実験される半裸のねーちゃんたちは、ベッドにつながれるわ、目のまわりがパンダみたいに真っ黒になるわ……。

セットやロケはありえないほど安上がりにすませているのに、「女の命が惜しくば崖上まで来い」と古風な日本語で書いてある矢文など、変なところだけちゃんとしているのも不気味。あと、私が見たスペイン語版のフィルムは、映画冒頭と最後の音楽でヴァンゲリスの『ブレードランナー』のメインテーマを堂々と使っていたんだけど……ま、いっか。

第2弾『ニンジャ・ウォリアーズ』※（１９８５）では、ワタナベは「我々は生死を越えて使命を生きる。それが忍者の掟です」と悪者のくせに格好よく語る忍者軍団の首領役。しかし最後は結局、前作同様の一騎打ちで、今回もガイジン忍者クリストフにあっさりやられてしまう。実際のところ、１作目も２作目も似たような話で区別がつかないわけで……唯一違うのは、２作目ではワタナベ忍者が口ヒゲをはやしていることだろうか。

※『ニンジャ・フォース』（１９８４年・フィリピン）【監督】ロマノ・クリストフ他【出演】ロマノ・クリストフ、マイク・モンティ、ケン・ワタナベ他

※『ニンジャ・ウォリアーズ』（１９８５年・フィリピン／アメリカ）【監督】ジョン・ロイド【出演】ロナルド・L・マルチーニ、ロマノ・クリストフ、ケン・ワタナベ他

第3弾※『**ニンジャ刑事《デカ》・ダブルエッジ**』（**1986**）は、うってかわって刑事もの。幼い頃、伊賀忍者に育てられた過去を持つ刑事クリストフが、夜な夜な必殺仕置き忍者となって悪いヤツを成敗しながら、最後は親の仇である麻薬組織のボスにハラキリさせる。

ワタナベは役者として、ショー・コスギが主演した※『**デス・オブ・ザ・ニンジャ／地獄の激戦**』（**1985**）にも出演している。この映画も、冒頭のタイトルバックが、踊るハイレグレオタード女の横で上半身裸のコスギが日本刀を振り回しているような作品だが、ワタナベもきっとコスギみたいにブレイクしたかったんだろうね。

ショー・コスギは80年代アメリカの忍者ブームを支えた日本人アクションスターで、※『**燃えよNINJA**』（**1981**）の主人公ホワイトニンジャ（フランコ・ネロ）と戦うブラックニンジャ役で注目を集めた。以来、キャノン映画製低予算ニンジャムービーを主戦場とし、大活躍する。

※『**ニンジャⅡ・修羅ノ章**』（**1983**）は、金閣寺の映像にうっかり〝TOKYO,JAPAN〟のテロップをかぶせてはいるが、まだ幼かったショーの息子ケイン・コスギが、入浴中のヒロインを襲う入れ墨男をヌンチャクで撃退するお宝シーンあり。

※『**ニンジャ（転生ノ章）**』（**1984**）では、ゴルフ場で手裏剣・吹き矢・刀を総動員して男女かまわず殺しまくった通り魔忍者が、死ぬ直前に「刀をあげるから止まれー！」とゆきずりのアメリカ女に血まみれの刀を渡し、そのまま彼女に憑依して悪さをする。

※『ニンジャ刑事・ダブルエッジ』（1986年・フィリピン）**【監督】**ジョン・ロイド**【出演】**ロマノ・クリストフ、ケン・ワタナベ他

※『**デス・オブ・ザ・ニンジャ／地獄の激戦**』（1985年・アメリカ）**【監督】**エメット・オルストン**【出演】**ショー・コスギ他

※『**燃えよNINJA**』（1981年・アメリカ）**【監督】**メナハム・ゴーラン**【出演】**フランコ・ネロ他

※『ニンジャⅡ・修羅ノ章』（1983年・アメリカ）**【監督】**S・ファーステンバーグ**【出演】**ショー・コスギ他

※『ニンジャ（転生ノ章）』（1984年・アメリカ）**【監督】**S・ファーステンバーグ**【出演】**ショー・コスギ他

日本で堂々と公開された作品はほとんどないものの、こそこそ見ておきたくなる……それがショー・コスギの忍者映画の真髄だ。ウォシャウスキー兄弟やジョエル・シルバーがプロデュースに名を連ねる近作**『ニンジャ・アサシン』**※**（2009）**でも、ショー・コスギはラスボスを演じている。日本人ではなく韓流スター・ピ＝RAINが主役なのは残念だが、CGバリバリ、残虐シーンたっぷりのナイスな忍者アクションだった。

我が道をゆく香港ニンジャ

根強いファンのいる忍者映画は、日本人俳優が活躍しやすいジャンルだ。真田広之が父の仇を追う忍者に扮した香港映画**『龍の忍者』**※**（1982）**では、カンフーを使うコナン・リーが真田と戦ったり協力し合ったりするため、忍術&カンフーのコラボが楽しめる。また、忍者のトレーニングシーンが冒頭にあるので、転職して忍者になりたい人も必見。米軍新兵キャンプのような腹筋運動、砂丘でのバク転、石垣のぼり、そしてシャベルで土を掘って自分を生き埋めにする謎の訓練……海外ではなぜか土遁の術がウケるようで、先述の『ニンジャ・ウォリアーズ』のオープニングでも、忍者が額に汗して一心不乱に地面をスコップで掘り返していた。

倉田保昭が忍者姿で家族対抗歌合戦ならぬ日中対抗武道戦に参加する**『少林寺vs忍者』**※

※『ニンジャ・アサシン』（2009年・アメリカ）【監督】ジェームズ・マクティーグ【出演】Rain（ピ）、ナオミ・ハリス他

※『龍の忍者』（1982年・香港）【監督】ユアン・ケイ【出演】真田広之、コナン・リー他

※『少林寺vs忍者』（1978年・香港）【監督】ラウ・カーリョン【出演】リュー・チャーフィー、倉田保昭他

（1978）も、忍者アクションに各種拳法を組み合わせた香港コメディだ。ヒロインの日本女性（水野ゆか）は日本武道マニアで、白無垢や黒忍者などコスプレめいたサービスもしてくれる。

香港の忍者映画を語る時、ふれなくてもいいのについふれてしまうゴッドフリー・ホーという監督がいる。彼は「カット&ペーストの魔術師」と呼ばれる裏ワザ師で、ゴミ箱から拾ってきた中国やタイの映画と、テケトーに撮影した白人の出てるフィルムを切り貼りしてつなぎ合わせ、1本分の予算で5本の映画をでっちあげる省エネ・省資源に徹したエコ・クリエイターである。

『ニンジャ・サンダーボルト』※**（1984）**、**『ニンジャ・ターミネーター』**※**（1985）**、**『ニンジャ・プロテクター』**※**（1986）**等々、タイトルを見ただけでダメさが十分伝わってくる作品群の共通点は、忍者スーツがやたら派手なことだろうか。赤、黄、紫……忍者たちの衣装はお花畑状態で、中にはそのまま砂漠の嵐作戦に参加できそうな迷彩柄まである。そのうえ、忍者スーツのおでこに、漢字で「忍者」と書いている念の入れようだ。たぶん、ちゃんと書いておかないと、変質者と間違われて警察に職質されるからだろう。

香港の忍者映画には他にも、日中戦争の頃の「くノ一部隊」を描いた**『レディ・ニンジャ／セクシー武芸帳』**※**（1981）**というマニア垂涎の作品がある。

真っ赤な忍者スーツのヒロインが、敵と斬り合っている最中にくるくる回り出したと思

※『ニンジャ・サンダーボルト』（1984年・香港）【監督】ゴッドフリー・ホー【出演】リチャード・ハリソン、ウォン・タオ、倉田保昭他

※『ニンジャ・ターミネーター』（1985年・香港）【監督】ゴッドフリー・ホー【出演】リチャード・ハリソン、ジョナサン・ワティス他

※『ニンジャ・プロテクター』（1986年・香港）【監督】ゴッドフリー・ホー【出演】リチャード・ハリソン、ワレン・チャン他

※『レディ・ニンジャ／セクシー武芸帳』（1981年・香港）【監督】リー・ツォー・ナン【出演】ヤン・ホイ・サン、チェン・カン・タイ他

うと、天女の羽衣をまとったビキニ姿に変身し、そのまま自爆して敵をけむに巻く。再び姿を現した彼女は「ふふふ、これはイリュージョンよ」と自分が披露したセクシー忍法の説明をしてくれるが、見てるこちらの気が狂いそうだ。この映画、ともかく女忍者のおっぱいユサユサ誘惑シーン（もっともらしく言えば、忍法・幻惑の術？）が異常に多く、ビキニ女の幻で骨抜きになった日本兵が手裏剣で始末される場面などもある。そしてなんの必然性もない女同士のオイルレスリングも唐突に始まるのだ。

ニンジャ大好きUSA

突然変異で人間のような姿になった亀忍者たちがニューヨークで暴れるアメコミ『ティーンエイジ・ミュータント・ニンジャ・タートルズ』の人気も、アメリカでの忍者ブームを後押しした。実写映画版**『ミュータント・タートルズ』**※（**1990**）もシリーズ化されており、特に第3作**『ミュータント・ニンジャ・タートルズ3』**※（**1993**）では、亀たちがタイムスリップし、戦国時代の日本で活躍する。

忍者タートルズ4人は、戦国武士たちに「カッパ」「バケモノ」呼ばわりされるものの、好物のピザを窯で焼いたり、「えい、やー、とー」と走り回る村の子供と一緒に凧をあげたりして、昔の日本を楽しむ。

※『ミュータント・タートルズ』（1990年・アメリカ）【監督】スティーブ・バロン【出演】ジュディス・ホーグ、イライアス・コティーズ、ジェイムズ・サイトウ他

※『ミュータント・ニンジャ・タートルズ3』（1993年・アメリカ）【監督】スチュアート・ジラード【出演】ペイジ・ターコー、スチュアート・ウィルソン、サブ・シモノ他

一方、タートルズと入れ替わりに現代にやってきた大名の子分たちは、「わー、これはなんじゃ？　ここはどこじゃ？」とうろたえるのだが、彼らが唯一身につけている白ふんどしがエプロンのように上半身前面を覆った斬新なデザインのもので、ともかく情けない。とはいえ、最初はおろおろしていた彼らも、慣れてくるとポップコーン片手にテレビでアイスホッケーを観戦するようになり、現代人生活をエンジョイする。

アメリカでは、２０１４年にリブート版『ミュータント・タートルズ』も公開された。『世界侵略：ロサンゼルス決戦』（２０１１）のジョナサン・リーベスマン監督によるこの新作は、実写＋ＣＧのリアルなタートルズのエグみがなかなかだったが、いずれにせよ、海外での亀忍者の人気は衰え知らずのようだ。

タートルズに限らず、アメコミ由来の映画には忍者や侍っぽいキャラがよく顔を出す。**『ブレイド2』※（2002）**にはヴァンパイア忍者とのチャンバラシーンがあるし、ヒロインが「キマグレ」という名前の善玉戦士集団に鍛えられる**『エレクトラ』※（2005）**にも、忍者や剣士がばんばん登場していた。

アメリカで人気のニンジャといえば、川崎重工が製造しているスポーツバイクの名前も「ニンジャ」だ。**『トップガン』※（1986）**のトム・クルーズが「ＧＰＺ９００Ｒ　ニンジャ」に乗っていたこともあり、海外では圧倒的人気である。母の葬儀で９年ぶりに故郷に帰った抗うつ剤漬けの青年が、人間らしい感情を取り戻していく**『終わりで始まりの4**※

※『ブレイド2』（２００２年・アメリカ）【監督】ギレルモ・デル・トロ【出演】ウェズリー・スナイプス、クリス・クリストファーソン、レオノア・ヴァレラ他

※『エレクトラ』（２００５年・アメリカ）【監督】ロブ・ボウマン【出演】ジェニファー・ガーナー他

※『トップガン』（１９８６年・アメリカ）【監督】トニー・スコット【出演】トム・クルーズ、ヴァル・キルマー他

日間』（2004）にも、てんかん持ちのヒロイン（ナタリー・ポートマン）が、ニンジャバイクに乗る架空の彼氏の話をするシーンがあった。

そんなこんなで、アメリカのB級コメディにもニンジャをネタにしたものは多い。**『ニンジャ・チアリーダー』（2008）**※は、チアリーティング部の女子高生3人が主人公。『チャーリーズ・エンジェル』（2000）のノリで、アクションシーンなど映画のグレードをぐぐっと落としたような作品だ。

物語は3人の通う柔術道場の師範ヒロシが誘拐され、彼女たちが救出作戦を開始するというもので、ヒロシを演じているのがジョージ・タケイ。ラスト、悪党のボスに銃を突きつけられたタケイは、ボスの腕をひねりあげてその銃でボスを撃つ。瀕死のボスが「忍者が銃を使うのかよ！」と文句を言うと、「私も年をとったからな。時々ルールを忘れるんだ。わっはっは」と豪快だ。

タケイは60年代から70年代にかけて日本でも放送されたTVシリーズ『宇宙大作戦』の宇宙船U・S・S・エンタープライズ号パイロット・ミスターカトー（カトーは日本語吹替版の名前で、米オリジナル版での役名はヒカル・スールー）役で有名になった日系俳優である。映画『スタートレック』（1979）シリーズでも同じ役を演じている。子供の頃夢中で見ていた『宇宙大作戦』のタケイが、20年も後になってゲイであることをカミングアウトした時は私もそこそこショックだった。

※『終わりで始まりの4日間』（2004年・アメリカ）【監督】ザック・ブラフ【出演】ナタリー・ポートマン他

※『ニンジャ・チアリーダー』（2008年・アメリカ）【監督】D・プレスリー【出演】ジニー・ウィアリック他

スタートレックといえば、『ニンジャ・チアリーダー』と間違いやすい『チアリーダー※**忍者**』（**2002**）には、オタク男子学生たちがスタートレックのコスプレで「ゆうべボクはおうちでシコッたよ～マ～スタ～ベ～ト♪」と合唱する名シーンがあった。『チアリーダー忍者』までくると、映画の質はもうこのうえなくグレードダウンし、手の施しようがない。「ハイキックス、ロウＩＱズ」という宣伝文句が、この映画の全てを表現している感じだ。

『ポリスアカデミー』（１９８４）の忍者版、『※**ニンジャ・アカデミー**』（**1989**）というコメディもあった。「ゴールデン・ヌンチャク」を巡る跡目争いから、アメリカではトパンガ・ニンジュツリュウとビバリーヒルズ・ニンジャ・アカデミーという２つの忍者学校が対立している。ドラマの舞台となるのはチバ（ジェラルド・オカムラ）が率いるトパンガのほうで、ジェームズ・ボンドもどきのクールガイやクリント・イーストウッド風マッチョ、顔面白塗りのパントマイマーなど、アクの強い落ちこぼれ生徒たちが修業に励んでいる。「山崎道場」「忍術学校」など、正しい漢字の垂れ幕が随所に登場するものの、生徒たちの白装束は忍者というよりシロアリ駆除のバイトにしか見えないのが哀しい。

ニンジャの本拠地がどういうわけか台湾に設定されていたのは『**桜**※**NINJA**』（**1987**）だ。大リーグ観戦中のおのぼりさんみたいな格好のチャック・コナーズが、いきなり黒忍者をショットガンで射殺したと思ったら、台湾に白人と黒人の部下を送りこ

※『チアリーダー忍者』（２００２年・アメリカ）【監督】ケビン・キャンベル【出演】キラ・リード他

※『ニンジャ・アカデミー』（１９８９年・アメリカ）【監督】ニコ・マストラキス【出演】Ｇ・オカムラ他

※『桜ＮＩＮＪＡ』（１９８７年・アメリカ／台湾）【監督】リチャード・ウォード【出演】ジョージ・ニコラス、マイク・ケリー他

※『忍者ゾンビ』（２０１１年・アメリカ）

む。２人の部下はサクラ組という保育園っぽい名前の忍者組織と戦うため、自分たちも忍者修行を開始。胸にあてた菅笠が落ちないように猛ダッシュで砂浜を走り、サルのように木から木に飛び移り……。ジャパニーズティーハウスといいつつ、茶芸館でロケして中国茶の作法を延々と見せたり、主役２人が忍者スーツ＋般若の面という独創的なスタイルで戦ったり、つっこみどころも満載だが、思考回路は停止させたまま鑑賞する映画だから別にいいのだ。

　実際、ニンジャ映画の裾野はため息が出るほど広く、**『忍者ゾンビ』**※**（２０１１）**、**『NINJA VS ZOMBIE』**※**（２００８）**、**『NINJA VS VAMPIRE』**※**（２０１０）**等々、一体誰が何を考えてリリースしたんだろうというチンカス作品も、最近はＤＶＤでよりどりみどりなのだった。

サムライ、インターナショナル

　アラン・ドロンが一匹狼の暗殺者を演じたフレンチ・フィルムノワールの傑作**『サムライ』**※**（１９６７）**は有名だが、フランス映画には**『SAMURAI』**※**（２００２）**という珍作もある。こちらは一種のＳＦ伝奇映画で、物語は日本の戦国時代から始まる。「忠誠」と書かれたハチマキを締めた武士と鎧武者の立ち回りに続き、お姫様っぽい衣装の妊婦が竹

【監督】ノア・クーパー【出演】マイケル・カストロ他

※『NINJA VS ZOMBIE』（２００８年・アメリカ）【監督】ジャスティン・ティムペイン【出演】D・ロス他

※『NINJA VS VAMPIRE』（２０１０年・アメリカ）【監督】ジャスティン・ティムペイン【出演】D・ロス他

※『サムライ』（１９６７年・フランス）【監督】ジャン＝ピエール・メルヴィル【出演】アラン・ドロン他

※『SAMURAI』（２００２年・フランス）【監督】ジョルダーノ・ジェデルリーニ【出演】倉田保昭、シリル・ムラーリ他

藪で繭に包まれた気持ち悪い赤ん坊を出産。それはまたたく間に成長して黒いマワシいっちょのむきむきスキンヘッド男となり、自分を産んだ女を殺し……めちゃくちゃなオープニングだ。

すぐに話は現代へ飛ぶ。スキンヘッドはあれから何百年も生き続け、今やゲーム会社の社長である。黒塗りの車で送り迎えされ、部下には落語家のように「師匠」と呼ばれている。「井戸ポンプ」の看板、病的なアニメ絵の描かれた「長寿」マッチ箱、戸越銀座を歩く倉田保昭……次々といろんなものが出てくるが、クライマックスは〝Dark Bushido〟というゲームの世界とシンクロして……めちゃくちゃなエンディングだ。

結局、『サムライ』も『SAMURAI』も現代劇で、侍映画ではない。リュック・ベッソン製作の**『神風』**※**（1986）**も、狂ったエンジニアがテレビの出演者を超音波銃で殺しまくる話で、原題が〝KAMIKAZE〟なのに日本と無関係の内容だった。フランス映画にはこういう「なんとなく世間の興味を惹きそうだから日本語のタイトルをつけとこう」みたいな風潮があるのだろうか……。

さて、ちゃんとした侍が出てきて活躍する外国映画のクラシックといえば、まず思い出すのは、昭和のテレビ洋画劇場で定番化していた**『レッド・サン』**※**（1971）**だ。チャールズ・ブロンソン、アラン・ドロン、三船敏郎という「世界三大スター共演」がウリの西部劇である。

※**『神風』**（1986年・フランス）**【監督】**ディディエ・グルッセ**【出演】**ミシェル・ガラブリュ、リシャール・ボーランジェ、ロマーヌ・ボーランジェ他

※**『レッド・サン』**（1971年・フランス／イタリア／スペイン）**【監督】**テレンス・ヤング**【出演】**アラン・ドロン、チャールズ・ブロンソン、三船敏郎、ウルスラ・アンドレス他

ドロンたち強盗一味が列車を襲う冒頭のシーンで、突然ちょんまげ&裃姿の侍が乗ったお座敷列車のような車両が登場した時はめんくらったが、合衆国大統領に献上する帝の宝刀を運んでいたのだと言われれば、ああそうだったのかと納得するしかない。

警護の侍役である「わんぱくでもいい、たくましく育ってほしい」の田中浩が、「成敗させてください、この野蛮人を」と強盗に立ち向かうが、「短筒」を持った相手に「ロングナイフ」でかなうはずもなく、あっさりドロンに射殺され大切な宝刀を奪われる。

随行していたもう一人の侍・三船と、元々はドロンの相棒だったが裏切られ置き去りにされたブロンソンが、共に西部を旅し、逃げ去ったドロンの後を追う。7日以内に宝刀を取り戻さねば、三船は「ハラキリ」だ。

荒野で野宿する2人。三船は背筋を伸ばして正座し、握り飯を食って、短刀で飛びまわる蚊を斬り落とす。ブロンソンはというと、三船にもらったヒモノは「臭い」と敬遠するが、握り飯は「悪くない」とほおばり……貴重なシーンが目白押しだ。他にも、雪が積もる岩山でふんどし姿で震えるミフネ、セニョリータと床入りするミフネ、コマンチ族を殺しまくるミフネ、いろんな男らしいミフネが見られるから、そういうのが好きな人にはお宝映画と言わざるをえない。う〜ん、ねてみたい。

ぐっとマイナーになるが、『レッド・サン』のおバカ版みたいなマカロニ・ウェスタンで※『**ザ・サムライ／荒野の珍道中**』（**1975**）という作品もある。この映画では、強奪

※**『ザ・サムライ／荒野の珍道中』**（1975年・イタリア他）【監督】セルジオ・コルブッチ【出演】トマス・ミリアン、ジュリアーノ・ジェンマ、イーライ・ウォラック他

される貢ぎ物は宝刀ではなく馬（白黒まだらのポニーで、なんと馬のくせにチョンマゲがピンと立っている）。この馬を探し求めて、ぺてん師（ジュリアーノ・ジェンマ）と保安官（イーライ・ウォラック）と足軽（トーマス・ミリアン）が荒野を旅することになる。

注目すべきは「おつむがたりない足軽」役のサクラという男で、黒柳徹子のような髪型に太短いドジョウひげをはやし、ピングーみたいな不可解な言葉をもぐもぐ喋る（日本語のつもりらしい）。サクラは、ご主人様である〝グレートサムライ〟（鎧姿で意味もなく刀を振り回し、横柄そのもの）には土下座して足にキスまでして媚びへつらい、馬の世話をしていて屁をかまされると「私のような卑しい者にかぐわしい香りを、ありがたや～」と感謝する。見た目が全く東洋人に見えないサクラは一応日米ハーフという設定になっており（ママが日本人のパンパンなのだ）、3人が酒場で女装して踊るシーンでは、サクラだけ芸者のような白塗りで登場、日本の血筋をアピールする。

60年代後半にブームとなったマカロニ・ウェスタンの中には、日本人が出演しギラギラした存在感を示した快作もある。**『五人の軍隊』**※**（1969）**では丹波哲郎がメキシコ軍を相手に斬って走って大活躍、**『野獣暁に死す』**※**（1968）**では仲代達矢が目ん玉ギョロギョロさせながら極悪非道の悪役を力演していた。

キワモノ度数をさらにあげると、スペイン映画には**『狼男とサムライ』**※**（1983）**なんて逝っちゃってる映画もある。スペイン怪奇映画界の帝王（?）ポール・ナッチーが、

※『五人の軍隊』（1969年・イタリア）【監督】ドン・テイラー【出演】ピーター・グレイヴス、ジェームズ・ダリー、丹波哲郎、バッド・スペンサー他

※『野獣暁に死す』（1968年・イタリア）【監督】トニーノ・チェルヴィ【出演】モンゴメリー・フォード、仲代達矢、バッド・スペンサー他

中世の呪いの因縁で狼男になってしまった主人公を演じ、その治療法を求めて織田信長の時代の日本を訪れる。道理も理屈も力でねじふせるようなストーリーだが、ナッチーと対決する医師役の天知茂の尽力か、日本の時代劇シーンはセットも殺陣もしっかりしており、露天風呂、切腹、鎧などの基本も押さえている。狼男もチャンバラに参加したり、居酒屋に乱入して客を殺しまくったうえ、ねずみ小僧のように屋根の上に仁王立ちして天知と睨み合ったり大暴れ。最後はお寺の本堂にある大仏の前で、剣の達人でもある天知と素手で戦い、ちょっかい出した天知の妹（朝比奈順子）にとどめを刺される。

天知といえば、私の世代には土曜ワイド劇場『江戸川乱歩の美女シリーズ』の明智小五郎だが、映画出演としては『狼男とサムライ』が彼の遺作である。そう思うと、映画の中で唐突に流れてくる天知のムード歌謡にもしみじみしてしまうのだった。

さて、ぶっとんだサムライ映画とは対照的に、もののふの道を真面目に考えようとしている作品もある。現代のニューヨークを舞台にしたジム・ジャームッシュ監督の※**『ゴースト・ドッグ』（1999）**は、『HAGAKURE』を座右の書とする殺し屋ゴースト・ドッグ（フォレスト・ウィテカー）が主人公だ。『クライング・ゲーム』（1992）の時は、顔だけでなく雰囲気まで笑福亭鶴瓶にそっくりだったウィテカーが、この映画では前科のある黒人ラッパー風にやさぐれた、孤高のサムライキラーを演じている。

『HAGAKURE』は、武士としての心得を説いた江戸時代の書物『葉隠』の英訳本である。

※『狼男とサムライ』（1983年・スペイン／日本）【監督】ハシント・モリナ【出演】ポール・ナッチー、天知茂、朝比奈順子、藤陽子他

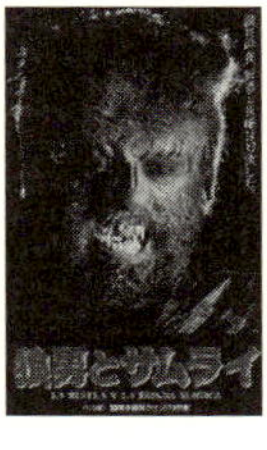

※『ゴースト・ドッグ』（1999年・フランス／ドイツ／アメリカ／日本）【監督】ジム・ジャームッシュ【出演】フォレスト・ウィテカー、ジョン・トーメイ、クリフ・ゴーマン他

映画の中では、場面転換のタイミングでそのテキストが画面に表示され、読みあげられる。つまり、主人公の行動規範は『葉隠』に記された武士道に則っており、映画のしょっぱなから、〝The Way of the Samurai is found in death（武士道とは死ぬこととみつけたり）〟という有名なフレーズが登場する。

ゴースト・ドッグは、ビルの屋上にある小屋で伝書鳩の世話をしながら暮らしている。毎朝ハンドメイドのぼろぼろの神棚に線香を立て、手を合わせて拝み、ひとり黙々と武術・剣術の訓練をする。友達らしき存在は、公園で知り合った読書好きな黒人少女と、言葉もろくに通じない外国人アイスクリーム屋だけ。車は現在レクサスに乗っているが、若い頃「すべてを熟知」と書いた日本語Tシャツを着ていてボコられた恥ずかしい過去があり……武士道フリークの主人公のキャラ設定に、ジム・ジャームッシュの並々ならぬ気合いが感じられる。演じているウィテカーも、武士の刀さばきを真似て銃を振り回すなど、間違ったベクトルで頑張ってしまっており、笑うに笑えないシリアスさが滲み出ている。

この映画のエンドクレジットの〝Personal Thanks〟に並ぶ名前の中には、日本人が4人混じっていた。山本常朝（『葉隠』の著者）、芥川龍之介（短編集『羅生門』の中の「藪の中」が主人公と黒人少女のお気に入りという設定だった）、鈴木清順、黒澤明である。ジム・ジャームッシュにとっての「クール・ジャパン」は彼らなのだ。

【第九章】

大日本帝国、バンザイ！

パンツをはいたサル

フランスの小説家ピエール・ブールは、戦争中インドシナで日本軍に捕らえられた体験を基に『戦場にかける橋』と『猿の惑星』を書いた。どちらも映画化され大ヒットしたが、当然日本が深く関わっている。

『戦場にかける橋』※**（1957）**は第2次大戦下のタイにあった日本軍捕虜収容所が舞台。所長の斎藤大佐（早川雪洲）は捕虜となった連合軍兵士に、泰緬鉄道を通すためのクワイ河鉄橋工事を命じる。ジュネーブ協定など無視し、将校クラスの捕虜にも過酷な労働を強いる斎藤は、いわば悪役だ。しかもドラマの後半は誇り高い英軍大佐（アレック・ギネス）に工事の主導権を奪われ、その存在感すら薄れてしまう。

スタンリー・キューブリック監督の**『博士の異常な愛情』**※**（1964）**にも、1人3役を演じたピーター・セラーズが「日本兵にラングーン鉄道に連れて行かれてね。鉄道を敷かされた。あのブタどもは人をオモチャにしたのさ。そんな奴らがあんないいカメラを作る」と戦時中の体験を語る場面があった。

真田広之が日本軍の通訳役で出演している**『レイルウェイ　運命の旅路』**※**（2013）**もこの泰緬鉄道建設を描いており、タイ西部カンチャナブリーに残っているクワイ河鉄橋の

※『戦場にかける橋』（1957年・英米）【監督】デヴィッド・リーン【出演】ウィリアム・ホールデン、アレック・ギネス他

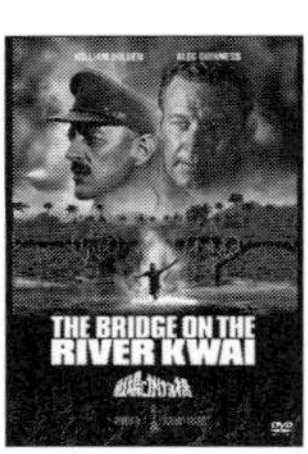

※『博士の異常な愛情』（1964年・英米）【監督】S・キューブリック【出演】ピーター・セラーズ他

※『レイルウェイ　運命の旅路』（2013年・オーストラリア／イギリス）【監督】ジョナサン・テプリツキー【出演】コリン・ファース、ニコール・キッドマン他

今の姿を見ることができる。私も訪れたことがあるが、鉄橋は現在、のどかな観光スポットだ。しかし、周辺には連合軍兵士の共同墓地や日本軍の残虐行為を記録した博物館などもあり（無茶な鉄道工事が数万人の犠牲者を出したのは史実である）、日本人には居心地の悪い観光地になっている。

一方、**『猿の惑星』**※**（1968）**のほうは、言わずと知れたSFクラシック。60年代から70年代にかけて4本の続編も作られた、昭和世代にはおなじみのシリーズである。2001年にはティム・バートン版**『PLANET OF THE APES／猿の惑星』**※が公開され、2011年にはオリジナル・リブート版**『猿の惑星：創世記』**※で新シリーズがスタートしているから、しぶとい人気があるのだろう。

この映画に出てくる高い知能を持ち人間を支配する猿が、欧米の文明人に牙を剥いた野蛮な日本人の暗喩だというのは有名な話である。こぎれいな身なりの猿が、半裸のチャールトン・ヘストンに首輪を付け、檻に放り込む……原作者ブールが戦時中イエローモンキーに捕虜扱いされた恨みを、小説にぶつけたわけだ。

第二次大戦は平和と民主主義を尊ぶ連合国が、日独伊といった極悪ファシズム国家をやっつけた「よい戦争」だったわけで、悪役日本が登場する戦争映画は無数にある。この章では、日本が登場するウォームービーで印象的だったものを振り返ってみたい。

※『猿の惑星』（1968年・アメリカ）【監督】フランクリン・J・シャフナー【出演】チャールトン・ヘストン他

※『PLANET OF THE APES／猿の惑星』（2001年・アメリカ）【監督】ティム・バートン【出演】マーク・ウォールバーグ他

※『猿の惑星：創世記』（2011年・アメリカ）【監督】ルパート・ワイアット【出演】ジェームズ・フランコ、フリーダ・ピント他

リメンバー、パールハーバー

日米開戦のきっかけとなった1941年12月8日の日本軍による真珠湾奇襲攻撃を描いた『**パール・ハーバー**』※（**2001**）は、アクション大作でヒットを連発しているマイケル・ベイ監督作品。リアリティや時代考証などそっちのけで、派手な戦闘シーンと甘いメロドラマを中心に据え、ただただ観客動員を狙う典型的なハリウッド・ブロックバスターだ。

鳥居の笠木の下に吊るした巨大な旭日旗の前で、プールに模型の船を浮かべ、「真珠湾が朝もやの中で目覚める前に総攻撃開始だ」などと日本軍が作戦会議する海辺のシーンが印象的だった。

リチャード・フライシャー、舛田利雄、深作欣二の3人が監督に名を連ねる日米合作『**トラ・トラ・トラ!**』※（**1970**）も真珠湾攻撃を真正面から描いた作品だ。前半は情報戦というか日米の地味な駆け引きが続くが、後半の爆撃シーンはしっかり盛り上がる。テレビの洋画劇場でこの映画を見た昭和キッズたちは、「ニイタカヤマノボレ（真珠湾ヲ攻撃セヨ）」と「トラトラトラ（ワレ奇襲ニ成功セリ）」という2つの暗号電文をしっかり記憶したものだ。

『パール・ハーバー』ではマコ・岩松、『トラ・トラ・トラ！』では山村聰《やまむらそう》が演じた山本

※『パール・ハーバー』（2001年・アメリカ）【監督】マイケル・ベイ【出演】ベン・アフレック、ジョシュ・ハートネット、ケイト・ベッキンセイル他

※『トラ・トラ・トラ！』（1970年・アメリカ／日本）【監督】リチャード・フライシャー、舛田利雄、深作欣二【出演】マーティン・バルサム、ジョゼフ・コットン、山村聰、三橋達也他

五十六を、**『ミッドウェイ』**※**（1976）**では三船敏郎が演じている。1942年6月のミッドウェー海戦はいわば真珠湾のリターンマッチで、日本海軍は大損害を受け、太平洋戦争のターニングポイントとなる。

『ファイナル・カウントダウン』※**（1980）**は、角川映画の『戦国自衛隊』（1979）やかわぐちかいじの漫画『ジパング』のようなSFで、アメリカ海軍の原子力空母ニミッツが、1980年から真珠湾攻撃前日のハワイ沖へとタイムスリップしてしまう。

過去の世界ではF-14とゼロ戦がドッグファイトを繰り広げ、捕虜となった日本人パイロットがニミッツに収容される。

「11月26日、6隻の空母、赤城、加賀、翔鶴、瑞鶴、飛竜、蒼竜が千島列島を出発した。明日の夜明け、353機の航空機が真珠湾を襲う」

未来の人間であるアメリカ人将校が、過去の人間である日本人パイロットに、翌日の奇襲攻撃のことを既に自分たちは知っているのだと説明すると、彼は目をむいて驚く。

この映画、派手な見せ場はないし、歴史がひっくり返ることもないのだが、最後には一応タイムループオチが用意されている。そしてそのラストシーンで流れる曲のメロディが、岩崎宏美のヒット曲『聖母たちのララバイ』そっくりなのだ（『ララバイ』の作曲者はパクッたことを認めている）。素人の私が聞いてもそれとわかるほどそのまんまで、こんな形で日本とつながっている外国映画も珍しい。

※『ミッドウェイ』（1976年・アメリカ）【監督】ジャック・スマイト【出演】チャールトン・ヘストン、ヘンリー・フォンダ、ジェームズ・コバーン、三船敏郎他

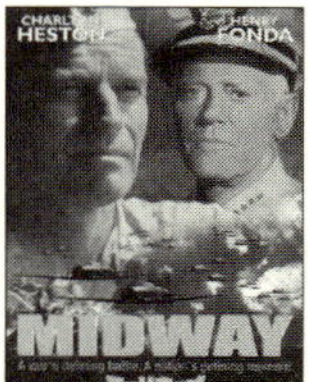

※『ファイナル・カウントダウン』（1980年・アメリカ）【監督】ドン・テイラー【出演】カーク・ダグラス、マーティン・シーン、キャサリン・ロス他

ミスターアメリカ、硫黄島に死す

小笠原諸島南端の硫黄島は一般人の上陸もままならない数キロ四方の小さな島だが、太平洋戦争の激戦地として有名だ。**『硫黄島の砂』**※**（１９４９）**では、硫黄島作戦に参加した米海兵隊の鬼軍曹をジョン・ウェインが演じている。

激しい戦闘の末、玉砕覚悟で硫黄島を守ろうとする日本軍の抵抗も弱まり、一息つくためポケットから煙草を取り出したウェインは、塹壕に隠れていた日本兵に狙撃され、びっくりするほどあっけなく死ぬ。死に顔すら画面に映らない。〝ミスターアメリカ〟と呼ばれた不死身の男ジョン・ウェインが映画の中で死ぬこと自体非常にレアだが、そのそっけない死に方にも茫然だ。ジョー・ローゼンタールのピューリッツァー賞写真やアーリントン墓地の記念碑で知られる「米軍兵士が摺鉢山頂上に星条旗を立てる光景」で映画は終わるが、それはウェインの死後の出来事として描かれている。

ジョン・ウェインはノルマンディー上陸作戦を描いた『史上最大の作戦』（１９６２）など多くの戦争映画に出演、ベトナム反戦運動が盛り上がっていた時代にも、特殊部隊のベトナムでの活躍を描いた『グリーン・ベレー』（１９６８）を作るなど、自他共に認めるタカ派の愛国主義者である。名もなき卑怯者ジャップにあっさり撃たれて死ぬ演出は、

※**『硫黄島の砂』**（1949年・アメリカ）**【監督】**アラン・ドワン**【出演】**ジョン・ウェイン他

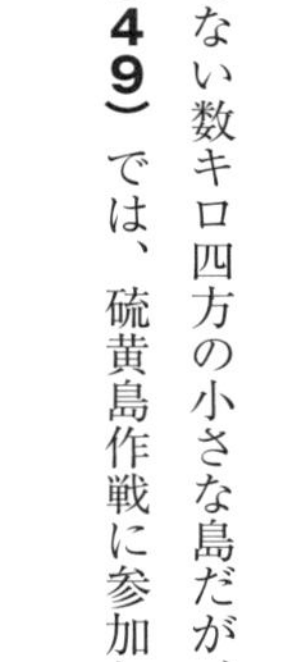

※**『硫黄島からの手紙』**（2006年・アメリカ）**【監督】**クリント・イーストウッド**【出演】**渡辺謙他

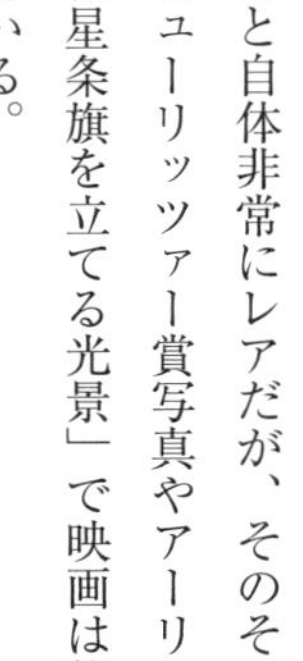

※**『父親たちの星条旗』**（2006年・アメリカ）**【監督】**クリント・イーストウッド**【出演】**ライアン・フィリップ、ジェシー・ブラッドフォード他

一体なんだったのだろう。

硫黄島の戦いに関しては、クリント・イーストウッド監督が**『※硫黄島からの手紙』（2006）**と**『※父親たちの星条旗』（2006）**という2本の映画で、日米それぞれの側から描く試みを行っている。特に『硫黄島からの手紙』で渡辺謙が演じた栗林中将の理性的な人物像は、昔のハリウッド映画に登場するステレオタイプな日本軍人のキャラからみれば画期的だ。私も思わず「メリークリスマス、ミスターローレンス！」と叫んでエールを送ってしまった。

テレンス・マリック監督の**『※シン・レッド・ライン』（1998）**は太平洋戦争のもうひとつの激戦地、ガダルカナル島が舞台だ。

「驚きました。あいつら、生きた魚を木に……」

1942年、日本軍の駐留するガダルカナルに上陸したC中隊大尉はこんな報告を受ける。島にはのんびりした村や美しい自然もあるが、アメリカ人の理解を超えた敵が潜み、死の恐怖と隣り合わせだ。帽垂れがちらりちらりと映ったりするものの、敵である日本兵の顔は前半画面に一切出てこない。映画が始まって1時間半、ついに姿を現した日本兵は瀕死の状態で、米兵にこんな言葉を投げかける。

「貴様もいつか死ぬ」

ソロモンとサイパンの戦場が登場する**『※ウインドトーカーズ』（2002）**は、アメリ

※『シン・レッド・ライン』（1998年・アメリカ）【監督】テレンス・マリック【出演】ショーン・ペン他

※『ウインドトーカーズ』（2002年・アメリカ）【監督】ジョン・ウー【出演】ニコラス・ケイジ他

カ先住民の言葉を暗号として使うナバホ族の通信兵と、戦地で彼の護衛役となった白人兵士（ニコラス・ケイジ）の絆を描く。ジョン・ウー作品ゆえ、日本兵はバンバン襲いかかりバタバタ死んでいくが、ナバホの暗号通信を傍受した日本兵が「水の中でしゃべっているように聞こえます。英語でありましょうか？」などと混乱する様子も描かれている。

「僕は日本軍に入りたい」

スティーヴン・スピルバーグ監督も第2次大戦を扱った映画で日本軍を描いている。大戦下の中国を舞台にした**『太陽の帝国』**※**（1987）**は、上海の英国租界にある邸宅で生まれ育ったイギリス人少年ジム（オーディションで選ばれた13歳のクリスチャン・ベールが演じている）が主人公。彼は〝Zerosen〟、〝Nakajima〟のファンで、いつも日の丸付きの模型飛行機で一人遊びしている。「飛行機も最新型、兵隊も勇敢、僕は日本軍に入りたい」とまで言う息子を、中国人相手に仕事をしている父親はたしなめる。裕福な家庭で何不自由なく育ったイギリス人少年は、純粋に日本軍やゼロ戦に憧れているのだ。

やがて戦争が激化し、英国租界にも日本軍が侵攻。混乱の中、両親は行方知れずとなり、中国人召使いたちにも見捨てられたジムは、廃墟となった邸で『火垂るの墓』のように子供だけで暮らす。とはいえ、ぼっちゃん育ちのジムには清太と節子兄妹のようなバイタリ

※『太陽の帝国』
（1987年・アメリカ）
【監督】スティーヴン・スピルバーグ【出演】クリスチャン・ベール、ジョン・マルコヴィッチ、ジョン・パントリアーノ、伊武雅刀他

ティなどなく、日本軍と街で遭遇すると、反射的に両手を挙げて「降伏します！」と泣きつくありさま。

結局、収容所送りになったジムは、捕虜たちのボス（ジョン・マルコヴィッチ）の使い走りをしながら、「軍曹におじぎするのを忘れるな」といった処世術を学んでいく（軍曹役の伊武雅刀が樽風呂に入るシーンで、丸い石鹸に「清水」と書いてあるのが気になったがそれはさておき）。

ジムは軍曹の怒りを鎮めるためなら、土下座して日本語で「ナニカノマチガイデス」と訴えるし、配給のイモについていたゾウムシだって、タンパク質だとぱくぱく食べる。悲惨な極限状況を生きぬくため、“Best teacher is university of life〟と、「人生大学」から嬉々として学び続けるのである。

ある日、長崎に落とされた原爆の光が蘇州の空を照らすのをジムは目撃する。日本の敗戦は決定的となり、少年をたくましく成長させた収容所生活も終わりを迎える。

もう1本のスピルバーグ製ウォームービー『1941』※（1979）は、真珠湾攻撃直後のアメリカ西海岸の町を舞台にしたナンセンスコメディ、ドタバタ群像劇である。そこでは、日本軍のアメリカ本土への奇襲を恐れた町の人々が防衛体制を敷いている。近所の子供がジャップに備えて落とし穴を掘っているほどだ。

とはいえ、登場人物は緊張感のかけらもないマヌケばかり。ふざけたパールハーバーT

※『1941』（1979年・アメリカ）【監督】スティーヴン・スピルバーグ【出演】ジョン・ベルーシ、ダン・エイクロイド、ネッド・ビーティ、三船敏郎、クリストファー・リー他

シャツを着たカフェ従業員、ディズニーのダンボ好きな将軍、貧弱な隣組防衛隊と愛国老人、女とヤルことしか考えてなくてダンスパーティーに燃える兵士たち……。

女好きの大尉が爆撃機に欲情するフェチ秘書とB17のコックピットでちちくり合っていると、格納庫が開いてしまい爆弾が転がり出てドカン……このつまらないギャグシーンで転がる爆弾には〝So Solly〟という落書きがあった。日本に投下するための爆弾だったのだろう。日本人の常套句、しかも「r」と「l」のミススペル付きだ。

一方、三船敏郎艦長の率いる日本軍の潜水艦はカリフォルニア州沿岸にたどり着き、乗組員が「ハリウーッド、バンザーイ」と叫んでいた。三船は「私の部下はいずれも侍と忍者の子孫だ。捕まるようなヘマはせん！」と断言、兵士たちを上陸させる。彼らはクリスマスツリーに変身し、その姿を記念写真に撮ってから、偶然出くわしたアメリカ人の木こりを拉致して潜水艦に連れ帰り、無理やり下剤を飲ませて「もしもしカメよ～カメさんよ～」と歌う。背筋の寒くなるような脱力ギャグの波状攻撃だ。

『1941』にはまた、ブルース・ブラザースのジョン・ベルーシとダン・エイクロイドも出演している。ベルーシ演じる誇大妄想気味のパイロットのイカレ方は強烈で、「馬鹿が戦車でやって来る」ならぬ「馬鹿が戦闘機で飛んで来る」といった感じ。

エイクロイドの方は生真面目キャラで、乱闘になった兵士たちを鎮め、味方同士もめるな、敵は日本だと大演説をぶつ。

「ジャップは世界を征服するまで殺し続ける。ジャップはサンタクロースも信じちゃいない。我々はクリスマスにターキーを食うんだ！　生魚の頭や米の飯なんか食えるか！」

ちなみに、『１９４１』のオープニングが『ジョーズ』（１９７５）のパロディになっているのは有名だが、『ジョーズ』本編でも、サメ退治の名人クイント（ロバート・ショウ）の体験談に日本軍が登場する。戦時中、彼が乗っていた船は日本軍の攻撃を受け沈没した。その船は原爆輸送という極秘任務に当たっていたためＳＯＳを発信できず、数百人の乗員がそのまま海でサメの餌食になったというのである。これは大戦末期に米巡洋艦インディアナポリス号で実際に起こった出来事が元になっている。

楽園を見においで……。日系アメリカ人強制収容

アラン・パーカー監督は、『愛と哀しみの旅路』※（１９９０）で、戦時中に隔離政策の名のもと砂漠の収容所へと強制移住させられた在米日系人にスポットを当てた。これは戦争に翻弄される日系2世のリリー（タムリン・トミタ）と彼女の家族を描いた大河ドラマであり、リリーと夫のアメリカ人男性ジャック（デニス・クエイド）の運命を描いたメロドラマでもある。

この映画、皮肉な原題（〝Come See the Paradise〟＝楽園を見においで）とは裏腹に、

※『愛と哀しみの旅路』（1990年・アメリカ）【監督】アラン・パーカー【出演】デニス・クエイド、タムリン・トミタ、サブ・シモノ、シズコ・ホシ、スタン・エギ、ロナルド・ヤマモト他

ひたすら真面目な内容で、正直あまり面白くない。私は日本公開直前の試写会で見たが、アメリカ現代史の教材フィルムを見ているような気分を味わった。とはいえ、史実に基づいた誠意の感じられる作品であることは間違いなく、アメリカと日本の関係を振り返る時には外せない1本である。

リリーたち家族が送られたマンザナール強制収容所は、当時10あった日系アメリカ人収容施設の中で最も有名なもので、カリフォルニア州シエラネヴァダ山脈の麓に位置し、1万人ほどの収容力があった。現在、全米には100万人を超える日系アメリカ人がいるというが、『ベスト・キッド』のミヤギ老人など、ハリウッド映画に登場する日系人キャラにも、ここに収容された過去を持つという設定の人物は多い。

収容所の粗末なバラックで暮らしを始めたリリーの家族も、父親はスパイ扱いされ憤死、次男はアメリカを恨んだまま日本に強制送還となる。敵性国民に指定された屈辱をはねかえし祖国アメリカに忠誠を示そうとした日系人が、あえて志願して米軍に入隊するケースも当時は多く、リリー一家の長男も収容所から米軍兵士として出征する道を選び、結局戦死することになる。

442連隊は、そんな日系人兵士のみで組織された実在の部隊である（元々はハワイ出身の日系部隊100大隊がルーツという）。アメリカ本土から欧州戦線に送り出された442連隊は、ドイツ軍に包囲されたテキサス大隊を救出、ゴシックライン（ドイツ軍防衛線）の戦闘で勝利し、甚大な被害を出しながらも米軍史上最多の勲章を授与されている。

中村雅俊とジュディ・オングが夫婦役で出演している**『アメリカンパスタイム　俺たちの星条旗』**※**（２００７）**も大戦中に強制収容された日系アメリカ人家族の姿を描いている。こちらの収容施設はユタ州にあったトパーズ戦争移住センターだが、中村の長男がやはり４４２連隊に志願する（日系人監督デズモンド・ナカノの兄も４４２連隊に加わったという）。

物語にはロミオとジュリエット的な日米カップルやジャズが花を添えるが、メインとなるのはアメリカの娯楽＝野球である。収容所の日系人たちが作ったチームは、看守の所属する地元チームと野球で対戦し、アメリカ人としての誇りと尊厳を取り戻すのだ。

マッカーサーがやって来た

グレゴリー・ペックがマッカーサーを演じる**『マッカーサー』**※**（１９７７）**は、太平洋戦争から戦後復興期にかけて日本と深く関わった米軍人ダグラス・マッカーサーの伝記映画である。

彼はフィリピン戦の功績で元帥の称号を与えられ、戦後は占領軍総司令官として日本に駐留、さまざまな改革を行った。１９５０年に朝鮮戦争が始まると国連軍総司令官として

※**『アメリカンパスタイム　俺たちの星条旗』**
（２００７年・アメリカ）
【監督】デズモンド・ナカノ
【出演】ゲイリー・コール、アーロン・ヨー、中村雅俊、ジュディ・オング他

※**『マッカーサー』**
（１９７７年・アメリカ）
【監督】ジョセフ・サージェント
【出演】グレゴリー・ペック、アイヴァン・ボナー、ウォード・コステロ他

戦争を指揮したが、ソ連や中国を刺激することも辞さない姿勢が当時のトルーマン大統領の不興を買い、解任される。

映画は年老いたマッカーサーがウェストポイント陸軍士官学校で講演し、「義務と名誉と祖国を重んぜよ」と語る場面から始まり、フィリピン・コレヒドール島の攻防など過去へと遡る。原爆のキノコ雲のショットに、東京湾でのミズリー号降伏調印式が続き、淡々と歴史がなぞられる。再開されたプロ野球リーグ戦、新憲法を祝う人々、「強肝・疲労回復にグロンサン」のネオンサイン……随所に挿入される記録フィルムで、戦後日本の復興の様子もうかがえる。

「老兵は死なず、ただ消えゆくのみ」の言葉で有名なマッカーサーの議会演説シーンで映画は締められるが、ペックの清潔さわやかなイメージそのままに全体があっさり仕上がっており、『パットン大戦車軍団』（１９７０）のジョージ・Ｃ・スコットのような濃いおじさんがマッカーサーを演じていたら、もっと盛り上がったのではと思わずにいられない。

ちなみに、マッカーサーが更迭される原因となった朝鮮戦争での奮闘ぶりは、米韓合作の**『インチョン！』**※**（１９８１）**という映画でも描かれている。一度は北朝鮮に占領されたソウルを国連軍が奪還した仁川上陸作戦を描いた戦争映画だ。

この映画でマッカーサーを演じるのは、イギリスの名優ローレンス・オリヴィエ。三船敏郎も出演しており、監督は００７シリーズで知られるテレンス・ヤング、音楽は巨匠

※『インチョン！』（1981年・韓国／アメリカ）【監督】テレンス・ヤング【製作総指揮】文鮮明【出演】ローレンス・オリヴィエ、ベン・ギャザラ、三船敏郎、ジャクリーン・ビセット他

ジェリー・ゴールドスミス……などと説明していくと大層ご立派な映画に思えるが、実は文鮮明の統一教会や国際勝共連合（学生の頃、よく勧誘されたなあ）が製作にかんでおり、1982年度のゴールデンラズベリー賞（ラジー賞）最低作品賞、最低監督賞、最低主演男優賞などを総ナメにしたトンデモ作品なのである。

神経質そうな顔をしたオリヴィエ＝マッカーサーは竹村健一風の一九分けで、仁川に奇襲上陸して北朝鮮軍の補給路を断つ作戦をぶちあげるが、車を駆って戦火を逃れるジャクリーン・ビセットの胸の谷間ばかりが気になって、朝鮮半島を巡る攻防などどうでもよくなってくる。しかも、世界のミフネが変に頑張っていて、袴姿で書道に勤しみ、モーターボートを操って、娘を蜂の巣にされながらマシンガンを撃ちまくり……結局、仁川上陸作戦もマッカーサーもなんの印象も残さないのだった。

連合国軍占領下の日本が舞台のアメリカ映画**『終戦のエンペラー』**※**（2012）**では、トミー・リー・ジョーンズがマッカーサーを演じている。天皇の戦争責任を問えば日本国民の反発を招くと考えたマッカーサーは、知日家の部下に開戦・終戦時の意思決定がいかになされたか調査を命じ、最後は自ら昭和天皇（片岡孝太郎）と会見する。

ミカドの肖像に関しては、不敬という理由で映画公開時に特定のシーンがカットされるケースも少なくない。タイなど、ユル・ブリンナーの『王様と私』（1956）もジョディ・フォスターの『アンナと王様』（1999）も、丸ごと上映禁止にしているほどだ。『終戦

※『終戦のエンペラー』（2012年・アメリカ／日本）【監督】ピーター・ウェーバー【出演】マシュー・フォックス、トミー・リー・ジョーンズ、初音映莉子、中村雅俊、片岡孝太郎他

のエンペラー』もその辺には配慮した演出になっているが、露・伊・仏・スイス合作映画**『※太陽』（２００５）**では、より人間的な昭和天皇が登場する。

「天皇ヒロヒト、彼は悲劇に傷ついたひとりの人間」という宣伝コピーのとおり、ロシアのアレクサンドル・ソクーロフ監督は昭和天皇の苦悩にスポットを当て、菊タブーに慣れた日本人がびびるほどの思い切った天皇描写を展開している。天皇役のイッセー尾形の演技は見事だが、マッカーサーとの会談シーンなど、いろんな意味でハラハラの連続だ。

ノリ的には『ラストエンペラー』（１９８７）や『英国王のスピーチ』（２０１０）とあまり変わらないとも言えるが、陛下を撮影した米軍カメラマンが「バイバイ、チャーリー（チャップリン）！」って、いくらなんでもマズいだろ。毛唐の分際でええ加減にせーよ！

大東亜共栄圏ムービーズ

長い邦題の**『※黒い太陽七三一　戦慄！　石井七三一細菌部隊の全貌』（１９８８）**は、戦争中に満州国ハルビンで細菌・毒ガス兵器を秘かに研究開発していた関東軍七三一部隊の実態を描いた香港映画である。

アジア圏では『The Devil 731』のタイトルで海賊版ＶＣＤ（ＤＶＤじゃないよ）が早くから出回っていたため、バンコクで私の周囲にいたタイ人も結構見ていた。７３１部隊

※『太陽』（２００５年・ロシア／イタリア／フランス／スイス）【監督】アレクサンドル・ソクーロフ【出演】イッセー尾形、ロバート・ドーソン、佐野史郎、桃井かおり他

※『黒い太陽七三一　戦慄！　石井七三一細菌部隊の全貌』（１９８８年・香港）【監督】牟敦芾【出演】呉代堯、田介夫、王潤身他

を率いる石井四郎軍医中将以下、残虐な日本人がざくざく登場するので、さぞや日本のイメージが悪くなるだろうと心配したが、タイの人たちの感想は「うひょーすげー！ 内臓ぐちゃぐちゃだー」みたいなのばかりで、非人道的な日本軍の人体実験に怒りを覚えたなんて意見は皆無。凍傷実験で腕がずるむけて骨だけになり、減圧実験で肛門から腸が飛び出し……要するに、みんなグロいスプラッター映画として大喜びで見ていたのである。

80年代初め、731部隊を取り上げた森村誠一の『悪魔の飽食』が日本でブームとなったが、映画の内容もそのまんまだ。

「これは丸太だ、よく覚えておけ！ 薪に使ったり棺桶にしたりする木の丸太ん棒のことだ！ ここでの実験材料になるんだ！」

満人やロシア人をマルタと呼んで残酷な生体実験を繰り返す石井中将は、夜になると梓山芸妓館を訪れ、白ふんどし姿で裸のゲイシャの腋毛を抜いて喜ぶ。憎悪と怨恨……映画は反日パワーがほとばしるそんなシーンのオンパレードだ。

カンヌで審査員特別グランプリを受賞した中国映画**『鬼が来た！』**※**（2000）**は、大戦末期の中国華北地方の村（「鎧を脱ぐ」という意味の名前を持つ）を舞台に、中国人と日本兵の奇妙な交流を描いている。原題の『鬼子來了』は、香川照之扮する日本鬼子（日本人を指す侮蔑語）が突然村に現れ、村人が彼をかくまわざるをえなくなった状況を指す。はためく旭日旗と軍艦マーチで始まる映画はコミカルに進むが、部隊を離脱し村に潜ん

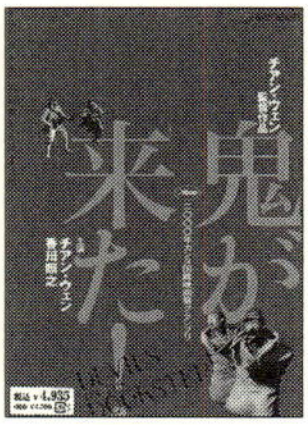

※**『鬼が来た！』**（2000年・中国）**【監督】**チアン・ウェン**【出演】**チアン・ウェン、香川照之、チアン・ホンボー、ユエン・ティン他

でいた香川が上官の元に戻るあたりから、不穏なムードが高まる。「死んで靖国に入ったはずの男が生きて舞い戻り、皇軍の面目をつぶしただけでなく、支那の畜生どもに穀物を与える契約を勝手に交わした」と激怒した上官は、あえて香川の契約どおり村人に穀物を進呈し、大宴会を催す。その席で腐敗分子として香川を処刑しようとするのだが……。

皮肉たっぷりのブラックなシナリオは、村人の虐殺、突然の終戦詔書、恩人の斬首刑と続く。ラストの処刑シーンでは、斬首の瞬間、転がる生首の視点にカメラが切り替わり、ずっとモノクロだった画面がその瞬間カラーとなって強烈な印象を残す。

もうひとつの中国である台湾は、日清戦争が終わった１８９５年に日本に割譲され、１９４５年まで日本に統治されていた。台湾映画**『セデック・バレ』**※**（２０１１）**は、そんな日本統治下の台湾で起こった先住民セデック族による抗日暴動を描いた4時間半（2部作）の大作である。私も知らなかったが、先住民族が多く住む台湾内陸の南投県で１９３０年に実際に起こった霧社事件と呼ばれる暴動の映画化とのことだ。

山岳地帯で伝統的な狩猟生活を営んでいた先住民族セデックの村に日本軍がやって来た。彼らは村を支配し、セデック独自の文化や首狩りの風習などを野蛮なものとして禁じ、日本の教育を押しつけ、強制労働に従事させる。

積もり積もったセデックの人々の不満は、ある時、警官とのもめごとをきっかけに爆発。武装蜂起した先住民たちが日本人を襲う大規模な暴動に発展する。日の丸を掲揚し君が代

※『セデック・バレ』（２０１１年・台湾）**【監督】**ウェイ・ダーション**【出演】**リン・チンタイ、マー・ジーシアン、安藤政信、ビビアン・スー、木村祐一他

を斉唱している最中に乱入し、女子供の区別なく片っ端から日本人を殺す学校襲撃シーンもあり、ともかくやたら首をはねるシーンの多い映画だ。

武力で勝る日本軍は報復・鎮圧に出るが、勇猛なセデックたちは山中でゲリラ戦を続ける。河原さぶが中国映画に出てくる日本軍人の典型みたいなキャラを演じており、「お前らに文明を与えてやったのに、反対に我らを野蛮にさせよって」と怒り狂い、毒ガスの使用に踏み切る。

先住民の中には、日本の教育を積極的に受け入れ日本に同化している模範的な優等生も存在した。着物姿で登場する初子（ビビアン・スー）もそんな一人で、こうした模範先住民は、暴動が起こると当然板ばさみになり、場合によっては裏切り者と見なされる。実際に先住民の血を引くビビアンはノリノリでこの抗日映画の企画に参加し資金援助まで申し出たというが、少し前にはタレントとして日本でがっぽり稼いでいたわけで、そのへんどうなんだろう……いや、私は彼女がメジャーになる前の無修正ＶＣＤとかいっぱい持ってるし、別にいいんだけど。

台湾映画**『悲情城市』**※**（１９８９）**は、昭和天皇の玉音放送が流れた台湾解放の日から、台北に国民党政府が樹立された１９４９年までの４年間の、リンという台湾人一家の日々を描いている。終戦の日に子供が生まれる長男、日本軍に徴用された次男と三男、写真館を営む聾唖の四男……。恋人を残して日本に引き揚げることになる台湾生まれの日本人女

※『悲情城市』（１９８９年・台湾）【監督】侯孝賢【出演】李天禄、陳松勇、高捷、トニー・レオン他

性や、国民党に抵抗しゲリラとなる教師など、リン家の人々の他にも多くの台湾人が登場し、運命に翻弄される大河ドラマだ。

日本の植民地時代を経験した本省人と後に中国本土から来た外省人の対立や、二・二八事件に見られるような蒋介石率いる国民党の腐敗・弾圧など、台湾の現代史に興味がないととっつきにくい部分もあるが、随所に流れる日本の歌やどこかで見たような家族の情景など、不思議な懐かしさが楽しめるのもこの映画の魅力だ。ロケが行われた台湾北部の九份の町は、今や一大観光スポットになっている。

韓国映画**『ロスト・メモリーズ』**※**（2002）**は、オルタナティブ・ヒストリーを扱った「if SF」で、もし1909年の安重根による伊藤博文暗殺が失敗に終わり、日本の朝鮮半島統治が戦後もずっと続いていたら……というシナリオだ。

このパラレルワールドでは、京城は東京、大阪に次ぐ日本第三の都市になっており、街の様子は新宿あたりの夜景を拝借して描かれている。アコムやパチンコのネオンがぎらつき、道路標識には「朝鮮総督府」や「本町1丁目」の文字、車は左側通行、世宗路の銅像は李舜臣ではなく豊臣秀吉になっている。

朝鮮人は「朝鮮系日本人」であり、独立を取り戻そうとする朝鮮系日本人は「不令鮮人」と呼ばれ取り締まられる。主人公のチャン・ドンゴンと仲村トオルは、朝鮮独立派テロ組織を追うＪＢＩ（日本捜査局）捜査官だ。２人はやがて、「敗戦の悪夢と被爆の惨劇」を

※『ロスト・メモリーズ』（2002年・韓国）【監督】イ・シミョン【出演】チャン・ドンゴン、仲村トオル、ソ・ジノ、アン・ギルガン他

免れるため密かに「時間の門」をくぐってタイムスリップし歴史を塗り替えた日本の勢力の存在に気づく。映画の最初と最後が、1909年、中国ハルビン駅での伊藤博文暗殺の歴史的瞬間になっており、韓国人にとってのヒーロー・安重根の伊藤銃撃を阻止しようとする者と成功させようとする者の対決となる。南北朝鮮が日本に核を撃ちこむトンデモ反日ベストセラーを映画化した『ムクゲノ花ガ咲キマシタ』（1995）なんて作品もあったし、韓国人はこうした歴史改変SFみたいなやつが好きなんだろうか……。

『ロスト・メモリーズ』に似た例では、2015年に米アマゾン・スタジオがパイロット版を公開した**『高い城の男』**※がある。これはフィリップ・K・ディックのヒューゴー賞を受賞したSF小説のドラマシリーズ化で、第二次大戦で枢軸国が勝利、アメリカが日本とナチスドイツに分割統治されることになった「もしもの世界」が舞台だ。ドラマに登場するサンフランシスコの街には、「TEIKOKU STATION（帝国駅）」や「HIROHITO AIRPORT（ヒロヒト空港）」があり、いたるところに旭日旗が飾られている。

タイの女性作家トムヤンティの小説『メナムの残照』は、タイでは何度も映画やTVドラマになっている人気作品だ。物語は第2次大戦時にバンコクに進駐した日本海軍大尉コボリとタイ人女性アンスマリンの悲恋ドラマを軸に、日本とタイの同盟関係や地下抗日運動など当時のタイの世情も描いている。

1990年、タイの国民的人気歌手バード＝トンチャイがコボリ役をやったTVドラマ

※**『高い城の男』**（2015年・アメリカ、ドラマシリーズ）**【監督】**デビット・セメル**【出演】**アレクサ・ダヴァロス、ルパート・エヴァンス、ルーク・クラインタンク他

化は特に人気を博し、コボリという日本人の名前を知らない者はタイにいないほどになった。アジア映画では非常に珍しいことだが、この作品の特徴は、コボリという日本軍人が誠実な優しい男として描かれている点だ。怒鳴ったり殴ったり人体実験したり毒ガスまいたりしないのである。

最も新しい『メナムの残照』の映画化作品は、２０１３年にタイで公開された『※**クーカム（運命の相手）**』である。オープニングのタイトルバックをアニメにしたり、アイドルっぽい若手を主役に起用したり、全体的に今風の軽い仕上がりになっている。ドラマの中盤、コボリとアンスマリンは一種の政略結婚をさせられ、日泰の兵士がずらりと整列する結婚式シーンではコボリが紋付袴、アンスマリンが白無垢姿になる。演じているのは２人ともタイ人なわけで、不思議な光景だ。

こうした映画の撮影があると、タイに住んでいる日本人が暇つぶしと小銭稼ぎのためエキストラ志願することも多く、日本兵になりきっている知人の顔を画面で見かけて爆笑するなんてこともしばしば。日本もそうだが、外国人やハーフは映画やテレビにしゃらっと顔を出すチャンスが多く、海外在住邦人にはエキストラのバイトも人気なのだ。外国映画はこんな形でも日本人と関わっているのである。

※『クーカム（運命の相手）』（２０１３年・タイ）【監督】キッチコーン・リアシリコン【出演】ナデック・クギミヤ、オラナテ・D・キャバレス他

【第十章】ジャパニーズ特撮レジェンド

アニメと特撮を愛した監督

『※パシフィック・リム』（2013）は、自他ともに認めるガチオタ、メキシコ出身のギレルモ・デル・トロ監督のSF映画。映画の冒頭、まず「KAIJU＝怪獣：日本語、巨大生命体」という説明字幕が出て、以後、作品内ではカイジューという日本語が普通に飛び交う。カラオケやスキヤキのように、知ってて当たり前の言葉となるのだ。

映画では、人間を襲い街を破壊する巨大怪獣を、各国のパイロットたちが二人一組でイェーガー（巨大な人型ロボット）に乗りこみ迎え撃つ。主人公のアメリカ人ローリー（チャーリー・ハナム）とペアを組むのが、日本人女性・森マコ（菊地凛子）だ。

海底の裂け目から次々現れるカイジューは正体不明の使徒のような存在だし、エントリープラグこそ出てこないものの、イェーガーを操縦するにはパイロットが神経とマシンをシンクロ接続（映画では「ドリフト」と呼ばれている）させなきゃいけないし、イェーガーは接近戦用のプログレッシブ・ナイフみたいなやつも持ってるし……どう見ても『新世紀エヴァンゲリオン』な設定だが、この映画には、ともかく日本のアニメ&特撮大好き監督の情熱が全編マグマのようにほとばしっている。

インタビューやオーディオ・コメンタリーでも、そこらの日本人オタク顔負けの勢いで

※『パシフィック・リム』（2013年・アメリカ）
【監督】ギレルモ・デル・トロ
【出演】チャーリー・ハナム、菊地凛子、イドリス・エルバ、チャーリー・デイ他

自作を熱く語るデル・トロ監督。鉄人28号、鉄腕アトム、ウルトラマン……1964年生まれの監督は、子供の頃メキシコで日本のポップカルチャーの洗礼を受け、大きくなってからも大友克洋や宮崎駿の作品にはまり続けた。『機動戦士ガンダム』のザクみたいなデザインのイェーガーが、『マジンガーZ』のようなロケットパンチを繰り出すのも、当然の成り行きなのである。

自宅とは別に、収集したフィギュアなどを飾るための家を持っているというエピソードも、まるでオタク教授・森永卓郎のようですごい。そういえば、ほのぼのした体型まで二人はそっくりだ（ぽっちゃり体型で不意に思い出したが、日系の少年が主人公のディズニーアニメ**『ベイマックス』**※**（2014）**の製作陣も、白い風船のようなケア・ロボットのキャラは宮崎駿のトトロの影響だと認めていたっけ）。

デル・トロ監督の発言の中では、「東京でモロボシ・ダンに会った」という言葉に同世代の私は一番ぐっときたが、ハルオ・ナカジマなんて名前までスラスラ出ていたから、よっぽどそっち方面が好きなのだろう。

中島春雄は東宝のゴジラシリーズで着ぐるみを着ていた元祖ゴジラ俳優だ。『怪獣大戦争』（1965）でゴジラがイヤミの「シェー！」をした時も、中にはこの人が入っていたのである。

まだスーツアクターなんて言葉もなかった時代、オヤジさん（特技監督の円谷英二）に

※『ベイマックス』（2014年・アメリカ）【監督】ドン・ホール、クリス・ウィリアムズ【声の出演】スコット・アツィット、ライアン・ポッター、ダニエル・ヘニー他

「ぬいぐるみに入れ」と言われ初代ゴジラとなった中島は、東宝のB2役者（エキストラや吹き替えなど、なんでもやる月給プラス歩合制の大部屋俳優）だった。

海軍の訓練で鍛えた胸囲百センチの体が自慢だった中島は、危ない役も引き受ける「ケレン師」として、他の役者が尻込みするキツイ仕事もこなしていたが、重い着ぐるみゴジラで暴れまわるのは、暑く息苦しい孤独な重労働だったと自伝で語っている。

さて、SF作家のウィリアム・ギブスンは「『パシフィック・リム』は怪獣とメカに対する愛の詩だ。怪獣映画とメカ映画への尊敬を示そうとしている」と評しているが、実際、日本愛あふれるこの作品には、いろんなお楽しみが散りばめられている。

たとえば、カイジューのせいで廃墟と化した街に取り残された幼い日のマコ（芦田愛菜）の背後に「萌&健太ビデオ」なんて看板が見えるし、画面に一瞬、「前代未聞の敵だ。一億玉砕」なんて日本語が現れたり、「希望はよみがえらせた」「怪獣が海の周辺の家を襲いました」など、微妙な違和感のある日本のニュース見出しも作品中でインサートされる。

シャッタードームという基地（最近のハリウッド映画は中国市場を意識して作られることが多く、この基地もなぜか香港にある）にいる生物学者のキャラも独特。ヤマアラシというカイジューの刺青を腕にいれている怪獣マニアで、同僚には〝KAIJU GROUPIE〟と呼ばれており、彼が「ドリフト」し記憶がフラッシュバックするシーンでは、ウルトラ警備隊みたいなヘルメットをかぶって戦闘機のミニチュアモデルで遊んでいる子供時代のショットも出てくる。

で、この学者さん、シェルターに避難した時にメガネを落とし、床にはいつくばって「めがね、めがね」と手さぐりして探すシーンがあるのだが、これはもう全盛期の横山やすしの伝統芸そのままである。デル・トロ監督、日本のアニメや特撮だけでなく、もしかしたらヤスキヨ漫才まで見てたりして……。

『パシフィック・リム』のエンドクレジットには「〝モンスターマスター〟レイ・ハリーハウゼンとイシロウ・ホンダに捧ぐ」という献辞が出る。ハリーハウゼンはアメリカの特殊効果の巨人。日本のゴジラにも影響を与えた『原子怪獣現わる』（1953）を作ったストップモーション・アニメーターだ。本多猪四郎は、言わずと知れた東宝オリジナル『ゴジラ』（1954）の監督である。

1954年に日本で製作された『ゴジラ』は、アメリカで新たに撮影したカットを追加して再編集され、**『Godzilla, King of the Monsters!』**※**（『怪獣王ゴジラ』）**というタイトルで、1956年に公開された。再編集版は、ゴジラと遭遇したアメリカの新聞記者の回想を軸に物語が進むスタイルになっており、この新聞記者役をやっているのがレイモンド・バー。お父さん世代には、弁護士ペリー・メイスンや車椅子の鬼警部アイアンサイドでおなじみの、懐かし俳優である。

アメリカでひと手間加えてアレンジされたゴジラは世界中でヒットし、ゴジラという怪

※『Godzilla, King of the Monsters!』
（1956年・日本／アメリカ）
【監督】本多猪四郎、テリー・モース【出演】レイモンド・バー、志村喬、河内桃子、宝田明他

獣の存在はいっきにメジャーになった。再編集版ゴジラの内容は必ずしも本多監督の納得いくものではなかったという話もあるが、今から60年も前に日本生まれのモンスターが世界を魅了したというのは、やはりすごいことだ。

ゴジラのヒット後、ラドンやモスラなど、東宝はまさに怪獣総進撃状態となるのだが、60年代後半には、日米合作の特撮作品も立て続けに製作している。その中の1本、本多監督の**『[※]フランケンシュタインの怪獣 サンダ対ガイラ』（1966）**は、2012年のアカデミー賞授賞式の際、ブラッド・ピットが「3歳の時に初めて見た映画。感動した」とスピーチして話題を呼んだ。

モンスターへの愛を語るティム・バートンもお気に入り映画としてこの作品を挙げているし、クエンティン・タランティーノも『キル・ビル Vol.2』（2004）のメイキングの中で、ユマ・サーマンとダリル・ハンナの格闘シーンは「ブロンド版サンダ対ガイラ」のようにしたかったと述べている。ジャパニーズカイジューは、第一線のハリウッド映画人たちに大きな影響を与えてきたのである。

アイアムガッズィーラ！ ユーアージャパーン！

『[※]アメイジング・スパイダーマン』（2012）では、警官をしているヒロインの父親が

※『フランケンシュタインの怪獣 サンダ対ガイラ』（1966年・日本／アメリカ）【監督】本多猪四郎、円谷英二【出演】ラス・タンブリン、佐原健二、水野久美他

※『アメージング・スパイダーマン』（2012年・アメリカ）【監督】マーク・ウェブ【出演】アンドリュー・ガーフィールド、エマ・ストーン他

「ゴジラなら東京だ、東京の心配でもしてろ！」とスパイダーマンに皮肉を言うシーンがあるが、こうした「日本〜東京〜ゴジラ」とワンセットになったイメージは、アメリカ映画でしばしば見かける。

かけ出しの頃のジョン・キューザックが主演した青春コメディ**『ワン・クレイジー・サマー』（1986）**※にはこんなシーンもあった。

いかにもおつむの弱そうな主人公の弟が、倉庫でたまたま見つけたゴジラの着ぐるみの中に入って「僕は東京から来たゴジラだぞ、がおー」みたいな感じで一人ではしゃいでいると、着ぐるみから出られなくなってしまう。

仕方なくゴジラ姿のままガーデンパーティーの会場に向かい、庭の茂みに隠れていると、通りかかった車イスのおっちゃんの投げ捨てた葉巻が運悪くゴジラの口の中に……。

まるで放射能噴射のようにゴジラの口からは煙がもくもく。パニックになった弟はゴジラ姿でのたうちまわるが、ちょうどそこには土地開発会社が用意した街のミニチュア模型があり、暴れまわるゴジラがそれらを破壊し尽くすことになる。円谷特撮へのオマージュ全開のドタバタ場面だ。ここぞとばかりにバックに流れる伊福部昭っぽい音楽もたまらない。

もっと単純に、セリフの中で、圧倒的に強大な存在としてゴジラの名前が引き合いに出されることも多い。**『デンバーに死す時』（1995）**※は、ちょっとしたミスからボスに処

※『ワン・クレイジー・サマー』（1986年・アメリカ）【監督】サヴェージ・スティーヴ・ホランド【出演】ジョン・キューザック、デミ・ムーア、ジョエル・マーレイ他

※『デンバーに死す時』（1995年・アメリカ）【監督】ゲイリー・フレダー【出演】アンディ・ガルシア、ガブリエル・アンウォー、クリストファー・ウォーケン他

刑宣告されたギャングたちの最期の日々を描いた作品だ。登場人物の中で最もいかれたギャングのビル（トリート・ウィリアムズ）はショットガンをぶっ放して殺し屋を返り討ちにし、「アイアムガッズィーラ！　ユーアージャパーン！」と絶叫する。

ビルは糞便を食う趣味があり、葬儀屋に運び込まれた死体をサンドバッグにしてストレス発散するような異常者だが、そんなヤツでもゴジラのことは知っているわけだ。英語の〝Godzilla〟にはあえて〝God（神）〟という言葉が入れてあるため、「俺は全能だ、無敵だ！」とわめきたい時にもってこいなのである。「ユーアージャパーン！」は「お前はゴジラに踏みつぶされる日本だ！」ぐらいの意味かと思ったが、日本語字幕は「俺はゴジラだ。お前は怪獣を生んだぞ」になっていた。

コケたゴジラ、復活の日

ティム・バートンの**『マーズ・アタック！』**※**（1996）**では、ブラックデビルみたいな鳴き声の火星人が地球を襲い、ビッグベンを壊すわ、マウントラッシュモアの4人の大統領の顔を削って火星人にしちゃうわ、イースター島のモアイをピンにしてボーリングしちゃうわ、やりたい放題。

その様子をラメ入り青マントの火星人司令官は水晶玉みたいなテレビ受像機で見ている

※『マーズ・アタック！』（1996年・アメリカ）【監督】ティム・バートン【出演】ジャック・ニコルソン、グレン・クローズ、アネット・ベニング、ピアース・ブロスナン他

のだが、その画面に突如ゴジラがのしのし歩く場面が出てくる。ゴジラファンだったバートンが、『ゴジラvsビオランテ』（１９８９）のフッテージを混ぜ込んだのである。司令官がチャンネルを変えると、次に『爆発！　デューク』（米ＣＢＳのアクションコメディ１９７９～１９８５）が出てくるのは「?」な感じだが、それはともかく……。

ところでゴジラinアメリカといえば、真っ先に思い浮かぶのは、ローランド・エメリッヒ監督の『GODZILLA』だろう。

１９８９年にソニーがコロンビア・ピクチャーズを買収した時、アメリカの文化、「魂」ともいえるハリウッド映画を、日本が金で買ったという批判が起こった。「三菱地所がニューヨークのロックフェラーセンターを取得」「ユニバーサルが松下電器産業による買収を受け入れ」そんなニュースがじゃんじゃん出ていた時期だ。

Ｍ＆Ａというとかっこよく聞こえるが、要はバブル成金、ジャパンマネーによる海外資産の買いあさりである。当然、生まれ育った州から一歩も出たことないようなそこらのアメリカのみなさんが「グッジョブ！」と笑顔で応援してくれるはずもなく、なんでもかんでも持っていきそうな極東の黄色人種に対する警戒心はデフコンレベル１まではねあがり、現地マスコミの報道姿勢もあいまって、風当りの強さは相当なものだったのである。

逆風の船出にスタジオ経営陣の無策もあり、コロンビアがソニー・ピクチャーズ・エンターテインメントと社名を変えてからも、ソニーの不振は続いた。『バグジー』

（1991）、『フック』（1991）、『ラスト・アクション・ヒーロー』（1993）……発表した大作たちも興行的にはコケまくる。

その後、経営刷新に乗り出したソニーは『ザ・エージェント』（1996）、『メン・イン・ブラック』（1997）のヒットで自信を取り戻し、満を持して世に送り出したのが、エメリッヒ版『**GODZILLA／ゴジラ**』※（**1998**）である。

3300スクリーンという米史上最大の封切り館数。ソニー・ピクチャーズ創立以来の大規模な広告キャンペーン。自信満々のティーザー・アド（ちら見せ広告）が流れ、〝Size does matter（大きさがものをいう）〟のCMコピーが街にあふれる。

肝心の内容はというと、オープニングで襲われるコバヤシ丸の船長（『ブラック・サンデー』同様、クライド・草津が船長役）が丸メガネをかけて相撲中継を見ながら丼をかきこんでいるのはいい感じなのに、ゴジラそのものが、そのスピード感と精悍に引き締まったフォルムゆえ、「ちょっと違うぞ」とファンの拒絶反応を招いた。おまけに、イグアナの化物にしか見えないメリケンゴジラに無性生殖で卵まで生まれた日には……。

じゃあ、既に『ジュラシック・パーク』（1993）の洗礼を受けていたアメリカの観客には、恐竜っぽいルックスのゴジラはウケたのかというと、残念ながらそうでもなかった。「雨のシーンが多く常に画面が暗い」「感情移入できる登場人物がいない」など、作品への評価も興収もトホホな結果となったのである。

※『GODZILLA／ゴジラ』（1998年・アメリカ）【監督】ローランド・エメリッヒ【出演】マシュー・ブロデリック、ジャン・レノ、マリア・ピティロ、ハンク・アザリア他

ゴジラ生誕60年のメモリアルイヤーとなる２０１４年、今度はワーナー・ブラザーズのリブート版『GODZILLA　ゴジラ』※が公開された。ムートーと呼ばれる巨大生物の新キャラはともかく、原子力や放射能の問題を意識した設定があったり、本多猪四郎にちなんだ名前の日本人イシロー博士（渡辺謙）が登場するなど、今度は日本のオリジナル版ゴジラに対する気づかいが感じられる作品になっている。『ジョーズ』（１９７５）的なじらし演出のせいでゴジラそのものの出番が少ないと不満がるファンもいたようだが、エメリッヒ版に比べれば全然ＯＫでしょ……。

特撮の神様を訪ねたハリウッドの２人

寒天の海とウエハースのミニチュアビルを背景に、着ぐるみ怪獣が暴れる。チョコレート製の戦車は熱線を浴びてぐんにゃり溶け、フィルムに直接ピンで傷をつけ軌跡を表現したスペシウム光線がとどめを刺す……数々の職人的な特技撮影＝特撮で一世を風靡し、「特撮の神様」「世界の円谷」と呼ばれた円谷英二。製作・田中友幸、監督・本多猪四郎、特技監督・円谷英二という東宝トリオによる『ゴジラ』（１９５４）は、昭和世代にとっては圧倒的な映画原体験だった。ゴジラがいなければ、北朝鮮の将軍様が『プルガサリ』※（１９８５）なんて怪獣映画を作ることもなかったろうし、松井秀喜だってもうちょっと

※『GODZILLA　ゴジラ』（２０１４年・アメリカ）【監督】ギャレス・エドワーズ【出演】アーロン・テイラー＝ジョンソン、渡辺謙、エリザベス・オルセン、ジュリエット・ビノシュ他

※『プルガサリ』（１９８５年・北朝鮮）【監督】チョン・ゴンジョ、中野昭慶【出演】リ・イングォン、チャン・ソニ、ハム・ギソプ、リ・リョンウン他

スマートなニックネームで呼ばれていたことだろう。

円谷プロの6代目社長だった円谷英明の著書によれば、円谷英二が亡くなる2年前（1968年頃か?）に、スティーヴン・スピルバーグが映像監督と名乗って円谷プロのスタジオをふらりと訪れたという。ワイヤーワークなどの技術に目を見張ってあれこれ質問して帰ったそうだ。

スピルバーグが世界の注目を浴びたのは、1971年のテレビ映画『激突！』。しょぼくれたセールスマンの運転する車が、悪意のかたまりみたいな大型トレーラーに執拗にいたぶられるという、シンプルなプロットゆえに恐怖が倍増する傑作だった。『激突！』製作前でまだ無名だったスピルバーグは、クリエイターの梁山泊と言われていた円谷プロを訪問し、なにかの刺激を受けたのだろうか……。

早くから円谷プロの特撮を評価していたハリウッド映画人としては、ジョージ・ルーカスも有名だが、**『スター・ウォーズ』**※**（1977）**に着手する際、円谷プロのスタジオを模範としてＩＬＭ（特殊効果専用のスタジオ）を作ったという。しかし、円谷プロの「操演」と呼ばれるミニチュア操作とカメラワークは複雑すぎたため、あらかじめコンピュータで動きを設定しておくモーション・コントロール・カメラを開発、特撮のデジタル化を推し進めることになった。

私がリアルタイムに円谷プロの『ウルトラＱ』『ウルトラマン』『怪奇大作戦』などに夢

※『スター・ウォーズ』（1977年・アメリカ）【監督】ジョージ・ルーカス【出演】マーク・ハミル、ハリソン・フォード、キャリー・フィッシャー他

※『真夜中のカーボーイ』（1969年・アメリカ）【監督】ジョン・シュレシンジャー【出演】ジョン・ヴォイト、ダスティン・ホフマン、シルヴィア・マイルズ他

中になったのは1960年代のことだが、1970年代以降、『ウルトラマン』は世界の100を超える国・地域で放映されてきた。

たとえば、**『真夜中のカーボーイ』**※**（1969）**では、ニューヨークに出てきたばかりのジョン・ヴォイトがホテルで娼婦ともつれあっていると、ベッドの上にあったテレビのリモコンが2人の体の下敷きになりチャンネルボタンが押されてしまう。するとテレビの画面に『ウルトラマン』の怪獣スカイドンが登場し、懐かしいテーマ音楽をバックに火をはいて街を焼き払う。その後、一瞬ジャミラも映るから、初代ウルトラマンは当時もうアメリカのテレビで放送していたのだろう。

円谷プロは1990年にはオーストラリアでテレビシリーズ**『ウルトラマンG』**※を製作、1993年には**『ウルトラマンパワード』**※という形でハリウッドにも進出している。ウルトラマンパワードに変身するのはケイン・コスギ。シャープにとんがったパワード・バルタン星人や、筋肉質なパワード・レッドキングなど、アメリカンな味つけも施されたものの、現地での反応はぱっとしなかったようだ。

『ウルトラマン』はタイへの進出も早く、タイでは最近も『ウルトラマンメビウス』や『ウルトラマンガイア』などが放映され人気だ。私が住むバンコクより少し北にあるアユタヤという街には、円谷英二に師事したタイ人のソンポート・センゲンチャイが率いるチャイヨープロという特撮ものプロダクションもある。チャイヨーは、白猿ハヌマーンというア

※『ウルトラマンG』（1990年・オーストラリア／日本、TVシリーズ）【監督】アンドリュー・プラウズ【出演】ドーレ・クラウス、ラルフ・コトリール、リック・アダムス、ロイド・モーリス他

※『ウルトラマンパワード』（1993〜1994年・アメリカ／日本、TVシリーズ）【監督】キング・ワイルダー【出演】ケイン・コスギ、ハリソン・ペイジ、サンドラ・ギィバード他

ジアンキャラも活躍する『※ウルトラ6兄弟VS怪獣軍団』（1974）を円谷プロと一緒に作ったこともあり、ムエタイ（タイ式キックボクシング）で戦う「ウルトラマンミレニアム」など、オリジナルウルトラマンも生みだしている。

しかし1995年頃から、「日本以外でのウルトラマンの独占使用権がある」とチャイヨーが主張し始めたため、円谷との間で裁判沙汰になった。長い裁判の結果、日本では円谷敗訴、タイでは円谷勝訴というねじれ判決がおりた。ウルトラマンの人気が根強い中国でも、キャラクター商品を巡る訴訟合戦となり、2013年9月に円谷敗訴が確定している。

日本のヒーローには、ばんばん世界進出してクール・ジャパンしまくってほしいと単純に思うのだが、ビジネスという視点で見た場合、現地のパートナーとの行き違いや商文化の差異など、面倒なことも多い。『ゴジラ』のように、日本のクリエイターたちのピュアな情熱が世界で受け入れられ、長く愛され続けているのは、極めて幸福な例だろう。

※『ウルトラ6兄弟VS怪獣軍団』（1974年・タイ／日本）【監督】東條昭平【出演】コ・ガオディンディ、アナン・プリチャ、ヨーチャイ・メクスワン他

【第十一章】
みんなでいじろう
ニッポン！

少年ジャンプにJホラー、実写化とリメイクの嵐

日本の文化輸出にからんでクール・ジャパンという言葉がよく使われるようになったのはここ4、5年のことだが、実際にはずっと前からJカルチャーは世界に羽ばたいていた。身近なところでは、『週刊少年ジャンプ』の人気漫画が外国で実写映画になった例を思い出す。香港映画**『シティーハンター』**※**（1993）**では、冴羽獠はジャッキー・チェンで、国民的美少女ゴクミにビンタされている。〝You are already dead（お前はもう死んでいる）〟のセリフは一応あるものの、「ひでぶ」も「あたた」もなく、ケンシロウの動きの鈍さばかりが気になった**『北斗の拳』**※**（1995）**では、ユリア役は鉄骨娘・鷲尾いさ子だった。「鳥山明先生の漫画が読めるのはジャンプだけ」だが、『ドラゴンボール』はハリウッドで**『DRAGONBALL EVOLUTION』**※**（2009）**になった。しかし、亀仙人がチョウ・ユンファというのはいくらなんでも……。

日本の漫画などを実写映画化するパターンも様々で、Vシネのノリで池上遼一の世界を描いた**『クライング・フリーマン』**※**（1995）**、ユン・ピョウが出演した香港との合作**『孔雀王』**※**（1988）**、香港や台湾の俳優が日本に来て日本人役をやった**『頭文字D THE MOVIE』**※**（2005）**、大昔にアメリカでも放映され人気だったタツノコプロのテ

※『シティハンター』（1993年・香港／日本）【監督】バリー・ウォン【出演】ジャッキー・チェン、ジョイ・ウォン、後藤久美子他

※『北斗の拳』（1995年・アメリカ／日本）【監督】トニー・ランデル【出演】ゲイリー・ダニエルズ、鷲尾いさ子他

※『DRAGONBALL EVOLUTION』（2009年・アメリカ他）【監督】ジェームズ・ウォン【出演】ジャスティン・チャットウィン他

※『クライング・フリーマン』（1995年・アメリカ他）【監督】クリストフ・ガンズ【出演】マーク・ダカスコス、加藤雅也、島田陽子他

※『孔雀王』（1988年・日本／香港）【監督】ラン・ナイチョイ【出演】三上博史、ユン・ピョウ、グロリア・イップ他

レビアニメ『マッハGoGoGo』をウォシャウスキー兄弟が映画化した『スピード・レーサー』※（2008）、ファミコン・ゲームのキャラでファンタジー・アクションを作ってしまった『スーパーマリオ 魔界帝国の女神』※（1993）、日本を代表する対戦型格闘ゲームを実写化した『ストリートファイター』※（1994）や『DOA／デッド・オア・アライブ』※（2006）、もとをただせばタカラトミーのロボット玩具だが大ヒットしてシリーズ化されている『トランスフォーマー』※（2007）等々、思いのほか色々ある。ギョーカイの方々はとっても商売熱心なのだ。

韓国のパク・チャヌク監督の復讐三部作の中の一本『オールド・ボーイ』※（2003）も、原作は日本の青年漫画。誘拐され、15年間監禁された主人公が、ある日突然解放されるという異様な物語である。目には目を、近親姦には近親姦をという陰惨な復讐劇は、カンヌで審査員特別グランプリを受賞した。

漫画やアニメに限らず、純粋な日本映画が海外でリメイクされるケースも増えている。近年目立つのはやはりホラー映画のジャンルだろうか。

中田秀夫監督の『リング』（1998）にはナオミ・ワッツ主演の『ザ・リング』※（2002）となり、『仄暗い水の底から』（2002）はジェニファー・コネリー主演の『ダーク・ウォーター』※（2005）となった。『呪怨』（2003）の清水崇監督はハリウッドに招かれ、『THE JUON 呪怨』※（2004）や『呪怨 パンデミック』※（2006）を監督し

※『頭文字D THE MOVIE』（2005年・香港）
【監督】アンドリュー・ラウ他【出演】ジェイ・チョウ他

※『スピード・レーサー』（2008年・アメリカ他）
【監督】ウォシャウスキー兄弟【出演】エミール・ハーシュ、クリスティーナ・リッチ他

※『スーパーマリオ 魔界帝国の女神』（1993年・アメリカ）
【監督】ロッキー・モートン他【出演】ボブ・ホスキンス、ジョン・レグイザモ他

※『ストリートファイター』（1994年・アメリカ）
【監督】スティーヴン・デ・スーザ【出演】ジャン＝クロード・ヴァン・ダム他

※『DOA／デッド・オア・アライブ』（2006年・アメリカ他）
【監督】コリー・ユン【出演】ジェイミー・プレスリー、デヴォン青木他

↓次のページに続く

ている。

やや変則的なところでは、タイのホラー映画『心霊写真』（２００４）を、ハリウッドが日本人スタッフを使ってリメイクした※『シャッター』（2008）という作品もある。監督は『感染』（２００４）の落合正幸でドラマの舞台は日本。しつこい奥菜恵が「この恨みはらさでおくべきか」と、卑劣な男どもを呪いまくる。

ホラー以外では、たとえば山田洋次監督の代表作『幸福の黄色いハンカチ』（１９７７）が２００８年にハリウッドで※『イエロー・ハンカチーフ』となった。アメリカ版では、ヒゲをたくわえたウィリアム・ハートが妻のいるニューオリンズを目指し、ミシシッピ川に浮かぶ船の上にたくさんの黄色いハンカチがはためくのを見つける。

周防正行監督の『Ｓｈａｌｌ　ｗｅ　ダンス？』（１９９６）がリチャード・ギアで※『Shall We Dance?』（2004）になったのはよく知られているが、ギアはもう1本、『ハチ公物語』（１９８７）をハリウッドがリメイクした※『HACHI 約束の犬』（2009）にも主演している。英語風の発音で「ハァチィ」と呼びかけるギアには、サントリー・オランジーナのテレビＣＭの寅さん役同様、ビミョーなペーソスが漂う。この映画がヒットしたイタリアでは（「ハチコウ」はイタリア語読みで「アキコ」になったらしいが）秋田犬の人気が高まり、ブリーダーに頼んでも半年待ち、年間登録数も日本国内を上回るようになったとか。

↓前のページからの続き

※『トランスフォーマー』（2007年・アメリカ）【監督】マイケル・ベイ【出演】シャイア・ラブーフ他

※『オールド・ボーイ』（2003年・韓国）【監督】パク・チャヌク【出演】チェ・ミンシク他

※『ザ・リング』（2002年・アメリカ）【監督】ゴア・ヴァービンスキー【出演】ナオミ・ワッツ他

※『ダーク・ウォーター』（2005年・アメリカ）【監督】ウォルター・サレス【出演】ジェニファー・コネリー他

※『THE JUON 呪怨』106ページ参照

※『呪怨 パンデミック』（2006年・アメリカ／日本）【監督】清水崇【出演】アンバー・タンブリン他

『お葬式』（1984）で映画監督デビューした伊丹十三は、『マルサの女』（1987）、『ミンボーの女』（1992）などユニークな作品で一世を風靡、64歳で謎の死を遂げた。『大病人』（1993）の三國連太郎が車窓から眺める自転車の美少女や、『スーパーの女』（1996）の食品売り場で果物をつぶすババアが大好きだった私は、わざわざ愛媛県松山市まで行き、決して大きいとはいえない伊丹十三記念館を何時間もかけてなめるように見学した伊丹ファンだが、海外にも伊丹ファンはいるらしく、**『ラーメンガール』**※**（2008）**なんていうアメリカ映画もある。これは伊丹監督の『タンポポ』（1985）への愛があふれるオマージュ作品だ。

　監督はアメリカ人だが全編日本ロケ、スタッフも出演者もほぼ日本人という『ラーメンガール』の主演は、32歳で急逝したブリタニー・マーフィー。OL制服やジャージやエプロンやゆかたなど、様々なコスチュームで奮闘している。

　日本に住むアメリカ人のヒロインが、頑固なラーメン屋のおやじ（西田敏行）に「アイワナクックラーメン！」と弟子入りを志願、しごきに耐えて修業に励むというストーリー。在日コリアン三世の〝サラリーマン〟との恋や、ライバルとのラーメン対決もある。最後はおやじに「ユーアーマイサクセッサー」と言わせるほど成長したヒロインは、帰国後ニューヨークで〝TheRamenGirl〟という店を開く。

　劇中に「今夜はね、インターナショナルなラーメン屋だよ」という西田の奥さん役の余

※『シャッター』（2008年・アメリカ）【監督】落合正幸【出演】ジョシュア・ジャクソン他

※『イエロー・ハンカチーフ』（2008年・アメリカ）【監督】ウダヤン・プラサッド【出演】ウィリアム・ハート、マリア・ベロ他

※『Shall We Dance?』（2004年・アメリカ）【監督】ピーター・チェルソム【出演】リチャード・ギア、ジェニファー・ロペス他

※『HACHI 約束の犬』（2009年・アメリカ）【監督】ラッセ・ハルストレム【出演】リチャード・ギア、ジョアン・アレン他

→次のページに続く

貴美子のセリフがあったが、ここ数年、海外へのジャパニーズラーメンチェーンの出店攻勢は本当にすごい。一風堂、幸楽苑、リンガーハット、大勝軒、山頭火、なんつッ亭……私の地元バンコクなど、もうほとんど飽和状態だが、それでも勢いは衰えない。

　伊丹は20代で義和団事件を描いたアメリカ映画**『北京の55日』**※**（1963）**に出演、チャールトン・ヘストンやデヴィッド・ニーヴン相手に、きりりとした日本人将校（外国人居留区で籠城戦を指揮した柴五郎）を演じていた。まだ十三と名乗る前で、クレジットには〝ICHIZO ITAMI（伊丹一三）〟と出るが、若い頃から外国映画と関わりがあったわけだ。亡くなって何年もしてから自分の代表作『タンポポ』のアメリカバージョンが作られるなんて、きっと喜んでいることだろう。

変態枕草子からオクラ入りMISHIMAまで

『ピーター・グリーナウェイの枕草子』※**（1996）**は、清少納言の『枕草子』がベースになっており、京都ロケも行っている。日本の「書の世界」にこだわったフェティッシュな映像が積み重ねられ、いつもどおりと言えばいつもどおり、なんじゃらほいと言えばなんじゃらほいな、グリーナウェイワールドが展開する。

　女体盛りならぬ女体書道のシーンや、まぶたに「盲の目は読めず」、手に「手は己に書

↓前のページからの続き

※『ラーメンガール』（2008年・アメリカ／日本）【監督】ロバート・A・アッカーマン【出演】ブリタニー・マーフィー、西田敏行他

※『北京の55日』（1963年・アメリカ）【監督】ニコラス・レイ【出演】チャールトン・ヘストン他

※『ピーター・グリーナウェイの枕草子』（1996年・イギリス他）【監督】ピーター・グリーナウェイ【出演】ヴィヴィアン・ウー、ユアン・マクレガー、

けず」など、筆で全身に言葉を書きこんだ坊主頭の全裸勃起男が登場するシーンにくらくらしたが、とりあえず私の理解を超えた作品だったので、懐かしの淀長さんの言葉を紹介し、お茶を濁させていただく。

「彼（グリーナウェイ）が愛し彼が酔い彼が慰んだジャポネーズ、これを彼の思いのままに描き抜く。八雲の耳なし芳一があこがれて使われるほか〝男〟の全裸が暇なく現れ、男と男の男色シーンをも入れて三島文学をまねたがごときムードも加える。要するにこの監督の麻薬。酔いたまえ。盆栽も出る、若い力士の全裸も出る」（産経新聞「淀川長治の銀幕旅行」より抜粋）

いかにも淀長さん好みの作品で、三島文学の影響の指摘もあるが、三島由紀夫の小説の海外での映画化としては**『午後の曳航』**※**（1976）**が代表格だ。舞台をイギリスの港町に変えているものの、内容は原作に忠実で丁寧な仕上がりだった。

日米合作の**『Mishima - A Life in Four Chapters』**※**（1985）**は製作総指揮にコッポラとルーカスが名を連ね、監督・脚本がシュレイダー兄弟ということで、映画好きにはよく知られた作品だが、大人の事情で日本では未公開、ソフト化もされていない。私も、マニアックな友人が貸してくれた海外版ビデオテープで何十年も前に一度見たきりだが、内容はいたってまっとうなものだった記憶がある。

三島役は緒形拳で、文壇デビューから市ヶ谷駐屯地で割腹自殺するまでを演じる。『金

緒形拳他

※『午後の曳航』
（1976年・イギリス）
【監督】ルイス・J・カリーノ
【出演】サラ・マイルズ他

※『Mishima - A Life in Four Chapters』
（1985年・アメリカ／日本）
【監督】ポール・シュレイダー
【出演】緒形拳、坂東八十助他

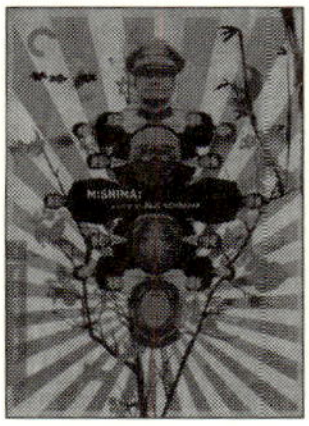

閣寺』や『鏡子の家』などの三島作品を劇中劇の形で挿入し、作家の実人生と彼の小説世界がシンクロしながら進行する構成だ。三島文学入門ドラマとして十分な魅力があり、フィリップ・グラスのいつものミニマルな音楽も、映像によくなじんでいた。

三島同様、海外で知名度の高い谷崎潤一郎も、その気になればいくらでも下世話にアレンジできる物語が多いせいか、過去に何度も映画化されている。かつて市川崑、神代辰巳、若松孝二ら有名監督が映画化し、ワインタレント川島なお美主演バージョンまである谷崎の小説『鍵』は、初老の主人公が日記にエロい企みを書き、若い妻がそれを読むように仕向ける話だ。海外では、『カリギュラ』（１９７９）のイタリア人監督ティント・ブラスが、舞台を第二次大戦前夜のヴェニスに置きかえ、映画化している。

イタリア版**『鍵』**※**（１９８３）**のヒロインは『暗殺の森』（１９７０）のステファニア・サンドレッリ。はっきり言ってムチムチだ。彼女がお尻に注射されるシーンや、女物の下着をつけた老教授が発作を起こすシーンなどを見ると、映画全体のノリはラウラ・アントネッリの『青い体験』（１９７３）とあまり変わらないような気がする。原作は一応、純文学ってことになってるんだけど……。

ケヴィンが62回見たクロサワ

※『鍵』
（１９８３年・イタリア／フランス）
【監督】ティント・ブラス【出演】ステファニア・サンドレッリ他

※『ボディガード』
（１９９２年・アメリカ）
【監督】ミック・ジャクソン【出演】ケヴィン・コスナー、ホイットニー・ヒューストン他

※『夢』
（１９９０年・日本）
【監督】黒澤明【出演】寺尾聰、倍賞美津子、原田美枝子他

※『荒野の用心棒』
（１９６４年・イタリア／スペイン）
【監督】セルジオ・レオーネ【出演】クリント・イーストウッド、マリアンネ・コッホ他

ホイットニー・ヒューストンの主題歌「オールウェイズ・ラヴ・ユー」のサビが耳について離れない**『ボディガード』**※**（1992）**には、彼女がケヴィン・コスナーとカタカナで「アタシ」と書かれたネオンのある映画館でデートする場面がある。２人が見るのは黒澤明監督の『用心棒』（１９６１）で、「馬鹿につける薬はねぇな」と、三船敏郎がジェリー藤尾の腕を一瞬のうちに切り落とす場面が丸ごとインサートされている。ホイットニーに『用心棒』を何回見たか訊かれたケヴィンは答える。「62回」。

黒澤作品の海外での影響をうんぬんすると、とんでもないボリュームになってしまうのでサラッといくが、ともかくハリウッドの大物はクロサワリスペクトを表明することになっているようだ。ルーカス、コッポラ、スピルバーグ……中でも特に体を張って尊敬の念を示したのはマーティン・スコセッシだろうか。彼は黒澤の**『夢』**※**（1990）**に画家のゴッホ役で出演したのである。

みすぼらしいなりのスコセッシ・ゴッホが麦畑でスケッチに夢中になる姿には切ないものを感じたが、「耳は自分で切り落としたんだ」などと寺尾聰に語る声質やセリフ回しがジョー・ペシそっくりで笑ってしまった。

『用心棒』はイタリアでパクられてマカロニ・ウェスタンの金字塔**『荒野の用心棒』**※**（1964）**となり、『七人の侍』（１９５４）は↓ハリウッド西部劇**『荒野の七人』**※**（1960）**↓ロジャー・コーマンのC級ＳＦ**『宇宙の７人』**※**（1980）**と三段逆スライ

※『荒野の七人』（1960年・アメリカ）【監督】ジョン・スタージェス【出演】ユル・ブリンナー他

※『宇宙の7人』（1980年・アメリカ）【監督】ジミー・T・ムラカミ【出演】リチャード・トーマス、ジョン・サクソン他

ド方式でリメイクされ、『隠し砦の三悪人』（1958）のキャラは**『スター・ウォーズ』**※**（1977）**のC-3POとR2-D2になり……。

テリー・ギリアム監督も、最近のインタビューで「監督として最も鼓舞された映画」に『七人の侍』を挙げ、スリリングでテクニックにあふれ、誰もがまねしたくなると述べている。未来の管理社会を皮肉たっぷりに描いた**『未来世紀ブラジル』**※**（1985）**で主人公の悪夢に登場する巨人は、どう見ても日本の戦国時代の鎧兜を着た武者だが、あれもどこかで黒澤作品とつながっているのかもしれない……。

このてのウンチクは海外の映画ファンも好きらしく、世界のクロサワを取り上げたドキュメンタリーも各国で山のように作られている。『レポマン』（1984）や『シド・アンド・ナンシー』（1986）で知られるイギリスの監督アレックス・コックスのTVムービー**『Kurosawa: The Last Emperor』**※**（1999）**もそんな1本だ。

クセのある映画を作るコックスだが、このドキュメンタリーはとっつきやすいクロサワ入門フィルムになっており、『蜘蛛巣城』（1957）で三船敏郎が次々と矢を射かけられるラストシーンの撮影裏話など、有名なおもしろエピソードも入っている。

インタビューされているゲストも多彩で、フランシス・フォード・コッポラ、ベルナルド・ベルトルッチ、ジョン・ウー、仲代達矢、ポール・バーホーベン……。日本映画を海外に紹介したことで知られるアメリカの評論家ドナルド・リチーも眉間に縦じわ寄せてク

※『スター・ウォーズ』208ページ参照。

※『未来世紀ブラジル』（1985年・イギリス）【監督】テリー・ギリアム【出演】ジョナサン・プライス、ロバート・デ・ニーロ、マイケル・ペイリン他

※『Kurosawa: The Last Emperor』（1999年・イギリス）【監督】アレックス・コックス【出演】ベルナルド・ベルトルッチ、フランシス・フォード・コッポラ他

ロサワを語っているが、男同士が野外でまさぐり合い、日本のお墓の前でオナる『Dead Youth』（1967）など、リチーの作った内容がアレなショートフィルムを見たら、世界のクロサワはなんと言っただろう……。

みんな大好き、リドリー・スコット劇場

スキあらば日本をいじる大御所といえば、イギリス出身のリドリー・スコット監督だろう。

彼の名を世界的に有名にした大ヒット作が**『エイリアン』**※**（1979）**。舞台となる貨物宇宙船ノストロモ号のくたびれたセットのリアルさは語り草になっているが、その船内でアンドロイドがヒロイン（シガニー・ウィーバー）を襲い、丸めた雑誌を口に突っ込んで殺そうとするシーンがある。

この船のオーナーは日系企業だという裏設定のせいか、ソフトの再生を一時停止してよく見ると、アンドロイドが丸めた雑誌の表紙に「平凡」という漢字がはっきり見え、雑誌は「平凡パンチ」だとわかる。すぐそばの壁には雑誌から切り抜いたと思われる水着グラビアも貼ってあり、モデルの髪型や雰囲気が一昔前の日本のアイドルっぽい。

日本のアイテムがキーになる場面で出てくるといえば、**『悪の法則』**※**（2013）**もそう

※『エイリアン』
1979年・アメリカ
【監督】リドリー・スコット
【出演】トム・スケリット、シガニー・ウィーバー、ヴェロニカ・カートライト他

※『悪の法則』
2013年・アメリカ／イギリス
【監督】リドリー・スコット
【出演】マイケル・ファスベンダー、ペネロペ・クルス、キャメロン・ディアス他

だ。麻薬ビジネスに手を染める主人公の弁護士（マイケル・ファスベンダー）が、服役中の女に、スピード違反で捕まった息子を助けてくれと依頼される。時速３３０キロ出していたと聞いてあきれた弁護士が「一体何に乗っていたんだ?」と尋ねると、女は「日本製のバイクだ」と答える。実は、女の息子は「運び屋」で、出所後、再び日本製バイクを飛ばしてブツを配送している時に殺され、その事件がきっかけで弁護士は破滅することになるのだが……。作品中には、ヤマハのバイク・ショールームも登場する。

カルトＳＦとして熱烈なファンの多い**『ブレードランナー』**※**（１９８２）**は、全編に日本が散りばめられる。舞台は酸性雨の降り注ぐ近未来のロサンゼルス。ビル壁面の巨大な広告スクリーンにはゲイシャっぽい東洋人が現れ、「強力わかもと」の宣伝をしている。夜の街には「ホテル」「レストラン」「ＴＤＫ」「ゴルフ」「香水」「時計」「充実の上に」「持ちの鳥口」など、ありふれた単語から意味不明なフレーズまで、日本語ネオンサインだらけだ。「万年筆」の「万」が消え「年筆」だけになっていたり、「日本の料理」という看板が上下さかさまに取り付けられていたり……。

日本語や欧米の言葉をちゃんぽんした人工言語をしゃべる人物も登場し、雑踏では断片的な日本語や日本の民謡めいたメロディーも聞こえる。多民族があふれ混沌とした未来の街のいろどりに、日本のあれやこれやがしっかり貢献しているのだ。

レプリカントと呼ばれるアンドロイドを追う賞金稼ぎ＝ブレードランナー役のハリソ

※『ブレードランナー』
（1982年・アメリカ）
【監督】リドリー・スコット
【出演】ハリソン・フォード、ルドガー・ハウアー、ショーン・ヤング、エドワード・ジェームズ・オルモス他

ン・フォードは、繁盛しているダウンタウンのヌードル屋台で当たり前のように食事をする。英語で「4つ」と注文した彼を、坊屋三郎みたいな店の親父が「2つでじゅうぶんですよ」と日本語でたしなめる場面は有名だ。このシーンのハリソン・フォードの割り箸さばきは見事で、ごくごく自然な感じで割り箸を2つに割り、こすり合わせてささくれを取る。今どき、日本人でも滅多にやらない古風な作法である。

日本ロケを敢行した**『ブラック・レイン』**※**（1989）**になると、舞台は日本、しかもコテコテの大阪だ。ガイジンホステスもいる「クラブみやこ」がある道頓堀、主人公たちが暴走族にからまれる十三など、いかにもリドリー・スコットらしい画作りで、なんだかもう大阪じゃないみたいな異世界感が漂う。

物語はマイケル・ダグラスとアンディ・ガルシア演じる2人の刑事が、サトウという殺人犯（松田優作）をアメリカから日本に護送中、逃げられてしまうというもの。ダグラスが日本の刑事（高倉健）と仲良くうどんをすする場面もあるが、『ブレードランナー』のハリソン・フォードと違って箸使いがへたくそで、店のばあちゃんに箸の持ち方を教えられたりする。一匹狼のアメリカ人刑事が、自分のやり方が通用しない異質な文化の中に放り込まれたことを端的に示すシーンである。

ガルシアの方は、カラオケで健さんとレイ・チャールズを歌ったりする陽気な男だ。しかし、中盤、松田優作に刀で首ちょんぱされてしまう。彼が斬首される現場は地下駐車場

※『ブラック・レイン』
95ページ参照。

で、変な日本語看板がいくつも天井からぶら下がり、モータープールというネオンがチカチカしている。モータープールなんて関西圏特有の言葉が何度も映るのがたまらない。「背が低くて卑屈というありがちな日本人像は描きたくなかった。松田優作のキャラクターをイメージしたタフで大柄で現代的な日本人、見るからに危険だが同時に知性的でもあるという新しい捉え方をしたかった」

インタビューでスコット監督はこう語っているが、撮影当時、既に癌を患っていた松田優作の突き抜けた存在感は、演出うんぬんとは別次元の凄味がある。

若山富三郎、内田裕也など『ブラック・レイン』には、他にもいろんな日本人が顔を出している。パチパチパンチは黒いサングラスを着用し、オッケー牧場はマイケル・ダグラスに頭突きをくらい、ホタテマンはド派手に爆発炎上する車の前で蜂の巣にされ……。

実は、田代まさしも『ブラック・レイン』のオーディションを受けていたという都市伝説（？）もあるのだが、彼がもしサトウ役に抜擢されていたら、ケミカルパワーで松田優作に負けないぐらいの鬼気迫る演技を披露していたかもしれない。

さて、そんなリドリー・スコット監督の本宅はロンドンにあり、そこで三年近くハウスキーパーを務めたケイコという日本人女性が、その時の経験を本にまとめている。身近に日本人がいた（彼女は唯一の住み込み家政婦で、食事からアイロンがけまで、家事や屋敷のメンテナンスなど全てを取り仕切っていた）ことがスコット作品にどの程度影響を与えたかはわからないが、少なくとも彼女をかなり信頼していたようだ。

ジェントルマンではあるが、仕事面だけでなく私生活も相当な完璧主義者だったらしいスコット監督。『マッチスティック・メン』(2003)のニコラス・ケイジばりに、「私はスポットレス(シミひとつない)が好きだ」が口癖で、ロケのためイギリスを離れている時にも、「ダイニングルームの植木の水やりはケイコが自分でやってくれ。それから、月曜はゴミの日だから忘れないで」みたいな電話をわざわざかけてきたという。

ケイコがハウスキーパー採用面接に行った時には、『ブラック・レイン』の話題も出た。「撮影で大阪に7カ月もいたんだよ。日本のクルーはよく働く。アメリカのクルーよりずっと速く正確に仕事をする。日本人はきれい好きなので気に入ったよ」と言われ、すぐに採用が決まったそうだ。

「日本料理は健康的でいい」と、ケイコの作る寿司やしゃぶしゃぶを監督は大量に食べたそうだが、一方で、日本でプレゼントされた立派な藤娘(日本人形)を、ケースごと戸棚の一番下に入れほったらかしていたので悲しかったと、彼女は回想している。

最後の侍のテレフォンショッキング

新作映画のプロモーションで来日するハリウッドスターは多いため、いちいち挙げてもきりがないが、何度もやって来てはその都度力強いリップサービスでファンを魅了するのがトム・クルーズである。なにせ日本では、10月6日が「トムの日」になってるほどなのだ（なんだそりゃ?）。

船場吉兆のささやき女将のような戸田奈津子さんのアシストがあるおかげか、来日中のトムはサイエントロジー仕込みの必殺技「ジャンピングソファー」を繰り出すこともなく、いたってノーマルである。

『ラストサムライ』※**（2003）**で来日した時は「最後の侍」と日本語で縦書きされたキャップをかぶって微笑み、『オブリビオン』（2013）の時は『笑っていいとも!』のテレフォンショッキングに出演、客席にいる100人の中で「エンパイアステートビルに行ったことのある人の数」を当てて携帯ストラップをもらったトム。日本のライトノベルが原作の**『オール・ユー・ニード・イズ・キル』**※**（2014）**のプロモで来日した時は、大阪・道頓堀「クルーズ」まで行っている。

そもそも『ラストサムライ』は、明治維新後の軍備増強のため、日本に招かれて軍隊の訓練を指揮することになったアメリカ人元士官が、時代に取り残された武士達の生き様に魅せられ、共に反乱軍として政府軍と戦う話である。日本と直接関係ないが、『コラテラル』（2004）でトムが演じたストイックな殺し屋も、ジャン・ピエール・メルヴィル監督の**『サムライ』**※**（1967）**のニヒルな暗殺者を彷彿とさせ、サムライ的だ。日本

※『ラストサムライ』160ページ参照。

※『オール・ユー・ニード・イズ・キル』（2014年・アメリカ）【監督】ダグ・リーマン【出演】トム・クルーズ他

※『サムライ』169ページ参照。

※『オースティン・パワーズ ゴールドメンバー』230ページ参照。

※『ハイ・フィデリティ』（2000年・アメリカ）【監督】スティーヴン・フリアーズ【出演】ジョン・キューザック他

※『戦場のメリークリスマス』（1983年・日本／イギリス／オーストラリア他）【監督】大島渚【出演】デヴィッド・ボウイ、坂本龍一、ビートたけし他

※『ラストエンペラー』（1987年・イタリア／中国／イギリス）

をいじりたおした『※**オースティン・パワーズ　ゴールドメンバー**』**（2002）**の劇中劇「オースティン・プッシー」にもトムはカメオ出演していたし、なんだかんだで日本とつながりのあるハリウッドセレブなのである。

『笑っていいとも！』に話を戻すと、1982年から2014年まで放送されたこの長寿番組のおなじみのフレーズ「友達の輪」が生まれたのは、テレフォンショッキングに坂本龍一が出演した時らしい。坂本が日本航空の鶴のマークを両手を丸めて表現し、「あれは世界に広げよう、友達の輪という意味なんだって」とタモリに説明したのが最初だとか。

ベルトルッチ作品の映画音楽を手がけた坂本のアルバムは、『※**ハイ・フィデリティ**』**（2000）**でスケボー少年が万引きするCDの中にも入っていたし、やっぱり偉大な人だったのだ。『※**戦場のメリークリスマス**』**（1983）**でデヴィッド・ボウイにキスをされ、『※**ラストエンペラー**』**（1987）**でジョン・ローンを操り、『※**ニューローズ ホテル**』**（1998）**でクリストファー・ウォーケンやウィレム・デフォーと会議していた「世界のサカモト」……。この際だから、友達の輪にちなんで、坂本龍一のように海外進出している日本人を思い出すまま並べてみよう。

木村拓哉は名匠ウォン・カーウァイの『※**2046**』**（2004）**で香港娘と恋に落ち、中島美嘉は『※**バイオハザードV リトリビューション**』**（2012）**で、口からでかいヒトデを出してミラ・ジョヴォヴィッチを襲い、裕木奈江はデヴィッド・リンチ監督の『※**イ**

【監督】ベルナルド・ベルトルッチ【出演】ジョン・ローン、ジョアン・チェン他

※『ニューローズ ホテル』（1998年・アメリカ）【監督】アベル・フェラーラ【出演】クリストファー・ウォーケン、坂本龍一他

※『2046』（2004年・香港他）【監督】ウォン・カーウァイ【出演】トニー・レオン、木村拓哉、チャン・ツィイー他

※『バイオハザードV リトリビューション』（2012年・アメリカ他）【監督】ポール・W・S・アンダーソン【出演】ミラ・ジョヴォヴィッチ、ショーン・ロバーツ、中島美嘉他

※『インランド・エンパイア』（2006年・アメリカ／ポーランド／フランス）【監督】デヴィッド・リンチ【出演】ローラ・ダーン、ジェレミー・アイアンズ、ハリー・ディーン・スタントン他

ンランド・エンパイア』（2006）でホームレス役ながらセリフをゲット。松田聖子は※**『アルマゲドン』（1998）**で、隕石なんのその、イエローキャブの運転手に〝I want to go shopping!〟とせまる。『台風クラブ』（1985）の時は幼かった工藤夕貴も、※**『ヘヴンズ・バーニング』（1997）**でラッセル・クロウと逃避行し、※**『ヒマラヤ杉に降る雪』（1999）**でイーサン・ホークとからむ。

真田広之は※**『ラッシュアワー3』（2007）**でジャッキー・チェンに「ウゴクナ、ケンジ！」と銃を突きつけられ、※**『ラストサムライ』（2003）**ではトム・クルーズと、※**『ウルヴァリン：SAMURAI』（2013）**ではヒュー・ジャックマンと剣を交える。※**『サンシャイン 2057』（2007）**で宇宙船イカロスの船長として太陽に焼かれてしまったものの、2014年にCBSでスタートしたTVシリーズ※**『エクスタント』**では、謎の宇宙プロジェクトを陰で操る科学者社長として復活、着流し姿なども披露しつつ、ハル・ベリーと共演している。

伊勢谷友介は※**『ブラインドネス』（2008）**で、運転中に突然失明、視界が白い闇となる感染症の第一号患者になった。浅野忠信は※**『マイティ・ソー』（2011）**でソーをサポートする三銃士の一人ホーガン役だったが、※**『47 RONIN』（2013）**では吉良上野介になって斬首され、※**『モンゴル』（2007）**ではテムジン（チンギス・ハーン）を演じてモンゴル語をしゃべり、※**『壊れた心』（2014）**ではフィリピンのスラム街で駆け落

※『アルマゲドン』（1998年・アメリカ）【監督】マイケル・ベイ【出演】ブルース・ウィリス他

※『ヘヴンズ・バーニング』（1997年・オーストラリア）【監督】クレイグ・ラヒフ【出演】ラッセル・クロウ、工藤夕貴他

※『ヒマラヤ杉に降る雪』69ページ参照。

※『ラッシュアワー3』（2007年・アメリカ）【監督】ブレット・ラトナー【出演】ジャッキー・チェン、クリス・タッカー他

※『ラストサムライ』160ページ参照。

※『ウルヴァリン：SAMURAI』92ページ参照。

※『サンシャイン 2057』（2007年・イギリス／アメリカ）【監督】ダニー・ボイル【出演】キリアン・マーフィー、真田広之他

ちする殺し屋に扮し……才能ある日本人たちが文字通りインターナショナルに活躍する姿は、気持ちのいいものだ。

オースティン・パワーズ、日本をいじる

お下品なイギリスのスパイ、オースティン・パワーズ（マイク・マイヤーズ）の活躍を描いたシリーズでも、日本ネタは定番化している。主演のマイヤーズは『サタデー・ナイト・ライブ』（アメリカNBC土曜夜のバラエティ番組）出身だが、この番組内のコーナーでかつて人気だったのが、ジョン・ベルーシのサムライ・フタバシリーズだ。

サムライ・デリカテッセンなどパターンはいくつもあるが、要は日本のサムライという設定のベルーシがいろんなお店の店員となり、ガイキチじみた掛け声とともに、なんでもかんでも刀でぶった切って接客するというヤケクソみたいなコントである。『オレたちひょうきん族』で、島崎俊郎が南の島の原住民アダモステになったようなものだ。ペイ!!で、マイヤーズはというと、仲代達矢と三船敏郎を足したような名前の日本人ナカダイトシローに扮し、この頃から既に日本をいじっていた。吊り目でハイハイうなずいては、なにかにつけてカタナを振り回す……当時のアメリカでは、ニッポンはお笑いの鉄板素材だったようだ。

※『エクスタント』（2014年～・アメリカ、TVシリーズ）【製作総指揮】S・スピルバーグ【出演】ハル・ベリー他

※『ブラインドネス』（2008年・日本／ブラジル／カナダ）【監督】フェルナンド・メイレレス【出演】ジュリアン・ムーア、マーク・ラファロ他

※『マイティ・ソー』（2011年・アメリカ）【監督】ケネス・ブラナー【出演】クリス・ヘムズワース、ナタリー・ポートマン他

※『47 RONIN』139ページ参照。

※『モンゴル』（2007年・ドイツ他）【監督】セルゲイ・ボドロフ【出演】浅野忠信他

※『壊れた心』（2014年・フィリピン他）【監督】ケヴィン【出演】浅野忠信、ナタリア・アセベド他

そんなマイヤーズの映画代表作が『オースティン・パワーズ』※（1997）。1作目ではオースティンが和風の部屋にでてんと置いてある木の湯舟で美女とサキ（熱燗）で乾杯したりする程度だが、3作目の『オースティン・パワーズ　ゴールドメンバー』※（2002）になると、東京が舞台になるため、徹底的かつ執拗な日本いじりが展開する。

ビヨンセと共にロボト産業の東京本社を訪ねたマイヤーズは、顔面白塗りの芸者風秘書を従えたロボトさんという社長に迎えられる。ロボト社長役のノブ・マツヒサ（有名な和食レストランNOBUのオーナー。バンコクのうちの近所にも支店があったが、すぐに閉店した）に、「ドモアリガト、ミスターロボト」とスティクスのヒット曲のようなセリフをかますマイヤーズと、両手を合わせ神仏に拝むように挨拶するビヨンセ。

ロボト社長は訪れた2人に、いきなりシイタケ・マッシュルーム（海外では、日本的な食材として認識されている）を勧めるが、ここから英語字幕を悪用した下品なシモネタジョークのオンパレードとなる。さらに、アサヒ・スモウアリーナのシーンでは、まげを結った半裸の力士たちがトドのように並んで湯船に横たわっており、赤い三度笠に浴衣姿のビヨンセが力士の汗臭いまわしを回収し、ファット・バスタードがタータンチェックのまわしを脱ぎ捨て宙を舞い……。

『ゴールドメンバー』には他に、緑色のゴジラの巨大なハリボテが登場する場面なんかもあり、『HEROES／ヒーローズ』のマシ・オカが通りすがりのサラリーマン役で顔を出し、

※『オースティン・パワーズ』（1997年・アメリカ）【監督】ジェイ・ローチ【出演】マイク・マイヤーズ、ロバート・ワグナー他

※『オースティン・パワーズ　ゴールドメンバー』（2002年・アメリカ）【監督】ジェイ・ローチ【出演】マイク・マイヤーズ、ビヨンセ他

※『ザ・コーヴ』（2009年・アメリカ）【監督】ルイ・シホヨス【出演】リック・オバリー他

「あれはゴジラのように見えるけど、著作権の関係で、断じてそうではない！」と叫ぶ。
たぶん誰も知らないと思うが、この緑色のハリボテ、和歌山にある回転寿司「すっしーくん」のお店のキャラクターにそっくりだ。

ついでながら、和歌山といえば思い出すのは『ザ・コーヴ』※（2009）というアメリカ映画。「捕鯨発祥の地」とされている和歌山県太地町のイルカ追い込み漁を無断撮影し、ちゃっかりオスカーを受賞してしまったドキュメンタリー作品である。

ふざけた相撲コントにせよ、プロパガンダむき出しのドキュメンタリーにせよ、ニッポンを描く時のガイジンさんの切り口って、なんだかいつも極端だ。

ボンド、日本で結婚する

オースティン・パワーズは元々007シリーズのパロディなのだが、本家007も日本とは結構からんでいる。

『007／ゴールドフィンガー』※（1964）では、日系レスラーのハロルド・坂田が、刃物を仕込んだ帽子を投げる殺し屋役。いいとこまでショーン・コネリーを追い詰めるが、残念ながら帽子の武器を逆手に取ったコネリーの電気ビリビリ攻撃でやられてしまう。

『ムーンレイカー』※（1979）では、どういうわけか上から下までびしっと剣道の防具

※『007／ゴールドフィンガー』（1964年・イギリス）【監督】ガイ・ハミルトン【出演】ショーン・コネリー他

※『ムーンレイカー』（1979年・イギリス）【監督】ルイス・ギルバート【出演】ロジャー・ムーア他

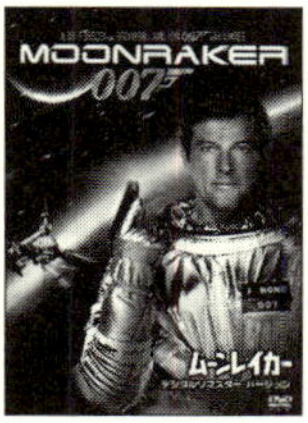

をつけた刺客が竹刀でロジャー・ムーアを襲う。真剣ではなく竹刀というのが非常にアホっぽい。「やー」とか「とー」とか威勢のよいのは掛け声だけで、最後はピアノに真っ逆さまに頭を突っこまれて退治される。

空手やバイクやハイテク製品など、日本のあれこれは007シリーズにちょこちょこ顔を出すが、圧巻は日本が舞台となった※**『007は二度死ぬ』(1967)**だろう。

表向きは香港で死亡したことにして、秘かに日本に潜入、日本の情報機関のタイガー田中(丹波哲郎)の協力を得て、謎の飛行物体を調査するジェームズ・ボンド(ショーン・コネリー)。

大規模な日本ロケを行ったこともあり、NHKもびっくりの大相撲観戦から、姫路城の前でものすごく気合いの入った訓練をしている忍者トレーニングスクールまで、ニッポンてんこ盛りだ。ボンドカーもトヨタ2000GT(ナンバーもしっかり「20-00」)なら、ボンドガールも日本人の若林映子と浜美枝。浜美枝にいたっては、ジェームズ・ボンドと熊野那智大社で結婚式まで挙げる。

丹波哲郎も、丸の内線をお座敷列車化して自分のオフィスにしてしまっているキョーレツなキャラだ。彼は広大な日本庭園のある自宅にボンドを招いて一緒に入浴し、※**『世界残酷物語』(1962)**に出てくる「東京温泉」みたいなノリで、白い下着姿の4人の大和撫子たちに洗体奉仕させながら、男尊女卑丸出しの日本式マナーをボンドに教えこむ。

※『007は二度死ぬ』
(1967年・イギリス)
【監督】ルイス・ギルバート
【出演】ショーン・コネリー、丹波哲郎、若林映子、浜美枝、ドナルド・プレザンス他

※『世界残酷物語』
(1962年・イタリア)
【監督】グァルティエロ・ヤコペッティ

女性陣には日本語で「おい、主人を忘れちゃダメだよ！」などとゲキを飛ばす一方、ボンドには英語で（吹き替えだけど）「ボンドさん、あなたの胸毛に日本の女はくらくらだ」と世辞を言う丹波。するとボンドは「日本の諺にもありますね。『葉のない裸木に、鳥は巣を作らない』というのが」と返す。申し訳ないが、初めて聞く諺だ。

神戸埠頭でボンドが荒くれ男たちと格闘するシーンもあり、漢字で大きく「日本」と書かれたサンヨーテレビの箱が積み上げられているが、そこに『笑点』で座布団を運んでいた松崎真が「手を上げて、横断歩道を渡りましょう」と言わんばかりの勢いで突如現れる。

そういえば、松崎真に続いて座布団運び役となった山田隆夫はスピルバーグの**『太陽の帝国』**※**（1987）**に出ているから、地獄の長寿番組『笑点』の底力にも侮れないものがある。

『007は二度死ぬ』と同時期に公開されたスパイ映画に**『電撃フリント GO！ GO作戦』**※**（1966）**というのがある。この映画では、007シリーズのタイトルバックをぐっとチープにしたようなオープニングに続き、主人公フリント（ジェームズ・コバーン）の空手訓練シーンが始まる。

黒帯を妙にハイウェストで締めたフリントのぎごちない動きは、ラジオ体操というか、学芸会というか……ギャグとしか思えない「コマネチ！」みたいな動きも混ざっており、

※『太陽の帝国』
182ページ参照。

※『電撃フリント GO！ GO作戦』
（1966年・イギリス）
【監督】ダニエル・マン【出演】ジェームズ・コバーン、ギラ・ゴラン、リー・J・コッブ、ベンソン・フォング他

見てる方はキョトンとしてしまう。

彼はモテモテスパイゆえ、４人の美女に囲まれて生活しているのだが、その中には頭頂部でお団子のように髪をまとめた日本人らしき女性がいる。彼女はダンスをする時には腰を曲げておじぎをするし、フリントも日本語で「オハヨーゴザイマス、ハニー」と話しかける。映画の中ほどでフリントが快傑ハリマオみたいなコスプレも披露するし、真面目なのかふざけているのか、よくわからない作品である。

もう少し新しい００７のパロディ映画では、Mr.ビーンことローワン・アトキンソンが主演した**『ジョニー・イングリッシュ』（２００３）**※がある。王位を狙う悪漢に挑むドジなスパイ、ジョニーのドタバタコメディだ。

彼がロンドンの寿司バーで、ナタリー・インブルーリア扮する捜査官にちょっかいを出すシーンでは、王道をゆくような日本食いじりを見ることができる。

２人は割り箸をわってから、両手でキリモミのような仕種をしてささくれを取るが、ともかくジョニーは箸使いが下手。ナマモノも苦手そうだ。そして、おちょこの日本酒で乾杯する時、なぜか日本語で「きみの娘さんたちに小さいチンチンがついてますように」と唱えるのである。

最後の仕上げに、回転寿司のレーンにネクタイが引っかかってしまったジョニーがそのままズルズル引きずられ、店内は大混乱となり……べたべたなコントでお腹いっぱいだ。

※『ジョニー・イングリッシュ』（2003年・イギリス他）**【監督】**ピーター・ハウイット**【出演】**ローワン・アトキンソン、ジョン・マルコヴィッチ、ナタリー・インブルーリア、ベン・ミラー他

お嬢様BENTOの超絶作法

「俺は一度、スシというものを食べてみたい」
「おえっ、食事中にそんな話やめてくれ」
デヴィッド・フィンチャー監督の『ゾディアック』※（2007）には、連続殺人犯を追う2人の刑事が、車の中で軽食をつまみながらこんな会話を交わすシーンがある。ドラマの設定は今から40年以上前。生の魚を食うなんて、欧米人にとって気持ち悪い以外のなにものでもなかったのである。

パロディ映画『ホット・ショット2』※（1993）の晩餐会シーンでは、米大統領が目の前に出された活きづくり（皿の上でエビがはねまわり、魚が顔をしかめる）を見て気分が悪くなり、隣席の日本首相の股間にゲロしてしまう。これは映画公開の前年1992年に、訪日中のパパブッシュが実際にやらかした嘔吐事件がベースになっているわけだが……。2014年、安倍総理が来日したオバマ大統領を「すきやばし次郎」に招きスシ外交を繰り広げたのは記憶に新しいが、隔世の感がある。

肥満大国アメリカの富裕層が、カリフォルニアロールみたいな「なんちゃって和食」を、ヘルシーだからとこれみよがしに食べだしたのは80年代になった頃だろうか。寿司をはじ

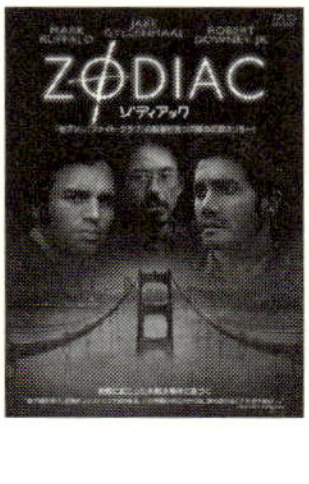

※『ゾディアック』（2007年・アメリカ）【監督】デヴィッド・フィンチャー【出演】ジェイク・ギレンホール、ロバート・ダウニー・Jr、マーク・ラファロ、アンソニー・エドワーズ他

※『ホット・ショット2』（1993年・アメリカ）【監督】ジム・エイブラハムズ【出演】チャーリー・シーン、ヴァレリア・ゴリノ、ロイド・ブリッジス他

めとする和食が、特殊なスノッブフードとしてではなく、世界中で広く受け入れられ人気となるには、さらに10年、20年、30年の月日が必要だった。

その間には、日本企業の海外進出が加速したバブル期もあったし、Jポップカルチャーに憧れる海外の若者が急増した時期もあった。外国映画に登場する和食も、ヤッピーの自己満足だったり、ビジネスマンの接待だったり、お嬢様のランチだったり、時代に応じて様々な描かれ方をしている。

オリバー・ストーン監督の**『ウォール街※』（1987）**の若き証券マンは、自宅の高級アパートに手動のスシ製造機を置いていた。美女を部屋に連れこんだら、このマシーンのハンドルを回してライスを握り寿司風に成形し、そこにネタをのっけてバブリーなオードブルを一緒に楽しむのだ。

マイケル・マン監督の**『インサイダー※』（1999）**でラッセル・クロウが演じたタバコ会社の研究開発部門役員は、人気報道番組『60ミニッツ』のプロデューサー（アル・パチーノ）と、高級な日本食レストランで密談する。畳の部屋の座椅子であぐらをかいたクロウは「それじゃぁ、ししゃもと天ぷら定食2つ、それとお酒もう一本」と、見事な日本語で料理を注文する。クロウはSFアクション**『バーチュオシティ※』（1995）**でも、キッチュな和食店でほっぺに米粒をつけて寿司をほおばるシド6・7というバーチャル凶悪犯を演じていた。いかついグラディエーターも、意外に和食が好きなのだ。

※『ウォール街』（1987年・アメリカ）【監督】オリバー・ストーン【出演】マイケル・ダグラス、チャーリー・シーン他

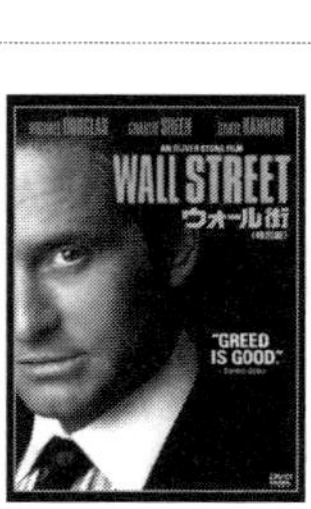

※『インサイダー』（1999年・アメリカ）【監督】マイケル・マン【出演】アル・パチーノ、ラッセル・クロウ他

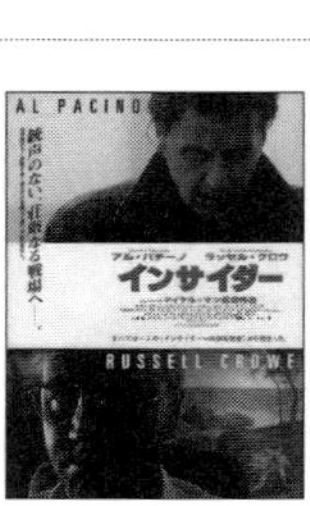

※『バーチュオシティ』（1995年・アメリカ）【監督】ブレット・レナード【出演】デンゼル・ワシントン、ラッセル・クロウ他

何匹もの犬といくつもの愛が交錯するメキシコ映画『アモーレス・ペロス』※（2000）には、野良犬に囲まれて暮らす殺し屋が登場する。普段ゴミ拾いをしている彼はホームレスのようなルックスなのに、どこで手に入れたかシチズンの腕時計をしている。そんな彼が殺しを決行する場所が、標的の実業家がビジネスランチをとっている鉄板焼き和食レストランだった。店の壁には「みかど」と書かれた掛け軸があり、いわゆる「ヒバチ・シェフ」が客の目の前で肉を焼いている。銃撃された実業家の血は、熱々のヒバチ（鉄板）にジュージュー流れ出す。

『ブレックファスト・クラブ』※（1985）は、休日登校を命じられた男女5人の高校生の間に生まれる絆を描いた青春映画だ。5人は全くタイプが違うため、ランチタイムに食べるものにも各々の個性が出る。その中のひとり、お嬢様キャラのクレア（モリー・リングウォルド）が紙袋から取り出したのは、寿司の入った黒い重箱のような弁当箱。ご丁寧にも、木製の寿司下駄やガラスの醤油差しまで持参している。ＢＥＮＴＯという日本語もかなり海外で知られるようになったが、寿司下駄の上に弁当箱を乗せて食べる彼女の作法は目からうろこだった。

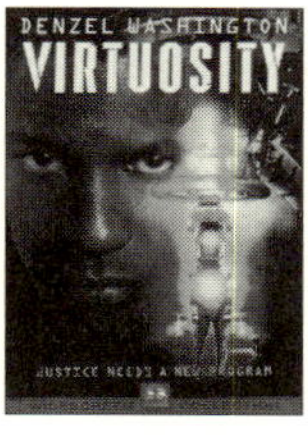

※『アモーレス・ペロス』（2000年・メキシコ）【監督】アレハンドロ・ゴンサレス・イニャリトゥ【出演】ガエル・ガルシア・ベルナル他

※『ブレックファスト・クラブ』（1985年・アメリカ）【監督】ジョン・ヒューズ【出演】エミリオ・エステベス他

クールな和食は無形文化遺産（あとがきにかえて）

２０１３年、和食（日本人の伝統的な食文化）はユネスコ無形文化遺産に登録された。同年の統計によれば、日本食の店は世界に５万軒以上あるらしい。

実際、海外を放浪していると、ここ10年ほどの間に和食文化が劇的に普及したのを実感する。寿司や天ぷらといった昔ながらのものだけでなく、ラーメンやカレーなど日常メニューも広がっている。もちろん、それなりの経済水準にある国でのことだし、あくまで都市部中心の話だが。

とはいえ、外国人がいまだに顔をしかめる日本の食習慣も健在で、たとえば、生の卵を食べるなんて、その代表格だろう。アジア圏でも欧米圏でも、目の前で生卵を飲んでやったり、スチームドライスにかけて食ってやると、引きまくるガイジンさんが少なくない。

そんなことはない、『ロッキー』でスタローンが生卵をごくごく飲んでいたじゃないかと言う人もいるかもしれないが、あれは、貧しく教養もない主人公が「生卵を飲んで精をつける」なんて無茶な努力をしていることを示す演出なのだ。

そういえば、スタローンが米ＣＢＳテレビの『レイト・ショー・ウィズ・デイヴィッド・レターマン』にゲスト出演した時、ホストのレターマンがサルモネラ菌にびびりながら生卵飲みパフォーマンスを披露してみせるなんてこともあった。観客がどよめくと、今度はスタローンが「それは俺の芸だ」と言わんばかりに負けじと生卵を飲み干し、拍手喝采。ほとんど度胸試しのようなノリだったのを覚えている。

話がそれたが、食文化に限らず、日本の文物や風俗習慣に外国人が興味を持ってくれるのはうれしいことだ。その中にはもちろん、世界で愛され評判を呼ぶ「クール・ジャパン」もあれば、ひんしゅくを買ったりキモがられたりする「フール・ジャパン」もある。

外国の人々が日本に対して抱くイメージ、憧憬や礼賛、軽蔑や嫌悪は、映画を見ると手っ取り早く知ることができる。無知もリスペクトも悪意も、そのまま表現されるからだ。

本書は外国映画に登場するニッポンの姿の私的な総括である。前著『トラウマ日曜洋画劇場』同様、批評めいた視点からはできるだけ離れ、自分にとって印象の強かったフール・ジャパン・ムービーを、有名無名、新旧問わずチョイスし、闇鍋のようにぶちこんでみた。

深い見識に裏打ちされた名作から、バカ丸出しの珍作まで、世界のあちこちで作られた日本がからむ愛すべき映画たち……あなたのハートには、何が残りましたか？

（皿井垂）

■参考資料

※映画の英題等のデータはＩＭＤｂによりました。本文中、敬称等は略させていただいています。
主な参考文献は以下のとおりです。
出典明記のない映画製作者の発言は、ＤＶＤ等オフィシャル・ソフトウェアのオーディオ・コメンタリーを参照しています。

【参考文献】

中川織江『セッシュウ！　世界を魅了した日本人スター・早川雪洲』（講談社）
マーロン・ブランド、ロバート・リンゼン著、内藤誠、雨海弘美訳『母が教えてくれた歌―マーロン・ブランド自伝』（角川書店）
トルーマン・カポーティ著、村上春樹訳『ティファニーで朝食を』（新潮社）
山口淑子『李香蘭 私の半生』（新潮社）
村上由見子『イエロー・フェイス―ハリウッド映画にみるアジア人の肖像』（朝日新聞社）
すずきじゅんいち『１９４１ 日系アメリカ人と大和魂』（文藝春秋）
門間貴志『アジア映画にみる日本〈１〉中国・香港・台湾編（フリクショナル・フィルム読本）』（社会評論社）
門間貴志『欧米映画にみる日本〈アメリカヨーロッパ編〉（フリクショナル・フィルム読本）』（社会評論社）
円谷英明『ウルトラマンが泣いている―円谷プロの失敗』（講談社）
野副正行『ゴジラで負けてスパイダーマンで勝つ：わがソニー・ピクチャーズ再生記』（新潮社）
中島春雄『怪獣人生～元祖ゴジラ俳優・中島春雄』（洋泉社）
野地秩嘉『高倉健インタヴューズ』（プレジデント社）

高尾慶子『イギリス人はおかしい―日本人ハウスキーパーが見た階級社会の素顔』（文藝春秋）

【インターネット記事】

サンパウロ特派員ブログ「映画監督の山崎チズカさん、ガイジン・デカセギを語ります」『地球の歩き方』
(http://tokuhain.arukikata.co.jp/sao_paulo/2008/05/tizuka_yamasaki.html)
ニュースウォーカー「セデック・バレの監督が語ったビビアン・スーと安藤政信の驚きのエピソードとは？」『Walkerplus』
(http://news.walkerplus.com/article/37160/)
『産経新聞』淀川長治の銀幕旅行「ピーター・グリーナウェイの枕草子」
(http://www.sankei.co.jp/enak/yodogawa/96/96piloowbook.html)
"Five Favorite Films with Tim Burton by Luke Goodsell"『Rotten Tomatoes』
(http://www.rottentomatoes.com/m/san_diego_comic_con_2010/news/1919534/five_favorite_films_with_tim_burton)
"UNDERWIRE - See a Bit of Brad Pitt's Fave Sci-Fi Flick, War of the Gargantuas by Hugh Hart"『WIRED』
(http://www.wired.com/2012/02/war-of-the-gargantuas-brad-pitt/)
"Terry Gilliam : My Life In 8 Movies Interviews by Jessica Kiang"『The Playlist』
(http://blogs.indiewire.com/theplaylist/tcrry gilliam-my-life-in-8-movies-live-20140203)

掲載作品リスト

本書で紹介した映画やＴＶドラマのタイトルを五十音順で掲載します。
左から「邦題」「洋題」「公開年」「掲載ページ」の順になっています。

［ア行］
アイズ・ワイド・シャット　*Eyes Wide Shut*（1999）　p.127
愛と哀しみの旅路　*Come See the Paradise*（1990）　p.185
青い体験　*Malice*（1973）　p.218
青い目の蝶々さん　*My Geisha*（1962）　p.56, 140
悪の法則　*The Counselor*（2013）　p.221
悪魔の棲む家　*The Amityville Horror*（1979）　p.106
悪魔の毒々モンスター／新世紀絶叫バトル　*Citizen Toxie: The Toxic Avenger IV*（2000）　p.104
悪魔の毒々モンスター 東京へ行く　*The Toxic Avenger Part II*（1989）　p.101
アタック・オブ・ザ・キラー・トマト　*Attack of the Killer Tomatoes!*（1978）　p.130
A Majority of One　*A Majority of One*（1961）　p.21
アメイジング・スパイダーマン　*The Amazing Spider-Man*（2012）　p.202
アメリカン・サイコ　*American Psycho*（2000）　p.63
アメリカン・スプレンダー　*American Splendor*（2003）　p.120
アメリカンパスタイム 俺たちの星条旗　*American Pastime*（2007）　p.187
アモーレス・ペロス　*Amores Perros*（2000）　p.237
アラビアのロレンス　*Lawrence of Arabia*（1962）　p.22
アルマゲドン　*Armageddon*（1998）　p.228
暗殺の森　*The Conformist*（1970）　p.218
アンナと王様　*Anna and the King*（1999）　p.189
アンブレイカブル　*Unbreakable*（2000）　p.120
イースタン・プロミス　*Eastern Promises*（2007）　p.41
イエロー・ハンカチーフ　*The Yellow Handkerchief*（2008）　p.214
硫黄島からの手紙　*Letters from Iwo Jima*（2006）　p.181
硫黄島の砂　*Sands of Iwo Jima*（1949）　p.180
1941　*1941*（1979）　p.183
頭文字 D THE MOVIE　*Initial D*（2005）　p.212
インサイダー　*The Insider*（1999）　p.236
インセプション　*Inception*（2010）　p.86
インチョン！　*Inchon*（1981）　p.188
イントゥ・ザ・サン　*Into the Sun*（2005）　p.49

インフォーマント　*The Informant !*（2009）　p.**85**
インランド・エンパイア　*Inland Empire*（2006）　p.**227**
ウインドトーカーズ　*Windtalkers*（2002）　p.**181**
ウォール街　*Wall Street*（1987）　p.**236**
ウォンテッド　*Wanted*（2008）　p.**131**
宇宙戦争　*War of the Worlds*（2005）　p.**110**
宇宙戦争　*The War of the Worlds*（1953）　p.111
宇宙大作戦（TV シリーズ）　*Star Trek*（1966）　p.167
宇宙の７人　*Battle Beyond the Stars*（1980）　p.**219**
ウルヴァリン：ＳＡＭＵＲＡＩ　*The Wolverine*（2013）　p.**92**, 125, 228
ウルトラマンG（TV シリーズ）　*Ultraman: Towards the Future*（1990）　p.**209**
ウルトラマンパワード（TV シリーズ）　*Ultraman: The Ultimate Hero*（1993）　p.**209**
ウルトラ６兄弟 VS 怪獣軍団　*The 6 Ultra Brothers vs. the Monster Army*（1974）　p.**210**
英国王のスピーチ　*The King's Speech*（2010）　p.190
エイリアン　*Alien*（1979）　p.**221**
エクスタント（TV シリーズ）　*Extant*（2014）　p.**228**
SF ソードキル　*Ghost Warrior*（1985）　p.**159**
エリミネーターズ　*Eliminators*（1986）　p.**133**
エレクトラ　*Elektra*（2005）　p.**166**
エンジェル ウォーズ　*Sucker Punch*（2011）　p.**65**
王様と私　*The King and I*（1956）　p.189
狼男とサムライ　*The Beast and the Magic Sword*（1983）　p.**172**
大阪殴り込み作戦　*Girls of the White Orchid*（1983）　p.**50**
オースティン・パワーズ　*Austin Powers: International Man of Mystery*（1997）　p.**230**
オースティン・パワーズ ゴールドメンバー
Austin Powers in Goldmember（2002）　p.227, **230**
オール・ユー・ニード・イズ・キル　*Edge of Tomorrow*（2014）　p.**226**
オールド・ボーイ　*Oldboy*（2003）　p.**213**
お葬式　（邦画）*The Funeral*（1984）　p.215
Otaku　*Otaku*（1994）　p.**122**
オデッサ・ファイル　*The Odessa File*（1974）　p.**82**
男たちの挽歌　*A Better Tomorrow*（1986）　p.81
鬼が来た！　*Devils on the Doorstep*（2000）　p.**191**
オブリビオン　*Oblivion*（2013）　p.226
終わりで始まりの４日間　*Garden State*（2004）　p.**166**

［カ行］

怪獣王ゴジラ　*Godzilla, King of the Monsters !*（1956）　p.**201**

Gaijin 心の祖国　*Gaijin 2 : Love Me as I Am*（2005）　p.**112**
Gaijin 自由への道　*Gaijin : Roads to Freedom*（1980）　p.**112**
帰ってきたMr.BOO！ニッポン勇み足　*Mr. Boo Meets Pom Pom*（1985）　p.**142**
鍵　*The Key*（1983）　p.**218**
隠し砦の三悪人　（邦画）*The Hidden Fortress*（1958）　p.220
カサブランカ　*Casablanca*（1942）　p.17
風のファイター　*Fighter in the Wind*（2004）　p.**140**
カブキマン　*Sgt. Kabukiman N.Y.P.D.*（1990）　p.**103**
神風　*Kamikaze*（1986）　p.**170**
硝子の搭　*Sliver*（1993）　p.**79**
カリギュラ　*Caligula*（1979）　p.218
カリフォルニア・ドールズ　*...All the Marbles（The California Dolls）*（1981）　p.**138**
ガン・ホー　*Gung Ho*（1986）　p.**74**
感染　（邦画）*Infection*（2004）　p.214
がんばれ！ベアーズ大旋風　*The Bad News Bears Go to Japan*（1978）　p.**137**
危険な情事　*Fatal Attraction*（1987）　p.**127**
キック・アス　*Kick-Ass*（2010）　p.**120**
キャノンボール　*The Cannonball Run*（1981）　p.**146**
キラー・エリート　*The Killer Elite*（1975）　p.**157**
キル・ビル　*Kill Bill : Vol. 1*（2003）　p.52, **64**, 93, 147
キル・ビル Vol.2　*Kill Bill Vol. 2 : The Love Story*（2004）　p.202
禁じ手　*Kinjite : Forbidden Subjects*（1989）　p.**127**
クーカム（運命の相手）　*Sunset at Chaophraya*（2013）　p.**196**
孔雀王　*Peacock King*（1988）　p.**212**
蜘蛛巣城（邦画）　*Throne of Blood*（1957）　p.220
クライング・ゲーム　*The Crying Game*（1992）　p.173
クライング・フリーマン　*Crying Freeman*（1995）　p.**212**
クラッシュ　*Crash*（2004）　p.68
グラン・ブルー（グレート・ブルー完全版）　*The Big Blue*（1988）　p.**143**
グリーン・ベレー　*The Green Berets*（1968）　p.180
グリーン・ホーネット（TV シリーズ）　*The Green Hornet*（1966）　p.**146**
グレムリン２　新・種・誕・生　*Gremlins 2 : The New Batch*（1990）　p.**36**
黒い太陽七三一 戦慄！ 石井七三一細菌部隊の全貌　*Men Behind the Sun*（1988）　p.**190**
クローバーフィールド HAKAISHA　*Cloverfield*（2008）　p.**86**
クロコダイル・ダンディー２　*'Crocodile' Dundee II*（1988）　p.**26**
Kurosawa: The Last Emperor　*Kurosawa : The Last Emperor*（1999）　p.**220**
黒船　*The Barbarian and the Geisha*（1958）　p.**57**
刑事ニコ／法の死角　*Above the Law*（1988）　p.**149**

激突！　*Duel*（1971）　p.208
原子怪獣現わる　*The Beast from 20,000 Fathoms*（1953）　p.201
恋はハッケヨイ！　*Secret Society*（2000）　p.**142**
拘束のドローイング 9　*Drawing Restraint 9*（2005）　p.**57**
荒野の七人　*The Magnificent Seven*（1960）　p.**219**
荒野の用心棒　*(For) A Fistful of Dollars*（1964）　p.**219**
ゴースト・ドッグ　*Ghost Dog: The Way of the Samurai*（1999）　p.**173**
極道追跡　*Zodiac Killers*（1991）　p.**52**
午後の曳航　*The Sailor Who Fell from Grace with the Sea*（1976）　p.**217**
ゴジラ（邦画）　*Godzilla*（1954）　p.201
GODZILLA／ゴジラ　*Godzilla*（1998）　p.**206**
GODZILLA　ゴジラ　*Godzilla*（2014）　p.**207**
ゴジラ vs ビオランテ（邦画）　*Gojira vs. Biorante*（1989）　p.205
ゴースト・イン・京都　*The House Where Evil Dwells*（1982）　p.**106**
ゴッド・ギャンブラー 東京極道賭博　*Conmen in Tokyo*（2000）　p.**52**
ゴッドファーザー　*The Godfather*（1972）　p.21
五人の軍隊　*The Five Man Army*（1969）　p.**172**
コラテラル　*Collateral*（2004）　p.226
壊れた心　*Ruined Heart : Another Lovestory Between a Criminal & a Whore*（2014）p.**228**
コンタクト　*Contact*（1997）　p.**82**

［さ行］

ザ・エージェント　*Jerry Maguire*（1996）　p.206
ザ・コーヴ　*The Cove*（2009）　p.**231**
ザ・サムライ／荒野の珍道中　*The White, the Yellow, and the Black*（1975）　p.**171**
ザ・フライ　*The Fly*（1986）　p.103
ザ・プレイヤー　*The Player*（1992）　p.**35**
ザ・ヤクザ　*The Yakuza*（1974）　p.**38**
ザ・リング　*The Ring*（2002）　p.**213**
最強のふたり　*The Intouchables*（2011）　p.**63**
最後のサムライ ザ・チャレンジ　*The Challenge*（1982）　p.**155**
桜ＮＩＮＪＡ　*Sakura Killers*（1987）　p.**168**
The Japanese Wife　*The Japanese Wife*（2010）　p.**69**
THE JUON 呪怨　*The Grudge*（2004）　p.**106**, 213
サスペリア　*Suspiria*（1977）　p.138
殺人魚フライングキラー　*Piranha Part Two: The Spawning*（1981）　p.**36**
サブウェイ・パニック　*The Taking of Pelham One Two Three*（1974）　p.**35**
サムライ　*Le Samourai*（1967）　p.**169**, 226

SAMURAI　*Samouraïs*（2002）　p.169
ＳＡＹＵＲＩ　*Sayuri*（2005）　p.58
サヨナラ　*Sayonara*（1957）　p.19
さよなら、再見　*Sayonara, Goodbye*（1986）　p.125
猿の惑星　*Planet of the Apes*（1968）　p.177
猿の惑星：創世記　*Rise of the Planet of the Apes*（2011）　p.177
サンシャイン　２０５７　*Sunshine*（2007）　p.228
幸福の黄色いハンカチ（邦画）　*The Yellow Handkerchief*（1977）　p.214
ＪＭ　*Johnny Mnemonic*（1995）　p.51
シコふんじゃった。（邦画）　*Sumo Do, Sumo Don't*（1992）　p.142
史上最大の作戦　*The Longest Day*（1962）　p.180
七人の侍（邦画）　*Seven Samurai*（1954）　p.219
シティーハンター　*City Hunter*（1993）　p.212
シド・アンド・ナンシー　*Sid and Nancy*（1986）　p.220
死亡の塔　*Game of Death II（Tower Of Death）*（1981）　p.114
死亡遊戯　*Game of Death*（1978）　p.114
ジャイアント・ベビー　*Honey, I Blew Up the Kid*（1992）　p.33
シャッター　*Shutter*（2008）　p.214
ジャパニーズ・ストーリー　*Japanese Story*（2003）　p.70
Shall we ダンス？（邦画）　*Shall We Dance ?*（1996）　p.214
Shall We Dance ?　*Shall We Dance ?*（2004）　p.214
ジャンパー　*Jumper*（2008）　p.109
終戦のエンペラー　*Emperor*（2012）　p.189
呪怨（邦画）　*Ju-on : The Grudge*（2003）　p.213
呪怨 パンデミック　*The Grudge 2*（2006）　p.213
ジュラシック・パーク　*Jurassic Park*（1993）　p.206
純（邦画）　*Jun*（1980）　p.129
将軍 SHOGUN（TV シリーズ）　*Shogun*（1980）　p.155
少林寺 VS 忍者　*Heroes of the East（Shaolin Challenges Ninja）*（1978）　p.163
ジョーズ　*Jaws*（1975）　p.185, 207
ジョニー・イングリッシュ　*Johnny English*（2003）　p.234
シルク　*Silk*（2007）　p.69
シルク　*Silk*（2006）　p.129
シルミド　*Silmido*（2003）　p.139
白いカラス　*The Human Stain*（2003）　p.22
シン・シティ　*Sin City*（2005）　p.67
シン・レッド・ライン　*The Thin Red Line*（1998）　p.181
Think Fast, Mr. Moto　*Think Fast, Mr. Moto*（1937）　p.15

新宿インシデント *Shinjuku Incident*（2009） p.**53**
人類ＳＯＳ！ *The Day of the Triffids*（1963） p.**110**
心霊写真 *Shutter*（2004） p.214
スーパーの女（邦画） *Supermarket Woman*（1996） p.215
スーパーマリオ 魔界帝国の女神 *Super Mario Bros.*（1993） p.**213**
スーパーマン *Superman*（1978） p.21
SUSHI GIRL *Sushi Girl*（2012） p.**48**
スター・ウォーズ *Star Wars (: Episode IV - A New Hope)*（1977） p.**208**, 220
スタートレック *Star Trek : The Motion Picture*（1979） p.167
ストーカー *One Hour Photo*（2002） p.**122**
ストリートファイター *Street Fighter*（1994） p.**213**
スパイダーマン *Spider-Man*（2002） p.**119**
スパニッシュ・プリズナー *The Spanish Prisoner*（1997） p.**26**
素晴らしきヒコーキ野郎 *Those Magnificent Men in Their Flying Machines or How I Flew from London to Paris in 25 hours 11 minutes*（1965） p.**137**
スピード・レーサー *Speed Racer*（2008） p.**213**
300〈スリーハンドレッド〉 *300*（2006） p.65
世界残酷物語 *Mondo Cane*（1962） p.**232**
世界侵略：ロサンゼルス決戦 *Battle Los Angeles*（2011） p.166
セデック・バレ *Warriors of the Rainbow: Seediq Bale*（2011） p.**192**
００７／ゴールドフィンガー *Goldfinger*（1964） p.140, **231**
００７は二度死ぬ *You Only Live Twice*（1967） p.**232**
戦国自衛隊（邦画） *G.I. Samurai*（1979） p.179
戦場にかける橋 *The Bridge on the River Kwai*（1957） p.18, 21, **176**
戦場のメリークリスマス *Merry Christmas Mr. Lawrence*（1983） p.**227**
ソーシャル・ネットワーク *The Social Network*（2010） p.**118**
ゾディアック *Zodiac*（2007） p.**235**
存在の耐えられない軽さ *The Unbearable Lightness of Being*（1988） p.77
ZOMBIO 死霊のしたたり *Re-Animator*（1985） p.159

［タ行］

ダーク・ウォーター *Dark Water*（2005） p.**213**
ダイ・ハード *Die Hard*（1988） p.**80**
ダイ・ハード３ *Die Hard : With a Vengeance*（1995） p.**144**
ダイ・ハード4.0 *Live Free or Die Hard (Die Hard 4.0)*（2007） p.**118**
大病人（邦画） *The Last Dance*（1993） p.215
台風クラブ（邦画） *Taifu Club*（1985） p.228
太陽の帝国 *Empire of the Sun*（1987） p.**182**, 233

太陽　*The Sun*（2005）　p.**190**
高い城の男（ドラマシリーズ）　*The Man in the High Castle*（2015）　p.**195**
TAXi 2　*Taxi 2*（2000）　p.**157**
タッカー　*Tucker : The Man and His Dream*（1988）　p.**134**
TOUCH/ タッチ（TV シリーズ）　*Touch*（2012）　p.**67**
タンポポ　（邦画）*Tampopo*（1985）　p.215
チアリーダー忍者　*Cheerleader Ninjas*（2002）　p.**168**
チート　*The Cheat*　1915　p.**17**
地球で最後のふたり　*Last Life in the Universe*（2003）　p.**67**, 125
父親たちの星条旗　*Flags of Our Fathers*（2006）　p.**181**
チャーリーズ・エンジェル　*Charlie's Angels*（2000）　p.**62**, 167
チャーリーとチョコレート工場　*Charlie and the Chocolate Factory*（2005）　p.**108**
チャック・ノリスの地獄の復讐　*Forced Vengeance*（1982）　p.**95**, 138
チョコレート・ファイター　*Chocolate*（2008）　p.**53**
デイ・アフター・トゥモロー　*The Day After Tomorrow*（2004）　p.**109**
DOA/ デッド・オア・アライブ　*DOA: Dead or Alive*（2006）　p.**213**
ディーバ　*Diva*（1981）　p.122
ティファニーで朝食を　*Breakfast at Tiffany's*（1961）　p.**22**, 58
デス・オブ・ザ・ニンジャ／地獄の激戦　*Nine Deaths of the Ninja*（1985）　p.**162**
テッド　*Ted*（2012）　p.**119**
デッド寿司（邦画）　*Dead Sushi*（2012）　p.104
Dead Youth（ショートフィルム）　*Dead Youth*（1967）　p.221
テルマエ・ロマエ（邦画）　*Thermae Romae*（2012）　p.44
電撃フリント GO! GO 作戦　*Our Man Flint*（1966）　p.**233**
デンバーに死す時　*Things to Do in Denver When You're Dead*（1995）　p.**203**
トゥー・デイズ　*2 Days in the Valley*（1996）　p.**63**
トゥームレイダー２　*Lara Croft Tomb Raider: The Cradle of Life*（2003）　p.**148**
トウキョウ アンダーグラウンド　*Stratosphere Girl*（2004）　p.**99**
東京暗黒街・竹の家　*House of Bamboo*（1955）　p.**90**
東京攻略　*Tokyo Raiders*（2000）　p.**54**
東京ジョー　*Tokyo Joe*（1949）　p.**16**
トゥルーマン・ショー　*The Truman Show*（1998）　p.**107**
TOKYO！　*Tokyo !*（2008）　p.**114**
TOKYO POP　*Tokyo Pop*（1988）　p.**71**
特捜刑事マイアミ・バイス（TV シリーズ）　*Miami Vice*（1984）　p.**41**
ドクトル・ジバゴ　*Doctor Zhivago*（1965）　p.22
トップガン　*Top Gun*（1986）　p.**166**
トラ・トラ・トラ！　*Tora! Tora! Tora !*（1970）　p.**178**

ドラゴン怒りの鉄拳　*Fist of Fury*（1972）　p.**60**
DRAGONBALL EVOLUTION　*Dragonball Evolution*（2009）　p.**212**
トランスフォーマー　*Transformers*（2007）　p.**213**

[ナ行]

ナーズの復讐　*Revenge of the Nerds*（1984）　p.**118**
ナビゲイター　*Flight of the Navigator*（1986）　p.**34**
2046　*2046*（2004）　p.**227**
二十四時間の情事　*Hiroshima Mon Amour*（1959）　p.**112**
２００１年宇宙の旅　*2001: A Space Odyssey*（1968）　p.**147**
2012　*2012*（2009）　p.**109**
ニュースの天才　*Shattered Glass*（2003）　p.**120**
ニューローズ ホテル　*New Rose Hotel*（1998）　p.**227**
ニンジャⅡ・修羅ノ章　*Revenge of the Ninja*（1983）　p.**162**
ニンジャ（転生ノ章）　*Ninja III : The Domination*（1984）　p.**162**
ニンジャ・アカデミー　*Ninja Academy*（1989）　p.**168**
ニンジャ・アサシン　*Ninja Assassin*（2009）　p.**163**
ニンジャ・ウォリアーズ　*Ninja Warriors*（1985）　p.**161**
ニンジャ・サンダーボルト　*Ninja Thunderbolt*（1984）　p.**164**
ニンジャ・ターミネーター　*Ninja Terminator*（1985）　p.**164**
ニンジャ・チアリーダー　*Ninja Cheerleaders*（2008）　p.**167**
ニンジャ・フォース　*Ninja's Force*（1984）　p.**161**
ニンジャ・プロテクター　*Ninja the Protector*（1986）　p.**164**
忍者ゾンビ　*Ninja Zombies*（2011）　p.**169**
NINJA VS VAMPIRE　*Ninjas vs. Vampires*（2010）　p.**169**
NINJA VS ZOMBIE　*Ninjas vs. Zombies*（2008）　p.**169**
ニンジャ刑事・ダブルエッジ　*Double Edge*（1986）　p.**162**

[ハ行]

バーチュオシティ　*Virtuosity*（1995）　p.**236**
パーフェクト ストーム　*The Perfect Storm*（2000）　p.**150**
パール・ハーバー　*Pearl Harbor*（2001）　p.**178**
ハーレーダビッドソン＆マルボロマン
Harley Davidson and the Marlboro Man（1991）　p.**87**
バーン・ノーティス 元スパイの逆襲（TV シリーズ）　*Burn Notice*（2007）　p.**42**
ハイ・フィデリティ　*High Fidelity*（2000）　p.120, **227**
バイオハザードＶ リトリビューション　*Resident Evil : Retribution*（2012）　p.**227**
ハイランダー３／超戦士大決戦　*Highlander III : The Sorcerer*（1994）　p.**154**

博士の異常な愛情
Dr. Strangelove or : How I Learned to Stop Worrying and Love the Bomb（1964）　p.**176**
バカルー・バンザイの８次元ギャラクシー
The Adventures of Buckaroo Banzai Across the 8th Dimension（1984）　p.**132**
バグジー　*Bugsy*（1991）　p.205
白日夢（邦画）　Day Dream（1981）　p.42
爆発！ デューク（TV シリーズ）　*The Dukes of Hazzard*（1979）　p.205
パシフィック・リム　*Pacific Rim*（2013）　p.**198**
バス男（ナポレオン・ダイナマイト）　*Napoleon Dynamite*（2004）　p.**119**
バストロイド 香港大作戦‼　*Robotrix*（1991）　p.**130**
HACHI 約束の犬　*Hachi: A Dog's Tale*（2009）　p.**214**
八月十五夜の茶屋　*The Teahouse of the August Moon*（1956）　p.**19**
ハチ公物語（邦画）　*Hachi-ko*（1987）　p.214
バック・トゥ・ザ・フューチャー　*Back to the Future*（1985）　p.**83**
バック・トゥ・ザ・フューチャー Part2　*Back to the Future Part II*（1989）　p.**84**
バック・トゥ・ザ・フューチャー Part3　*Back to the Future Part III*（1990）　p.**84**
バッド・ティーチャー　*Bad Teacher*（2011）　p.**135**
バットマン ビギンズ　*Batman Begins*（2005）　p.**160**
パットン大戦車軍団　*Patton*（1970）　p.188
パニッシャー　*The Punisher*（1989）　p.**46**
バベル　*Babel*（2006）　p.**59**, 64
パラノーマル・アクティビティ 第２章 TOKYO NIGHT（邦画）
Paranormal Activity 2: Tokyo Night（2010）　p.106
パルプ・フィクション　*Pulp Fiction*（1994）　p.**79**
ハンテッド　*The Hunted*（1995）　p.**154**
ハンニバル　*Hannibal*（2001）　p.**29**
ハンニバル・ライジング　*Hannibal Rising*（2007）　p.**30**
ピーター・グリーナウェイの枕草子　*The Pillow Book*（1996）　p.**216**
HEROES ／ヒーローズ（TV シリーズ）　*Heroes*（2006）　p.**121**, 230
ひきこもり　*Loner*（2008）　p.**115**
悲情城市　*A City of Sadness*（1989）　p.**193**
ビッグ・ヒット　*The Big Hit*（1998）　p.**65**
ビッグバン★セオリー　ギークなボクらの恋愛法則（TV シリーズ）
The Big Bang Theory（2007）　p.**121**
羊たちの沈黙　*The Silence of the Lambs*（1991）　p.29, 151
ビデオドローム　*Videodrome*（1983）　p.**126**
ヒマラヤ杉に降る雪　*Snow Falling on Cedars*（1999）　p.**69**, 228
ピラニア　*Piranha*（1978）　p.36

ピンク・パンサーシリーズ　*The Pink Panther*（1963）　p.**147**
ファイナル・カウントダウン　*The Final Countdown*（1980）　p.**179**
フィスト・オブ・レジェンド／怒りの鉄拳　*Fist of Legend*（1994）　p.**61**
フィルス　*Filth*（2013）　p.**31**
フェイク　*Donnie Brasco*（1997）　p.**14**
フェイク シティ ある男のルール　*Street Kings*（2008）　p.**33**
47RONIN　*47 Ronin*（2013）　p.**139**, 228
フォーリング・ダウン　*Falling Down*（1993）　p.**32**
フック　*Hook*（1991）　p.206
ブラインド・デート　*Blind Date*（1987）　p.**58**
ブラインド・フューリー　*Blind Fury*（1989）　p.**158**
ブラインドネス　*Blindness*（2008）　p.**228**
ブラック・サンデー　*Black Sunday*（1977）　p.**150**, 206
ブラック・レイン　*Black Rain*（1989）　p.**95**, 137, 223
BLOOD THE LAST VAMPIRE（邦画）　*Blood : The Last Vampire*（2000）　p.66
PLANET OF THE APES/ 猿の惑星　*Planet of the Apes*（2001）　p.**177**
フランケンシュタインの怪獣 サンダ対ガイラ　*War of the Gargantuas*（1966）　p.**202**
プルーフ・オブ・マイ・ライフ　*Proof*（2005）　p.**118**
プルガサリ　*Bulgasari*（1985）　p.**207**
ブレア・ウィッチ・プロジェクト　*The Blair Witch Project*（1999）　p.86
ブレイド　*Blade*（1998）　p.**66**
ブレイド２　*Blade II*（2002）　p.**166**
ブレードランナー　*Blade Runner*（1982）　p.158, 161, **222**
ブレックファスト・クラブ　*The Breakfast Club*（1985）　p.**237**
プレデターズ　*Predators*（2010）　p.**52**
フロム・ビヨンド　*From Beyond*（1986）　p.159
ベイマックス　*Big Hero 6*（2014）　p.**199**
ヘヴンズ・バーニング　*Heaven's Burning*（1997）　p.**228**
北京の 55 日　*55 Days at Peking*（1963）　p.**216**
ヘザー・グラハムのベイビー in the CITY　*Baby on Board*（2008）　p.**85**
ベスト・キッド　*The Karate Kid*（1984）　p.15, **144**, 186
ベスト・キッド２　*The Karate Kid, Part II*（1986）　p.**145**
ベスト・コップ　*Collision Course*（1989）　p.**146**
ヘル・レイザー　*Hellraiser*（1987）　p.103
北斗の拳　*Fist of the North Star*（1995）　p.**212**
ホステル　*Hostel*（2005）　p.**31**
ホット・ショット２　*Hot Shots! Part Deux*（1993）　p.**235**
ボディガード　*The Bodyguard*（1992）　p.**219**

仄暗い水の底から　*(From the Depths of) Dark Water*（2002）　p.213
ポリスアカデミー　*Police Academy*（1984）　p.168
ホンコン・フライド・ムービー　*Chicken and Duck Talk*（1988）　p.**87**
香港発活劇エクスプレス 大福星　*My Lucky Stars*（1985）　p.**61**
ボンベイ to ナゴヤ　*Bombay to Nagoya*（1997）　p.**116**

[マ行]

マーズ・アタック！　*Mars Attacks !*（1996）　p.**204**
マイティ・ソー　*Thor*（2011）　p.**228**
マイレージ、マイライフ　*Up in the Air*（2009）　p.**76**
マグノリア　*Magnolia*（1999）　p.68
マッカーサー　*MacArthur*（1977）　p.**187**
M★A★S★H マッシュ　*MASH*（1970）　p.**61**
マッチスティック・メン　*Matchstick Men*（2003）　p.225
マトリックス　*The Matrix*（1999）　p.**148**
真夜中のカーボーイ　*Midnight Cowboy*（1969）　p.209
マルサの女（邦画）　*A Taxing Woman*（1987）　p.215
ミクロキッズ　*Honey, I Shrunk the Kids*（1989）　p.33
Mishima - A Life in Four Chapters　*Mishima: A Life in Four Chapters*（1985）　p.**217**
ミスター・ベースボール　*Mr. Baseball*（1992）　p.**136**
Mr. Moto in Danger Island　*Mr. Moto in Danger Island*（1939）　p.**16**
Mr. Moto's Last Warning　*Mr. Moto's Last Warning*（1939）　p.**16**
ミステリー・トレイン　*Mystery Train*（1989）　p.**28**
溝の中の月　*The Moon in the Gutter*（1983）　p.122
ミッドウェイ　*Midway*（1976）　p.139, **179**
ミュータント・タートルズ　*Teenage Mutant Ninja Turtles*（1990）　p.**165**
ミュータント・タートルズ　*Teenage Mutant Ninja Turtles*（2014）　p.166
ミュータント・ニンジャ・タートルズ３　*Teenage Mutant Ninja Turtles III*（1993）　p.**165**
ミュンヘン　*Munich*（2005）　p.151
ミラーズ・クロッシング　*Miller's Crossing*（1990）　p.**142**
未来世紀ブラジル　*Brazil*（1985）　p.**220**
未来世界　*Futureworld*（1976）　p.**95**
ミンボーの女（邦画）　*Minbo (or the Gentle Art of Japanese Extortion)*（1992）　p.215
ムービー 43　*Movie 43*（2013）　p.**24**
ムーンレイカー　*Moonraker*（1979）　p.**231**
ムカデ人間　*The Human Centipede (First Sequence)*（2009）　p.**30**
ムクゲノ花ガ咲キマシタ　*Mugunghwa*（1995）　p.195
メカニック　*The Mechanic*（1972）　p.**148**

メジャーリーグ　*Major League*（1989）　p.136
メジャーリーグ２　*Major League II*（1994）　**p.136**
メリーに首ったけ　*There's Something About Mary*（1998）　**p.142**
メン・イン・ブラック　*Men in Black*（1997）　p.206
燃えよドラゴン　*Enter the Dragon*（1973）　**p.141**
燃えよＮＩＮＪＡ　*Enter the Ninja*（1981）　**p.162**
黙秘　*Dolores Claiborne*（1995）　**p.82**
モンゴル　*Mongoi*（2007）　**p.228**

[ヤ行]

YA-KU-ZA ヤクザ・イン・ニューヨーク　Hooligan（2006）　**p.43**
野獣暁に死す　*Today It's Me... (Tomorrow It's You!)*（1968）　**p.172**
Yamada : The Samurai of Ayothaya　*Yamada: The Samurai of Ayothaya*（2010）　**p.157**
Youngistaan　*Youngistaan*（2014）　**p.115**
ユージュアル・サスペクツ　*The Usual Suspects*（1995）　**p.134**
夢（邦画）　*Dreams*（1990）　**p.219**
夢の涯てまでも　*Until the End of the World*（1991）　**p.113**
用心棒（邦画）　*Yojimbo (the Bodyguard)*（1961）　p.219

[ラ行]

ラーメンガール　*The Ramen Girl*（2008）　**p.215**
ライジング・サン　*Rising Sun*（1993）　**p.77**, 126
ライトスタッフ　*The Right Stuff*（1983）　p.77
ラスト・アクション・ヒーロー　*Last Action Hero*（1993）　p.206
ラスト・ブラッド　*Blood : The Last Vampire*（2009）　**p.66**
ラストエンペラー　*The Last Emperor*（1987）　p.190, **227**
ラストサムライ　*The Last Samurai*（2003）　**p.160**, 226
ラストタンゴ・イン・パリ　*Ultimo tango a Parigi*（1972）　p.21
ラスベガスをぶっつぶせ　*21*（2008）　p.29, **118**
ラッシュアワー　*Rush Hour*（1998）　**p.26**
ラッシュアワー３　*Rush Hour 3*（2007）　**p.228**
Love Hotel　*Love Hotel*（2014）　**p.94**
リアリティ・バイツ　*Reality Bites*（1994）　**p.79**
リアル・スティール　*Real Steel*（2011）　**p.131**
力道山　*Rikidozan : A Hero Extraordinary*（2004）　**p.139**
リトルトウキョー殺人課　*Showdown in Little Tokyo*（1991）　**p.47**
リプレイスメント　*The Replacements*（2000）　**p.141**
リベリオン　*Equilibrium*（2002）　p.66

理由なき反抗　*Rebel Without a Cause*（1955）　p.92
龍の忍者　*Ninja in the Dragon's Den*（1982）　p.**163**
リング（邦画）　*Ring*（1998）　p.213
レイルウェイ 運命の旅路　*The Railway Man*（2013）　p.**176**
レザボア・ドッグス　*Reservoir Dogs*（1992）　p.48
ＲＥＣ／レック　*[REC]*（2007）　p.**106**
レッド・サン　*Red Sun*（1971）　p.**170**
レッド・ドラゴン／新・怒りの鉄拳　*New Fist of Fury*（1976）　p.**61**
レディ・ニンジャ／セクシー武芸帳　*The Challenge of the Lady Ninja*（1981）　p.**164**
レポマン　*Repo Man*（1984）　p.220
ローグ アサシン　*War*（2007）　p.**45**
ローズマリーの赤ちゃん　*Rosemary's Baby*（1968）　p.**107**
ローマ帝国の滅亡　*The Fall of the Roman Empire*（1964）　p.22
ローラーボール　*Rollerball*（1975）　p.**149**
ロスト・イン・トランスレーション　*Lost in Translation*（2003）　p.93, **96**
ロスト・メモリーズ　*2009: Lost Memories*（2002）　p.**194**
ロッキー　*Rocky*（1976）　p.132
ロボ・ジョックス　*Robot Jox*（1989）　p.**131**
ロボゲイシャ（邦画）　*RoboGeisha*（2009）　p.104
ロボコップ３　*RoboCop 3*（1993）　p.**81**
ワイルド・スピード X3 TOKYO DRIFT
The Fast and the Furious : Tokyo Drift（2006）　p.**104**

［ワ行］

惑星ソラリス　*Solaris*（1972）　p.**111**
WASABI　*Wasabi*（2001）　p.**143**
ワン・クレイジー・サマー　*One Crazy Summer*（1986）　p.**203**

著者紹介

皿井垂（さらい・たれ）

1996年末からタイのバンコクを拠点に活動。

近著に、昭和のテレビ洋画劇場を振り返った『トラウマ日曜洋画劇場』（彩図社）がある。『バンコクジャパニーズ列伝』（彩図社）、『バンコクで外こもり！』（河出書房新社）など、海外での異文化体験にまつわる皿井タレー名義の著書多数。

映画の中の奇妙なニッポン

平成27年3月23日　第1刷

著　者　皿井垂

イラスト　なんばきび

発行人　山田有司

発行所　株式会社　彩図社
東京都豊島区南大塚3-24-4
MTビル　〒170-0005
TEL：03-5985-8213　FAX：03-5985-8224

印刷所　新灯印刷株式会社

URL http://www.saiz.co.jp　携帯サイト http://saiz.co.jp/k →

ISBN978-4-8013-0060-6 C0074

映画のすばらしき世界にどっぷり浸る

皿井垂の好評既刊本

昭和のお茶の間を震撼させた、おそるべきテレビ洋画劇場の世界！

トラウマ日曜洋画劇場

定価：本体 1300 円＋税

テレビが輝いていた1970年代から80年代……。当時の少年たちをとりこにしたのは、テレビ各局で毎日のように放映される「テレビ洋画劇場」だった。強烈な男色シーンにお茶の間が凍りついた『脱出』、変態描写に血の気が引いた『地獄に堕ちた勇者ども』、日米合作の残酷ドキュメンタリーに戦慄した『アメリカン・バイオレンス』、3日前からウキウキで眠れなかった『女囚暴動』などなど、昭和のテレビを彩ったトラウマ級の映画を振り返る！

定価：本体1300円＋税

【収録作品】『シャーキーズ・マシーン』『ひとりぼっちの青春』『わらの犬』『ペーパーチェイス』『午後の曳航』『世界残酷物語』『ウィークエンド』『狼男アメリカン』『ドラゴンへの道』『マニトウ』『クワイヤボーイズ』『マラソンマン』『青い体験』『北国の帝王』『ウェストワールド』『エクソシスト』『最後の脱出』『センチネル』『人類 SOS ！』『砂丘』など